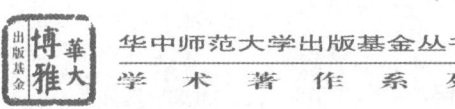

国家自然科学基金面上项目(32271128)和国家社会
科学基金重大项目(18ZDA331)研究成果之一

内隐社会认知研究方法与范式

温芳芳 主编
佐 斌

华中师范大学出版社

新出图证（鄂）字 10 号

图书在版编目（CIP）数据

内隐社会认知研究方法与范式/温芳芳，佐斌主编. —武汉：华中师范大学出版社，2023.12

ISBN 978-7-5769-0355-3

Ⅰ.①内… Ⅱ.①温… ②佐… Ⅲ.①社会心理学-研究 Ⅳ.①C912.6

中国国家版本馆 CIP 数据核字（2023）第 237317 号

内隐社会认知研究方法与范式

温芳芳　佐　斌　主编

责任编辑：缪　玲	责任校对：王　胜
封面设计：罗明波	
编辑室：基础教育分社	电话：027-67862387
出版发行：华中师范大学出版社有限责任公司	
社址：湖北省武汉市洪山区珞喻路 152 号	邮编：430079
电话：027-67863426（发行部）	
网址：http：//press.ccnu.edu.cn	电子邮箱：press@mail.ccnu.edu.cn
印刷：武汉市籍缘印刷厂	督印：刘　敏
字数：280 千字	
开本：710 mm×1000 mm　1/16	印张：17.5
版次：2024 年 1 月第 1 版	印次：2024 年 1 月第 1 次印刷
定价：79.00 元	

欢迎上网查询、购书

敬告读者：欢迎举报盗版，请打举报电话 027-67867353

导语 解密"黑箱":内隐社会认知研究方法与范式简介

"工欲善其事,必先利其器。"心理学作为探究人的心理与行为的科学,其长足发展依赖于科学工具、方法的使用。而人的心理如同一个"黑箱",在有机体接收刺激后给出反应的过程中,社会认知扮演着极其重要的角色。人们根据环境中的社会信息形成对他人或事物的推论,即社会认知(Fiske et al., 1991)。社会认知是我们理解、储存、回忆有关他人社会行为信息的方式(郑全全,2008)。

请想象某天你所在的班级或者团队要加入一位新成员,你只知道这位新成员的名字是"巧妍",你会对这位新成员形成怎样的印象?你也许会根据"巧妍"这一名字信息,推论出"这可能是一位可爱的女性"的结论。那么,在你做出推论的过程中,你的心理结构和活动是怎样的?站在研究者的角度,人们也并不清楚心理"黑箱"的内部具体结构,仅能注意到它的输入和输出关系,研究者们通过观察心理"黑箱"对于人为控制的刺激信息如何给出反应从而推论出"黑箱"的内容。实验内省和主观报告等外显研究方法就是在此理论基础上发展而来。这些方法看似打开了"黑箱"一角,但"知人知面不知心",作为研究者,无法去判断他人主观报告中的内容是否真实,更重要的是,哪怕我们自己也无法准确解读自己内心全部的真实想法。因此,当外显研究法受到局限,相对客观的内隐社会认知方法逐步成为打开心理"黑箱"的一把钥匙,成为描述在意识之外发生的与社会心理结构(如态度、刻板印象和自我概念)相关的心理认知过程的重要工具。

在当今社会心理的研究中,外显研究和内隐研究的关系就好像"钢筋"和"水泥"。例如,对于外显社会认知,人们通常使用外显的自我报告法进行测量,但是当涉及一些偏见或歧视等可能表现出负面评价的领域时,通常会存在明显的社会称许性,导致外显报告的结果不准确,而内隐社会认知因其自动化和无意识的特点能避免这些社会称许性的干扰,更能够反映人们的真实感受。然而,也正是因为内隐社会认知的自动化和无意识,如何对其进行科学有效的测量是一个关键问题。伴随着心理学认知革命的进一步发展,一些内隐社会认知方法与范式也应运而生。本书尝试对不同内隐社会认知的方法与范式进行梳理,通过厘清不同方法与范式的来源与发展,了解其基本知识与原理,规范其方法与程序,明确其应用范围,为心理学者提供更可靠的心理学分析工具,同时也为进一步发展社会认知研究领域的研究方法提供参考。

内隐社会认知的概念最早由国外学者 Greenwald 和 Banaji 于 1995 年提出,用于描述在意识控制或意识控制之外发生的与社会心理结构(态度、刻板印象和自我概念等)相关的认知过程。到目前为止,内隐社会认知的形成已经历了三个发展转向阶段(Nosek et al., 2011;王昱丹,2015)。

首先,在 20 世纪 70 年代,美国心理学家 Neisser 出版的《认知心理学》标志着心理学研究的热潮已从行为心理学转向认知心理学,心理学家们开始将研究重点转向人脑内部,在信息加工框架下致力于明晰加工时的内部心理活动。但在此时,认知心理学家们认为人类的认知功能具有目的性、控制性和逻辑性,采用的大多数是以语义精细编码为特征的内省法、问卷调查法和实验法等外显研究方法。然而,外显研究方法具有较强的主观性,被试可能出于社会称许性或者受到测量动机等因素的影响而隐瞒真实的态度。同时,研究者们也发现,存在处于人们意识之外的心理活动,且人的认知功能由于具有流畅性、自动性和不依赖于意识努力等特点,无法完全通过外显方法进行直接研究(贾磊 等,2016)。于是在 20 世纪 80 年代后,研究者们开始将研究焦点转向内隐感知、内隐记忆和内隐学习等内隐认知研究领域(陶沙 等,2002),并发展出了间接测量法、实验性加工分离法、简单反应时法等内隐认知研究方法。

随后,Greenwald 和 Banaji (1995) 将一般的内隐认知研究扩展到了社会心理学领域,发展出了内隐联想测验 (Implicit Association Test,

IAT）等内隐社会认知研究新范式，并使用 IAT 范式系统地测量了自尊、社会态度和刻板印象等内隐社会认知内容（Greenwald et al.，1998）。自此，内隐社会认知研究欣欣向荣，结合了内隐记忆和内隐学习领域中的认知方法，逐渐发展出了 Go/No-go 联想测验、外在情感西蒙任务、启动范式、情感错误归因程序等经典内隐社会认知方法，并将其应用于内隐态度、内隐刻板印象和内隐自我概念等诸多社会认知的研究领域中（蔡华俭，2003；钱淼 等，2015；温芳芳 等，2007；杨福义 等，2007；佐斌 等，2006）。

对于内隐社会认知，以往研究主要从选择性注意和记忆的视角提供了解释（贾磊 等，2016）。一方面，基于选择性注意中的自动化加工和控制性加工概念，Evans（2013）提出了双加工理论以解释内隐社会认知和外显社会认知过程。他认为人们进行信息加工时存在两个不同的加工系统：内隐加工系统和外显加工系统。其中内隐加工系统是快速自动的、流畅的和无需意识参与的，而外显加工系统是缓慢的、精细的和需要意识参与的。两种系统需要通过对应的内隐和外显的方法进行研究。针对这一理论，以往研究表明加工的刺激、加工所处的背景以及心理动机等因素都可能影响双系统的加工，但对于双系统的加工顺序和逻辑联系仍然存在争议（付春江 等，2016）。例如，在刻板印象领域，Devine（1989）提出了刻板印象加工的双阶段模型，该模型认为存在刻板印象激活的内隐加工阶段和运用刻板印象的外显加工阶段，两个阶段相互独立。但后来研究发现刻板印象激活也会受到外在环境和内在动机的共同影响，并且也需要意识的参与（Blair，2002）。另一方面，基于记忆的视角，Tulving（1985）提出了多重记忆系统模型（Multiple Memory Systems Model，MMS Model）以解释内隐和外显测量结果，该模型认为存在着内隐和外显两种记忆系统。其中内隐记忆系统的信息存储无需意识努力，信息的提取是自动激活的；而外显记忆系统的信息存储需要精细编码和意识努力。以刻板印象为例，关于刻板印象的信息存储为两种记忆表征：以语义驱动为主的内隐记忆和以概念驱动为主的外显记忆。

新近，内隐社会认知方法的研究主要有以下几个方向：第一，方法流程的规范化和精细化，探索实验刺激的类型和刺激呈现间隔时间等因素对方法的信效度影响。例如，Hasegawa 等人（2020）研究表明 Go/No-go 任务的最佳刺激间隔时间可能为 600 ms。第二，创新已有方法以适应不同的研究目的和对象。例如，研究者在内隐关系评估程序（Implicit Relational Assessment Procedure，IRAP）的基础上，设计发展出了训练 IRAP（Traning IRAP）（Leech et al., 2018）和改变事项 IRAP（Change Agenda IRAP）（Inoue et al., 2020）等不同的变式以适应不同的研究目的。第三，结合认知神经科学方法，对已有内隐社会认知研究方法进行信效度的检验，并探索其背后的神经机制。例如，Cai 和 Wu（2021）通过探索 IAT 测量的内隐自尊水平和事件相关电位（Event-Related Potential，ERP）测量的 P300 波之间的关联，为内隐自我评价的效度提供了神经证据。第四，拓展内隐社会认知研究方法的研究应用领域。例如，Weigard 等人（2020）使用计算建模探讨了 Go/No-go 任务的神经激活如何与行为表现背后的认知机制相关联，并探讨了这些关系对精神病临床研究的影响。

目前国内外"社会认知"和"社会认知心理学"领域的研究成果相当丰硕，同时也出版了很多的专著与教材，如《社会认知：从大脑到文化》（Fiske 著，周晓林等译，2020）、《社会认知心理学》（郑全全，2008；王沛，2006；钟毅平，2012）、《社会认知：了解自己和他人》（黎岳庭 等，2010）以及《社会认知》（邵志芳 等，2009）等，这些书籍为人们深刻理解社会认知提供了很大的帮助。然而，目前尚不多见关于内隐社会认知方法与范式的系统性介绍，有些书中只将方法与范式作为部分章节内容进行简要说明。随着社会认知逐渐成为心理学者关注的热点，笔者认为有必要系统地梳理与之关联的内隐社会认知测量范式。

鉴于此，本书对内隐社会认知研究方法与范式进行了归纳和筛选，将 51 种常见的范式归纳为五大类进行了介绍，具体内容如表 1。

表 1　内隐社会认知的 51 种常见研究方法与范式的分类

方法与范式类型	方法与范式名称		
认知联结类	内隐联想测验	单一态度对象内隐联想测验	幼儿友好型内隐联想测验
	外在情感西蒙任务	内隐关系评估程序	Go/No-go 联想测验
	错误意识任务	启动范式	Me/Not me 反应时任务
	词汇判断任务	类别转换任务	四选择反应时任务
	交替运行范式	停止信号任务	

续表

方法与范式类型	方法与范式名称		
注意类	点探测任务	快速序列视觉呈现任务	人群面孔任务
	Flanker 任务	注意范围任务	注意线索程序
	注意网络任务	听觉注意选择任务	听觉怪球任务
	内部与外部注意任务	情境线索任务	Stroop 实验范式
态度类	想/别想任务	内隐积极消极情绪测验	情绪面孔 N-Back 任务
	情感错误归因程序	竞争反应时任务	图片故事练习
	网络投球范式	趋避范式	权利-垂直空间隐喻内隐范式
记忆类	系列再生法	刻板印象激活任务	变化觉察任务
	谁说了什么范式	延时匹配样本任务	错误再认范式
	补笔测验		
归因与决策类	延迟折扣范式	独裁者博弈	最后通牒博弈
	仿真气球冒险任务	需求选择任务	开放式决策平衡量表
	平面坐标任务	远距离联想测验	刻板解释偏差

注：对常见研究方法与范式进行分类时，存在一种方法与范式可以归为多个类别的情况，本书仅根据配适度最高的情况进行分类。

本书试图对这些常用的内隐社会认知研究方法与范式进行系统梳理，以期为心理学同仁们提供一定方法工具的参考借鉴。每种方法/范式主要包括以下四部分内容：第一，来源与发展，主要对该方法/范式有关的最经典的实验来源进行介绍说明，同时也对该方法/范式的新近研究动态进行了简要概述；第二，基本知识与原理，主要对该方法/范式的核心概念、知识、理论或基本原理进行了阐释，并对使用该方法/范式的材料与工具、具体程序以及数据分析进行了较为详细的介绍；第三，主要变式，对某些方法/范式的变式做了基本介绍；第四，应用范围，主要对该方法/范式的适用条件、应用领域、优缺点与注意事项进行了说明。值得说明的是，除了传统的应用范围外，本书中所提及的内隐社会认知研究方法/范式适用的领域范围并没有严格的界限，每位读者可以结合自己的研究目的交叉融合其他领域的传统内隐社会认知研究方法/范式，以交叉融合的视角进行心理学的研究。

本书所介绍的内隐社会认知的研究方法都具有一定的信效度，和外显研究相比，内隐社会认知研究方法受主观因素影响更弱，因此对行为的预测性更强（Nosek et al., 2011）。传统认知研究为内隐社会认知方法的原理打下了坚实的理论基础，而刻板印象、态度和自尊等社会心理结构解析的引入也拓宽了内隐社会认知研究方法的现实应用领域。但综合来看，内隐社会认知研究方法依然存在以下几点需要注意的问题：

首先，内隐社会认知研究方法与范式往往通过严密的实验操作以获得间接反映心理过程的指标（如反应时），因此在使用各种研究方法与范式时需要注意刺激呈现时间、刺激间隔时间、反应方式等因素对实验结果可能造成的影响。

其次，内隐社会认知研究方法与范式的操作较为复杂，对实验背景的控制有较高要求，这限制了其在更为生态化的现实生活中的应用。因此，在进行问题探索时需要权衡实验效度和生态效度，综合使用外显研究方法和内隐研究方法与范式。

最后，认知神经科学的研究方法以更为客观的指标探索大脑"黑箱"的结构，未来研究时可以结合认知神经科学方法和内隐社会认知研究方法与范式，以期获得更为可信和直观的研究结果。

由于能力与水平有限，书中难免有疏漏与不妥之处，敬请各位专家和心理学同仁们批评指正，欢迎大家提出宝贵的意见和建议。

目　　录

第一篇　认知联结类 ……………………………………… 1
- 01　"心直手快"：内隐联想测验 …………………………… 2
- 02　"独当一面"：单一态度对象内隐联想测验 …………… 7
- 03　"删繁就简"：幼儿友好型内隐联想测验 ……………… 12
- 04　"行由所想"：外在情感西蒙任务 ……………………… 16
- 05　"得心应手"：内隐关系评估程序 ……………………… 22
- 06　"命中喜爱"：Go/No-go 联想测验 …………………… 28
- 07　"知过能改"：错误意识任务 …………………………… 32
- 08　"先入为主"：启动范式 ………………………………… 37
- 09　"这是我吗"：Me/Not me 反应时任务 ……………… 42
- 10　"真假难辨"：词汇判断任务 …………………………… 45
- 11　"一心多用"：类别转换任务 …………………………… 50
- 12　"眼疾手快"：四选择反应时任务 ……………………… 54
- 13　"变换可测"：交替运行范式 …………………………… 58
- 14　"说停就停"：停止信号任务 …………………………… 63

第二篇　注意类 …………………………………………… 69
- 01　"选择看见"：点探测任务 ……………………………… 70
- 02　"转瞬即逝"：快速序列视觉呈现任务 ………………… 74
- 03　"鹤立鸡群"：人群面孔任务 …………………………… 77
- 04　"三心二意"：Flanker 任务 …………………………… 81
- 05　"亲近远疏"：注意范围任务 …………………………… 87
- 06　"直面威胁"：注意线索程序 …………………………… 92
- 07　"向左向右"：注意网络任务 …………………………… 97
- 08　"耳听一方"：听觉注意选择任务 ……………………… 103
- 09　"以小见大"：听觉怪球任务 …………………………… 108

  10 "内外兼修"：内部与外部注意任务 …… 111
  11 "顾全大局"：情境线索任务 …… 116
  12 "东鸣西应"：Stroop 实验范式 …… 120

第三篇 态度类 …… 126
  01 "学会放下"：想/别想任务 …… 127
  02 "情投意合"：内隐积极消极情绪测验 …… 131
  03 "察言观色"：情绪面孔 N-Back 任务 …… 135
  04 "无名喜悦"：情感错误归因程序 …… 139
  05 "踢猫效应"：竞争反应时任务 …… 143
  06 "看图知意"：图片故事练习 …… 148
  07 "不愿被拒"：网络投球范式 …… 153
  08 "爱近厌远"：趋避范式 …… 157
  09 "立分高下"：权力-垂直空间隐喻内隐范式 …… 162

第四篇 记忆类 …… 167
  01 "口口相传"：系列再生法 …… 168
  02 "样由心生"：刻板印象激活任务 …… 172
  03 "能记多少"：变化觉察任务 …… 176
  04 "分类偏见"：谁说了什么范式 …… 180
  05 "记忆犹新"：延时匹配样本任务 …… 185
  06 "印象他人"：错误再认范式 …… 189
  07 "一叶知秋"：补笔测验 …… 193

第五篇 归因与决策类 …… 196
  01 "心理天平"：延迟折扣范式 …… 197
  02 "公平分配"：独裁者博弈 …… 202
  03 "理情抉择"：最后通牒博弈 …… 208
  04 "小心爆炸"：仿真气球冒险任务 …… 216
  05 "思维惰性"：需求选择任务 …… 221
  06 "保持理智"：开放式决策平衡量表 …… 225
  07 "数学天赋"：平面坐标任务 …… 229
  08 "由分定能"：远距离联想测验 …… 233
  09 "问为什么"：刻板解释偏差 …… 237

后记 …… 242

参考文献 …… 244

第一篇　认知联结类

认知联结类范式往往依据被试在不同刺激下认知的联结强度或在不同任务间认知的转换速度来推测实验现象背后个体的心理过程，其原理大致有两类：联结强度类和认知转换类。其中联结强度类范式（如内隐联想测验、Go/No-go 联想测验等）通过人们对两类刺激的反应差异来衡量人们头脑中概念间的自动联结强度，其潜在假设是：如果词汇在心理表征水平上相互关联，那么人们对同类词汇的相同反应会有更快的速度和更高的准确性。认知转换类范式（如交替运行范式、类别转换任务等）则依据个体在不同任务之间进行转换的快慢速度和难易程度推测其心理过程。一般认为转换失败反映了认知冲突，或在执行第二个任务时存在"重新配置"认知系统的潜在过程。

01 "心直手快": 内隐联想测验

你是否认为女性的数学能力比男性更差？如果你无法准确感知到自己内心的真实态度，那么请试想当你上中学时，有人告诉你这次全校数学测试的第一名考了满分，你脑海中最先冒出的姓名或者形象是男性还是女性？所有的事物在我们的脑海中都有着联结，我们的态度或者经验让某些概念的联结变得更加紧密，使我们很容易由此联想到彼，那么如何去测量这种联结程度呢？接下来你将了解一种通过反应时来衡量认知联结程度的内隐研究测验——内隐联想测验（IAT），你的按键反应时将"出卖"你的真实态度。

1 来源与发展

在 1998 年 Greenwald 等人提出内隐联想测验之前，对态度的测量主要依赖主观报告法，然而有意识的内省可能造成研究者们无法获得内隐的社会认知，对其进行科学的测量便成为一项重要的急需解决的任务。与此同时，认知科学中存在的共识是信息可以在人脑中相对自动地被激活，IAT 是 Greenwald 等人在既有反应时范式的基础上对信息的自动激活过程进行研究后，提出的一种对认知行为进行间接测量的研究方法，并随后在社会认知领域中得到了广泛的使用（蔡华俭，2003）。IAT 通过对概念词（concept words）和属性词（attributive words）之间的延迟反应来衡量人们头脑中概念之间自动（内隐）联想的强度，该测验的潜在假设是人们对心理表征水平上相关联的概念词和属性词进行分类时的速度和准确性会更高。

近些年来，研究者们基于不同的应用领域和研究目的在 Greenwald 等人的基础上对 IAT 进行了不断的修正和改进，发展出了用于测量单一态度对象的 IAT 变式（温芳芳 等，2007）和适用于幼儿的 IAT 变式（钱淼 等，2015）。目前，围绕 IAT 的研究主要在于探讨其信效度以及背后的神经机制。例如，Cai 和 Wu（2021）通过比较 IAT 测量的内隐自尊和 ERP 测量的 P300 波为内隐自我评价的效度提供了神经证据。Axt 等人

(2021）对 IAT 中使用的属性词进行了评估，并探讨属性词的可变性是否会影响测量结果，结果表明，从人们的常识中抽取属性词是一种有效的方法。Cummins 等人（2022）根据由来自 95 个不同态度领域的 IAT 数据和 6 种不同态度特征（个人重要性、极性、自我概念、思维、稳定性和确定性）的测量组成的大型数据集研究发现不同的态度特征可以有效地预测 IAT 分数的内部一致性。

2 基本知识与原理

请想象一下，如果要求你看见男性面孔时说"你好"，看见女性面孔时说"再见"，你需要做出快速的反应；接着让你看见男性名字时说"你好"，看见女性名字时说"再见"；然后，交替呈现男、女性的面孔或名字，要求你看见男性的面孔或名字时说"你好"，看见女性的面孔或名字时说"再见"，你可能会认为以上的三个任务非常容易。但试想一下，如果让你完成第四个任务——当看见男性面孔和女性名字时说"你好"，看见女性面孔和男性名字时说"再见"，这样的思维转变任务是不是更加困难了？除非已犯过很多次错误，不然你的反应将会比完成之前三个任务要慢很多。这就是内隐联想测验依据的联结原理：通过两类刺激之间的延迟反应来衡量人们头脑中概念之间自动联想的强度。

2.1 材料与工具

实验材料主要有两类词：概念词与属性词。在经典 IAT 实验中，概念词指实验要测量的目标对象，一般归为两类；属性词指对目标对象可能持有的态度，一般是对立的两类词。不管是概念词还是属性词，每种类别下最少需要 5 个词语，还需要保证每类词语在类别内同质，并与对立类别有显著的区分度。

例如，在 Greenwald 等人（1998）的实验中，概念词分为花类（牡丹、玫瑰、水仙、丁香、雏菊等）与昆虫类（蝗虫、蜘蛛、蚂蚁、蜈蚣、跳蚤等），属性词为积极词（爱抚、自由、和平、欢乐、幸运等）和消极词（死亡、悲伤、灾难、悲剧、仇恨等）。

2.2 基本程序

IAT 通过测量概念词（如花与昆虫）与属性词（如积极词与消极词）的自动化关联强度来测量内隐态度。IAT 的基本程序是让被试对屏幕上呈现的刺激进行按键归类，屏幕中央首先呈现 800 ms 的注视点，然后注视点消失，出现某类词语中的一个词语，被试需要根据指导语对词语进行又快又准的按键归类。

完整的 IAT 程序包含 7 个组块，每个组块做 20 个试次（如表1）。首先通过按键反应让被试对概念词进行归类（例如，对花按"F键"，对昆虫按"J键"），然后对属性词进行按键归类（例如，对积极词按"F键"，对消极词按"J键"）。联合任务一为相容任务，指导语要求高度关联的类别共享一个按键（例如，对花或积极词按"F键"；对昆虫或消极词按"J键"）；联合任务二为不相容任务，强制关联较弱的类别共享一个按键（例如，对昆虫或积极词按"F键"；对花或消极词按"J键"）。若相容任务比不相容任务的反应更快且更准确，这种反应差异则间接地度量了这两个概念词与属性词的不同关联程度。

表 1　标准内隐联想测验样例

测验顺序	任务描述	刺激数	反应按键 F	反应按键 J
1	概念词辨别（练习）	20	花	昆虫
2	属性词辨别（练习）	20	积极词	消极词
3	联合任务一（练习）	20	花＋积极词	昆虫＋消极词
4	联合任务一（测验）	40	花＋积极词	昆虫＋消极词
5	相反概念词辨别（练习）	20	昆虫	花
6	联合任务二（练习）	20	昆虫＋积极词	花＋消极词
7	联合任务二（测验）	40	昆虫＋积极词	花＋消极词

注：屏幕中每次只呈现一个词，"＋"指对两类词做同一种按键反应，而不指同时呈现（后面的实验同）。

2.3　数据分析

先对被试的原始数据进行处理。根据 Greenwald 等人（2003）提出的数据分析方法，剔除错误率大于 0.2 的被试后，再剔除反应时小于 300 ms 和大于 10 000 ms 的数据，并对错误的反应时用该类任务的平均反应时加 600 ms 来替换（孙俊才 等，2019）。

然后进行内隐态度的检验。以内隐态度的强度作为被试内隐态度的指标，内隐态度的强度用 D 值表示，D 值的计算方法是"不相容任务反应时和相容任务反应时之差"比"上两部分正确反应时的标准差",这样得到的分数就是被试内隐态度的强度。将得到的 D 值以 0 为标准做单样本 t 检验,若差异显著且 D 值为正值时,则说明相容任务中概念词和属性词的联结更为紧密。

3 主要变式:简式内隐联想测验

简式内隐联想测验(Brief Implicit Association Test,BIAT)是 Sriram 和 Greenwald(2009)对目前传统 IAT 的修正,它有更简洁的指导语和程序,实验耗时更短并减少了被试的自发性控制加工,现已广泛应用于对年龄、性别和种族等刻板印象的研究中(晋争,2010)。

在 BIAT 任务中,被试在每个联合任务中只关注 IAT 四个类别中的两个,关注类别的选定对测量效果有着非常重要的影响。在"花-昆虫/积极(消极)词"BIAT 中,消极词在测验中始终作为非焦点式的类别。在每个联合任务开始前,显示两个类别标签(例如,花和积极词)和它们的例证,要求被试记住这两个类别并用焦点(focal)反应键(例如,"J键")对这两个类别的项目做出反应,以及用另一个非焦点(nonfocal)反应键(例如,"F键")对其他刺激做出反应。联合任务一和联合任务二的反应时差异表明了"花-积极词"和"昆虫-积极词"的联结强度的差异(如表2)。

表 2 简式内隐联想测验样例

测验顺序	任务描述	刺激数	反应按键	
			F(非焦点反应键)	J(焦点反应键)
1	联合任务一	20	昆虫+消极词	花+积极词
2	联合任务二	20	花+消极词	昆虫+积极词
3	重复1	20	昆虫+消极词	花+积极词
4	重复2	20	花+消极词	昆虫+积极词

4 应用范围

IAT 主要应用于测量对某目标对象的内隐态度,最常用于测量刻板印象和偏见等态度,但随着 IAT 的广泛运用,目前 IAT 在心理健康、发展与教育和职业、社会治理、政治、消费与决策和亲密关系等七个主要领域均得到了充分的应用（杨紫嫣 等，2015）。在心理健康领域，IAT 被用来测量自尊、抑郁、自残倾向和自杀倾向等内隐倾向；在发展与教育和职业领域，IAT 主要用于测量内隐的性别-学科和性别-职业刻板印象；在社会治理领域，IAT 用于考察个体对不同社会阶层的公平偏见；在政治领域，IAT 主要用于测量种族偏好和种族歧视；除此之外，IAT 也被用于测量人们对酒精的内隐态度、在消费时对某类商品的偏好以及社会认同等内隐态度。

IAT 利用反应时之差作为测量指标，最大限度地排除了个体本身反应快慢的影响，减少了个体差异对测量结果的干扰，较少受到意识和社会期望的影响，并且能够捕获有意识和直接控制之外的构念，是现在应用最广泛的内隐态度测量范式之一。但 IAT 也有其局限性，在理论上，IAT 的机制和结构效度依然存在争议（Schimmack，2021）。IAT 的效度受到很多无关因素的影响，比如刺激辨别、行为抑制、猜测等过程（杨紫嫣 等，2015）。另外，IAT 是利用联结原理的内隐认知测量范式，主要是依靠记忆中心理联结的自动激活，反映的是低复杂性/衍生性的协作关系，由于 IAT 并不是直接测量人们对具体信念或态度关联问题的反应，因此不能对高复杂性/衍生性的关系进行测量（Hughes et al.，2011）。

02 "独当一面"：单一态度对象内隐联想测验

请思考，如果你希望寻找一位无吸烟和酗酒嗜好并且控制欲弱的伴侣，除了对方的自我报告外，如何才能测量对方真实的对抽烟、喝酒的态度以及控制欲情况呢？如果你已经了解前面提到的内隐联想测验，可能很容易就想起来也许可以使用 IAT 来测测他对抽烟、喝酒的内隐态度以及他的自我和控制欲的联结程度。这个想法听上去不错，但当你真正操作时可能会苦恼：和"抽烟""喝酒"对立的概念词是什么？和"控制欲"对立的属性词又是什么？传统的 IAT 无法解决以上的测量单一态度对象的内隐态度问题，因此心理学家们发展出几种 IAT 变式用于解决上述问题。

1 来源与发展

内隐联想测验被 Greenwald 等人（1998）提出后，在社会认知领域中得到了广泛的使用。经典 IAT 的实验材料需要互补的概念词和属性词，但并不是所有的态度对象都能找到其互补对，并且经典 IAT 局限于测量互补联想之间的相对程度，而不是单个联想的绝对强度。基于此，研究者们针对 IAT 的相对性问题，在 Greenwald 等人的基础上发展出了单靶内隐联想测验（Single Target IAT，ST-IAT）(Wigboldus et al., 2005)、单类内隐联想测验（Single Category IAT，SC-IAT）(Karpinski & Steinman, 2006) 和单属性内隐联想测验（Single Attribute IAT，SA-IAT）(Penked et al., 2006) 等测量单一态度对象的变式，这些方法被统合到内隐联想测验中，继承和发展了传统 IAT。

近年来，Sawaumi 等人（2019）有关自我和他人害羞的研究发现，利用传统 IAT 测量的内隐害羞与利用单靶内隐联想测验（ST-IAT）测量的自我定向型内隐害羞呈显著正相关。王艇等人（2017）采用 ST-IAT 研究了中国情境下关系自我和群体自我的区分，研究发现相对于群体自我，被试更倾向于从人际关系的角度定义自我。Bian 等人（2019）采用 SA-IAT 考察了自我相关和文化价值观对公正和关怀的影响。Yue 等人

(2021)采用 SC-IAT 考察了自我概念与价值重要性等级的关系,为价值观在自我概念的结构和内容中的作用提供了新的证据。Axt 等人(2022)证实在对污名化群体的内隐偏见的四种测量方式中,SC-IAT 的预测效度相对较高。

2 基本知识与原理

单一态度对象内隐联想测验是对经典内隐联想测验的改进,其原理与经典内隐联想测验相似。以反应时为因变量的内隐联想测验依据被试反应的快慢和容易程度来推论被试的反应背后发生的心理过程,其背后依据的原理为联结原理,通过两类刺激(概念刺激和属性刺激)转换中的延迟反应来衡量人们头脑中概念之间自动联想的强度,并通过 D 值反映出来。

作为内隐联想测验的变式,单一态度对象内隐联想测验与经典内隐联想测验不同的是单一态度对象内隐联想测验的概念词或属性词可以单独出现。经典 IAT 测量的概念词或属性词成对出现,测量的是对目标对象的相对态度,例如对花朵的积极态度可能是相对于对虫子的消极态度对比而来的,并不能测量对花朵的绝对态度,而单一态度对象内隐联想测验可以用于测量单一态度对象的可评估联结程度。

2.1 材料与工具

与经典 IAT 类似,单一态度对象内隐联想测验的实验材料主要为概念词与属性词,每种类别最少需要 5 个词语,需要保证每类词语在类别内同质,并与对立类别有显著的区分度。与经典 IAT 不同的是,概念词或属性词可以为单一的一类。

例如,Karpinski 和 Steinman(2006)使用单类内隐联想测验(SC-IAT)测量对可乐这种饮料的绝对内隐态度。概念刺激为 6 张可乐的图片;属性词为积极词和消极词两类,每类 5 个词语,分别为积极词(辉煌、钻石、欢乐、真理和日出)和消极词(笨拙、仇恨、失败、堕落和恶臭)。

2.2 基本程序

与经典 IAT 类似,通过测量概念词(例如花与昆虫)与属性词(例如积极词与消极词)的自动化关联强度来测量内隐态度,基本程序是让被试对屏幕呈现的刺激进行按键归类,屏幕中央首先呈现 800 ms 的注视点,然后注视点消失,出现某类靶子词,被试需要根据指导语对词语进行又快又准的按键归类。

具体的实验流程根据所选变式的不同而不同,具体可见后文对于主要变式的介绍。

2.3 数据分析

单一态度对象内隐联想测验对原始数据的处理和内隐态度的检验同经典 IAT 程序类似,以 D 值作为被试内隐态度的指标。

首先对被试的原始数据进行处理。根据 Greenwald 等人(2003)提出的数据分析方法,剔除错误率大于 0.2 的被试后,剔除反应时小于 300 ms 和大于 10 000 ms 的数据,并对错误的反应时用该类任务的平均反应时加 600 ms 来替换。

然后进行内隐态度检验。以 D 值作为被试内隐态度指标,D 值的计算方法是"不相容任务反应时和相容任务反应时之差"比"上两部分正确反应时的标准差",这样得到的分数就是被试内隐态度的强度。将得到的 D 值以 0 为标准做单样本 t 检验,若差异显著且 D 值为正值时,则说明相容任务中概念词和属性词的联结更为紧密。

3 主要变式

3.1 单类内隐联想测验(SC-IAT)

SC-IAT 是 Karpinski 和 Steinman(2006)对 IAT 的一种改进,它测量与单个类别或单一态度对象的评价性联结的强度。除了可以测量没有互补对的目标对象外,SC-IAT 还可以通过独立地测量与两个目标的评价关联,揭示信息的两个维度,而经典 IAT 只能提供一个比较的维度。

以花为目标对象的 SC-IAT 由两个阶段组成。在阶段一中,当屏幕中出现积极词或花的词语时按"F键",出现消极词时按"J键",为了防止反应偏差,花的词语、积极词、消极词以 7∶7∶10 的比例呈现;在阶段二中,对积极词按"F键",对消极词或花的词语按"J键",花的词语、积极词、消极词以 7∶10∶7 的比例呈现(温芳芳 等,2007)。两个阶段的反应时差异表明了对单一目标对象(花)的态度(如表1)。

表 1　单类内隐联想测验样例

测验顺序	任务描述	刺激数	反应按键	
			F	J
1	阶段一（练习）	24	积极词＋花	消极词
2	阶段一（测验）	72	积极词＋花	消极词
3	阶段二（练习）	24	积极词	消极词＋花
4	阶段二（测验）	72	积极词	消极词＋花

注：屏幕中每次只呈现一个词，"＋"指对两类词做同一种按键反应，而不指同时呈现（后文同）。

3.2　单靶内隐联想测验（ST-IAT）

ST-IAT 是 Wigboldus 等人（2005）提出的关于 IAT 的一个修正版本。ST-IAT 的目的与概念和 SC-IAT 类似，也是测量与单个类别或单一态度对象的评价性联结的强度，在程序上和 SC-IAT 只有较小的差异，可以同时测量对花或者对昆虫的单一评价（如表 2）。

表 2　单靶内隐联想测验样例

测验顺序	任务描述	刺激数	反应按键	
			F	J
1	练习	20	积极词	消极词
2	测验	20	积极词	花＋消极词
3	测验	20	花＋积极词	消极词
4	测验	20	积极词	昆虫＋消极词
5	测验	20	昆虫＋积极词	消极词

3.3　单属性内隐联想测验（SA-IAT）

SA-IAT 是 Penked 等人（2006）借鉴 ST-IAT 的思想发展出的一种修正变式，与 SC-IAT 测量单类目标概念类似，SA-IAT 使用单类别的属性概念，当属性词没有明确的对立范畴时，可以使用单个中性的属性词类别。以测量对花和昆虫的态度为例，ST-IAT 的属性刺激为积极词，测量对花或昆虫的积极态度，具体程序见表 3。

表 3　单属性内隐联想测验样例

测验顺序	任务描述	刺激数	反应按键	
			F	J
1	目标词辨别	20	花	昆虫
2	初始联合练习	20	花	昆虫＋积极词
3	初始联合任务	20	花	昆虫＋积极词
4	相反联合练习	20	花＋积极词	昆虫
5	相反联合任务	20	花＋积极词	昆虫

4　应用范围

目前，测量单一对象的内隐联想测验适用范围非常广，既涵盖了传统 IAT 的适用领域，同时也可以对没有明显的比较类别的对象进行测量。例如，可以考察被试对酗酒、高脂肪食物、女权主义、形体意向、体重等的态度，也可以探究被试的群体认同和感恩等情感（温芳芳 等，2007）。

SC-IAT、ST-IAT 和 SA-IAT 等测量单一态度对象的 IAT 变式都是对传统 IAT 的继承和发展，不仅具有传统 IAT 的优点，并且可以对那些包括不同特征且没有明显比较类别的对象进行测量。但相较于传统 IAT，测量单一态度对象的 IAT 变式的信效度更低，其中 SC-IAT 的内部一致性信度高于 ST-IAT，但在 SC-IAT 上也可能存在较小的自我陈述或伪造的干扰，这样使其效度降低。除此之外，SC-IAT、ST-IAT 和 SA-IAT 也只能被描述成对单一态度对象之间联结的测量，而不是描述成对某目标对象态度的绝对测量（温芳芳 等，2007）。

03 "删繁就简"：幼儿友好型内隐联想测验

回想一下你身边的小朋友都是什么样子的？小朋友们喜欢新奇生动的事物，新鲜的事物往往能抓住他们的好奇心，他们对外界的事物充满了新鲜感和好奇感，而且具有十分强的模仿能力。他们喜欢玩游戏，喜欢随意地写写画画，但是他们往往理解能力有限，也无法长时间把注意力放在一件事上。那么对于这样求知欲强并且爱动手的小朋友，我们应该用什么方法来测量他们的内隐态度呢？前面介绍的内隐联想测验似乎对小朋友来说难于理解和操作，本篇将介绍一个适用于小朋友们的 IAT 变式——幼儿友好型内隐联想测验。顾名思义，幼儿友好型 IAT 无论是实验刺激的呈现方式，还是反应方式，或者是实验的流程和试验次数，都对幼儿们很友好。

1 来源与发展

内隐联想测验自被提出以来在很多研究领域都得到了广泛应用，但在儿童态度领域的研究却较少。IAT 对被试阅读文字和理解规则的能力要求较高，测试结果与被试的认知能力特别是任务转换的能力密切相关（钱淼 等，2015），这使得 IAT 难于应用于幼儿研究。为了测量幼儿的内隐态度，前人在经典 IAT 的基础上发展了儿童版内隐联想测验（Child-Implicit Association Test，Ch-IAT）(Baron et al., 2006) 和幼儿内隐联想测验（Preschool Implicit Association Test，PSIAT）(Cvencek et al., 2011) 等改编范式，但总体来看程序仍较为复杂，不符合幼儿的认知特点 (Cvencek et al., 2011)。基于此，钱淼等人（2015）根据学前儿童认知发展与行为反应的特点在 IAT 基础上做出了一些改进，发展出了能有效测量幼儿内隐态度的幼儿友好型内隐联想测验（Preschooler-friendly IAT，PSF-IAT）。

具体而言，在对儿童的内隐态度测量上，Baron 和 Banaji (2006) 在 IAT 基础上根据儿童认知能力改编形成了的儿童版内隐联想测验（Ch-IAT)，但因为测验结果与任务转换能力密切相关，只适用于 6 岁以上的儿童。基于此，Cvencek 等人（2011）开发了适用于 6 岁以下幼儿的内隐联想测验（PSIAT），并测量了 4 岁幼儿对于花-虫的内隐态度和对性别的内隐态度。但是上述范式包含的组块多而复杂，儿童需要完成不同的任务转换和记忆任务。钱淼等人（2015）基于此发展了幼儿友好型内隐联想测验（PSF-IAT），并验证了 PSF-IAT 在非社会领域的有效性，包括花和昆虫的对比。

2　基本知识与原理

幼儿友好型内隐联想测验（PSF-IAT）是在经典内隐联想测验上进行简化后适用于幼儿的变式，其基本原理与 IAT 相似，即联结原理，通过被试反应的快慢和容易程度来推论被试的反应背后发生的心理过程。在 PSF-IAT 任务中，同样使用不相容任务反应时和相容任务反应时之差比上两部分正确反应时的标准差，以此得到的 D 值衡量儿童的内隐联结强度。

2.1　材料与工具

与经典 IAT 类似，PSF-IAT 程序实验材料主要为两类词：概念词与属性词，两类词所对应的每类刺激在类别内同质，并与对立类别有显著的区分度。与经典 IAT 不同的是，PSF-IAT 的刺激呈现方式不是词语，而是更生动并且利于幼儿理解的图片。

以钱淼等人（2015）对花和虫内隐态度的测量为例，如图 1 所示，其中概念刺激是 10 张不同的花朵图片和 10 张不同的昆虫图片，图片均经过标准化处理；属性刺激以笑脸和哭脸作为积极刺激和消极刺激。类似的，需要保证每类图片在类别内同质，并与对立类别有显著的区分度。

2.2　基本程序

为了便于幼儿操作，PSF-IAT 在触屏式电脑上完成，以测量对花和虫的内隐态度为例。

在每个试次中，首先呈现 800 ms 的注视点，然后屏幕中央呈现目标图片（花朵或虫子的生动图片），屏幕左下角和右下角分别为表示积极属性和消极属性的表情（笑脸和哭脸），幼儿用手指直接在触屏电脑上触碰相应的图片进行联结反应。花虫 PSF-IAT 只包括相容任务和不相容任务两个阶段，要求幼儿被试又快又好地完成任务，其中相容任务要求幼儿在看见花朵图片时用手指点笑脸，看见昆虫图片时用手指点哭脸；不相容任务则与之相反，要求幼儿在看见花朵图片时用手指点哭脸，看见昆虫图片时用手指点笑脸。每个阶段开始前都有一个练习任务，练习任务的每个试次后都有反馈，回答正确的反馈是一个五角星，回答错误的反馈则是一个叉号，被试需要根据实验指导做出正确反应后才能进入下一个试次。实验指导语由老师或主试给幼儿讲述，以相容任务为例，钱淼等人（2015）使用的实验指导语如下：

小朋友，接下来老师的电脑中间会出现一张花或者虫的照片。当你看到花的时候要用手指点笑脸，当你看到虫的时候要点哭脸。笑脸和悲伤脸会出现在屏幕的这边（手指屏幕的左下角）或者屏幕的那边（手指屏幕的右下角）。你要仔细看一看，然后又快又好地点一点。

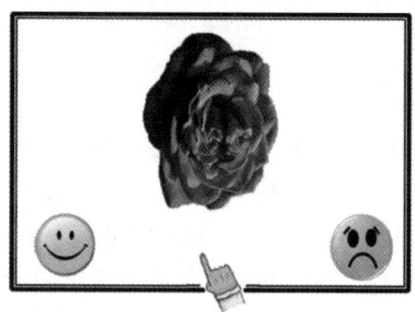

图 1　幼儿友好型内隐联想测验操作界面样例（引自钱淼 等，2015）

这种程序将经典 IAT 的 7 个步骤简化为 4 个，降低了幼儿任务转换的难度和对幼儿注意力集中时间的要求，具体的流程见表 1。

表 1　PSF-IAT 具体流程刺激说明

测验顺序	任务描述	刺激数	目标图片	
			花	虫
1	相容任务（练习）	8	笑脸	哭脸
2	相容任务（测量）	20	笑脸	哭脸
3	不相容任务（练习）	8	哭脸	笑脸
4	不相容任务（测量）	20	哭脸	笑脸

2.3 数据分析

对原始数据的处理和内隐态度的检验同经典 IAT 程序类似，以 D 值作为被试内隐态度的指标。

首先对被试的原始数据进行处理。根据 Greenwald 等人（2003）提出的数据分析方法，剔除错误率大于 0.2 的被试后，剔除反应时小于 300 ms 和大于 10 000 ms 的数据，并对错误的反应时用该类任务的平均反应时加 600 ms 来替换。

然后进行内隐态度的检验。以 D 值作为被试内隐态度的指标，D 值的计算方法是"不相容任务反应时和相容任务反应时之差"比"上两部分正确反应时的标准差"，这样得到的分数就是被试内隐态度的强度。将得到的 D 值以 0 为标准做单样本 t 检验，若差异显著且 D 值为正值时，则说明相容任务中概念词和属性词的联结更为紧密。

3 应用范围

PSF-IAT 的实验材料和流程都适于学前儿童的认知发展，可以用于测量学前儿童的内隐态度。PSF-IAT 程序与其他测量儿童的 IAT 范式相比更加简便且易于理解，在花虫任务中，3 至 6 岁的儿童的正确率均在 92.70% 以上；在种族态度测量中，他们的正确率也可达 89.37%。

PSF-IAT 具有一定的信效度（钱淼 等，2015）。在花-虫 PSF-IAT 中对奇数试验和偶数试验的 D 值进行信度检验，克伦巴赫 alpha 系数 = 0.736，测量的内隐结果与被试的外显态度总体趋势一致，但无显著的相关关系（$r's < 0.351$, $p's > 0.19$）。在测量种族态度时，PSF-IAT 所得内隐结果和前人使用其他内隐范式所得结果一致。PSF-IAT 适用于对幼儿（学前儿童）的内隐态度测量，在非社会范畴概念的内隐态度研究和社会范畴概念（如内隐种族态度）的内隐态度研究中均有一定的适用性，目前较多用于测量幼儿的种族态度。但 PSF-IAT 适用的年龄下限及对成人被试的适用性仍不明晰，未来研究可对此进行探索。

04 "行由所想"：外在情感西蒙任务

当别人询问你有关清洁工的看法时，你可能会说他们吃苦耐劳、默默奉献，这是你能意识到的一些想法。但你是否注意到当你下班乘坐地铁/公交车回家，在车上遇到了穿着制服的也刚刚下班的清洁工时，你是不是下意识地就想离他们远点？此时，你还能想到自己之前对他们的评价吗？为什么会出现这样的情况呢？或许我们的内心深处还存在着对清洁工的另外一种态度，只是我们一直没有清楚地意识到。

生活中还有许多这样的现象，很多时候我们无法解释我们的某些行为，我们的内心真实态度究竟是怎样的呢？通过何种方式我们能够了解到自己的内心真实态度？下面介绍一种研究内隐态度的重要范式——外在情感西蒙任务范式。

1 来源与发展

测量态度的内隐联想测验虽然得到了广泛的应用，但仍存在一定的局限，如 IAT 需要两个目标对象，但是并非所有的目标都能找到与其匹配的另一目标对象，而且 IAT 只能测量出人们对两个目标对象的相对态度，并不能得到人们对单一对象的态度。针对这些不足，De Houwer (2005) 对 IAT 做出了一些修改，提出了基于情感西蒙效应（The Affective Simon Effect）的实验任务。在情感西蒙任务（The Affective Simon Task）中，被试根据刺激的非评价性特征做出积极或消极反应，而忽略刺激本身的效价。如当代表"人"的词语出现时，被试报告"好"；当代表"动物"的词语出现时，被试报告"坏"。实验中代表"人"的实验刺激包括"朋友"和"敌人"，研究发现被试对"朋友"的反应要快于对"敌人"的反应，尽管这两个词都从属于"人"这一概念。De Houwer (2003) 对情感西蒙任务进行了改进，提出了外在情感西蒙任务（The Extrinsic Affective Simon Test, EAST)，它具有内隐联想测验和情感西蒙任务的共同特点。在 EAST 中，通过比较被试对同一目标词做出积极与消极反应的结果之间的差异来判断被试对目标词的态度。

近些年来，研究者们基于不同的应用领域和研究目的在 De Houwer 等人的基础上对 EAST 进行了不断的修正和改进，发展出了需要对目标概念进行识别的 ID-EAST。EAST 被更多地用于测量个体对自我及不同人际关系对象的内隐情感。例如，袁晓劲（2017）研究发现在个体的认知图式中，对自我、亲人持有积极的情感，而对陌生人持有消极的情感，对熟人情感偏向不明显，且不同人际关系在情感的联结强度上表现出差序格局的形式。

2 基本知识与原理

EAST 范式主要是为了测量人们的内隐态度。其基本假设是：如果被试对目标词持有积极的态度，那么，对目标词做出与态度一致的积极反应时速度会更快，做出与态度不一致的消极反应时速度会更慢。

Shiffrin（1977）认为，人类的认知加工分为自动化加工和受意识控制的加工，自动化加工不受认知资源的限制，不需要注意，是自动化进行的，发生得比较快，形成之后比较难改变。受意识控制的加工受认知资源的限制，需要注意的参与，可以随环境的变化而不断进行调整。EAST 范式的基本原理是根据形容词的积极属性或消极属性进行按键反应，使按键获得积极或消极的属性，然后根据目标词的颜色做出按键反应，如果人们对目标词的态度与按键的属性一致时，符合人们的认知，人们会做出自动化加工，反应迅速而准确；反之，人们对目标词的态度与按键的属性不一致时，人们的认知存在冲突时，就需要控制意识做出反应，反应较慢。

2.1 材料与工具

EAST 范式通常使用的实验材料如下：5个积极形容词（例如 healthy、honest、smart、funny、outstanding）和5个消极形容词（例如 evil、horrible、mean、vulgar、repulsive），颜色均为白色。5个积极名词（例如 friend、summer、flower、rainbow、butterfly）和5个消极名词（例如 murder、cancer、cockroach、war、vomit），颜色为蓝色或绿色。所有单词都以黑色为背景。研究者在进行研究时可以根据自己的研究目的对形容词和名词做出相应的设置。

EAST 范式中也可以使用图片作为材料。例如 Huijding 等人（2005）在研究中使用图片代替了词语，包括含有积极或消极意义的属性图片和积极、消极或中性意义的目标图片。在使用图片过程中要注意用明显的线索将属性图片与目标图片区分开来。

2.2 基本程序

EAST 范式的实验分为六个阶段，如表1所示。阶段一是根据形容词的词义做出分类的练习阶段，目的是让被试对中性的按键（"P键"、"Q键"）获得积极或消极的意义（以下简称为"好键"和"坏键"）。白色的积极形容词和消极形容词各有5个，每个单词呈现两次，要求被试对积极形容词按好键（如"P键"），消极形容词按坏键（如"Q键"）。阶段二是根据名词的颜色做出分类的练习阶段，目的是让被试先熟悉不同颜色词所对应的按键。积极名词和消极名词各5个，分别以蓝色和绿色各呈现一次，要求被试对蓝色词按好键（如"P键"），对绿色词按坏键（如"Q键"）。阶段三、四、五、六是正式测试阶段，这四个阶段的按键反应完全相同。每一个阶段中，所有的白色形容词呈现一次，所有的名词以蓝色和绿色各呈现一次，要求被试对白色积极形容词或蓝色词按好键（如"P键"），对白色消极形容词或绿色词按坏键（如"Q键"）。为了对实验进行平衡，一半被试在阶段二进行练习时，对绿色词按好键（如"P键"），蓝色词按坏键（如"Q键"）；在测试阶段，对白色积极形容词或绿色词按好键（如"P键"），对白色消极形容词或蓝色词按坏键（如"Q键"）。

在所有的练习和测试阶段中，刺激均以随机顺序呈现，但同一单词不能在两个或多个连续的试次中呈现，并且所需的反应不能在四个或多个连续的试次中相同。第一个测试阶段在四次预试验后正式开始，其他测试阶段在两次预试验后正式开始。白色形容词随机出现在预试验中。

表1 外在情感西蒙任务实验程序说明

测验顺序	任务描述	刺激数	反应按键	
			P	Q
1	练习	20	白色积极的	白色积极的
2	练习	20	蓝色	绿色
3	测试	30	白色积极的＋蓝色	白色消极的＋绿色
4	测试	30	白色积极的＋蓝色	白色消极的＋绿色

续表

测验顺序	任务描述	刺激数	反应按键	
			P	Q
5	测试	30	白色积极的＋蓝色	白色消极的＋绿色
6	测试	30	白色积极的＋蓝色	白色消极的＋绿色

注：屏幕中每次只呈现一个词，"＋"指对两类词做同一种按键反应，而不指同时呈现。

每个阶段刺激的呈现顺序为：（1）在呈现刺激词的位置呈现一个白色的注视点"＋"，呈现时间为 500 ms；（2）呈现刺激词，如果被试的反应正确，则呈现下一界面，如果被试的反应不正确，单词下面会出现一个红色"×"，直到被试按下正确的键才呈现下一界面；（3）空白，呈现时间 1500 ms；（4）重复上述步骤，直至每一阶段呈现完毕。完成整个实验需要 10～15 min。

2.3 数据分析

根据 Greenwald 等人（2003）的建议，低于 300 ms 或高于 3 000 ms 的反应时将被重新编码为 300 ms 和 3 000 ms，并对反应时进行对数转换。本实验按照该原则对测试阶段呈现有色单词时被试的反应时进行处理。

对有色名词的反应可以分为四种：呈现积极名词，做出积极反应（即做出与白色积极形容词相对应的按键反应）；呈现积极名词，做出消极反应（即做出与白色消极形容词相对应的按键反应）；呈现消极名词，做出积极反应（即做出与白色积极形容词相对应的按键反应）；呈现消极名词，做出消极反应（即做出与白色消极形容词相对应的按键反应）。

EAST 分数可以用被试对同一个名词做出消极反应的平均对数转换反应时和错误百分比减去做出积极反应的平均对数转换反应时和错误百分比得到。当 EAST 分数为正则意味着被试对这个名词持有积极的态度，反之则表明被试对其持有消极的态度。

3 主要变式

De Houwer（2007）提出了 EAST 的一个变式，即 ID-EAST。在 EAST 中被试不用关注目标概念的意义，只需要根据它们的颜色做出按键反应。而在 ID-EAST 中，被试根据相关特征选择正确的答案之前，需要识别目标概念的特征。在 De Houwer 的实验中，研究者测量了被试对目标概念"啤酒"和"豆芽"的内隐态度。为了做到这一点，将目标词与包含积极形容词和消极形容词的属性刺激混合在一起。所有单词通常都以大写字母和小写字母出现。被试通过对积极形容词和消极形容词做出不同的按键反应来评价所有的属性形容词，使按键获得意义。但当看到目标词时，被试需要根据单词的字母大小写做出反应（例如，当啤酒以大写字母 BEER 显示时，按好键；而以小写字母 beer 显示时，按坏键）。因此，为了选择正确的答案，被试首先需要确定这个词是否指的是两个目标概念中的其中一个。通过这种方式，目标概念的意义变得与任务相关，但是仍然可以记录被试对每个目标概念的积极或消极反应，因为目标单词的字母大小写决定了正确的反应。该范式类似于标准 EAST，在这两个范式中被试对目标词的反应均不需要根据这些词的意义来确定。ID-EAST 与标准 EAST 的不同之处在于，为了选择正确的反应，被试需要对目标概念进行识别。

4 应用范围

EAST 可以同时存在一个或多个目标对象，它的适用范围比较广泛。在认知领域，EAST 可以测量出个体对不同目标对象的内隐态度、偏见等。例如，De Houwer 等人（2007）采用 EAST 研究了酗酒者对酒精刺激的内隐认知；夏凌翔和耿文超（2012）使用 EAST 探讨了个人自立与自我图式、他人图式的关系。在情绪情感领域，EAST 可以测量出个体对不同目标对象的内隐情感、情绪等。例如，Schmulke 和 Egloff（2006）使用 EAST 评估了被试的焦虑情绪。在评价领域，EAST 可以用来考察个体对自己的评价与对他人的评价。例如，Vermeulen 等人（2010）使用 EAST 系统地考察了情感状态和人格特质在自动化评价效果中的作用等。

EAST 范式的主要优势是：（1）EAST 效应是基于对单一任务中试次之间的比较，所以很少造成基于任务重新编码的混淆。（2）EAST 可以同时测量个体对一类或几类目标词的内隐情感或态度，更高效。（3）EAST 使用具有一定的灵活性。例如使用 EAST 研究态度时，白色单词需要是积极的和消极的刺激，以便可以根据它们的效价进行分类，但是有色单词可以代表研究者想评估的任何态度对象。EAST 也能够用来测量更具体的、非评价性的观念。例如，如果研究者想考察"聪明"这一概念与"自我"的联系是否要比与"他人"的联系更紧密一些，可以把白色词汇分为自我和他人相关的词，与"聪明"相关的词则以有色的形式呈现。在EAST中研究者也可以用图片作为材料。(4) EAST 中不直接对目标对象做出评价性反应，减少了个体对反应过程的猜测与有意识控制，符合内隐实验的实质（De Houwer，2003）。

05 "得心应手"：内隐关系评估程序

试想一下，当有人问你："你认为自己是一个优秀的人吗？"，你会怎么回答呢？也许你在内心认为自己："我还不错吧，算是一个优秀的人。"但是可能因为谦虚或者不想过于表现，你可能会回答："不，我还不能称为优秀。"那怎么才能测量到每个人真正的自我态度呢？在这个问题上，内隐联想测验是一个有效且可用的内隐社会认知测量方法。但如果我们的问题是："你想变成一个优秀的人吗？"，你会怎么回答呢？也许你会认为自己的确算不上优秀，但是也有变优秀的动力。IAT 只能测量"我是/我不是"的现实自我，那怎么才能测量到"我想要/我不想要"的真实理想自我？接下来，你将会了解到一种新的内隐社会认知测量工具——内隐关系评估程序（IRAP）来解决上面的测量问题。

1 来源与发展

近年来随着内隐社会认知的蓬勃发展，一些有效的内隐社会认知测量方法和范式也应运而生，例如，应用最为广泛的内隐联想测验以及基于此而发展出的测量单一态度的多种变式。Barnes-Holmes 等人（2006）基于关系结构理论设计出了内隐关系评估程序（IRAP），可以更直接地测量个体的绝对内隐态度（刘文 等，2014；温芳芳 等，2021）。

为了使 IRAP 适用的研究领域更加广泛、应用于不同的实验目的，研究者对其最初的范式进行了改进，设计出了如自然语言 IRAP（Natural Language IRAP）（Hussey et al.，2012）、训练 IRAP（Leech et al.，2018）和改变事项 IRAP（Inoue et al.，2020）等不同的变式。其中自然语言 IRAP 的刺激呈现方式更贴近真实生活，适用于更广泛的生活行为领域；训练 IRAP 适用于探索更加复杂的衍生与转化关系；而改变事项 IRAP 更适用于在临床领域考察某种疗法的有效性。除传统的临床领域外，IRAP 及其变式逐渐被广泛应用于大量社会敏感主题中，例如在自我、社会认知、群体以及态度等领域等，研究者们也由此取得了丰硕的成果。此外，Geist 等人（2023）通过复制基础 IRAP 研究来开发和验证与 IAT 网站等效的 IRAP 网站,并证实了 web-IRAP 的可行性和有效性。

2 基本知识与原理

相比基于神经网络模型依据刺激之间的联结强度来推测人们的相对内隐态度或信念的 IAT 等测量方式,内隐关系评估程序则是依据关系相似性进行判断,可以更直接地测量个体的绝对内隐态度。例如,IAT 基于"我"和"好人"这两个概念在记忆中的联结强度,测量的是"我是好人"的相对内隐态度;而 IRAP 则通过直接判断"我是好人"的关系相似性测量绝对内隐态度(Barnes-Holmes et al.,2006;王沛 等,2009)。

2.1 材料与工具

与 IAT 类似,IRAP 的实验材料所涉及的概念词与属性词需要在类别内同质,并与对立类别有显著的区分度。例如 Barnes-Holmes 等人(2006)的实验中用 IRAP 测量对自闭症患者的态度,概念词为自闭症系列障碍(Autistic Spectrum Disorder)和正常发育(Normally Developing);属性词为积极词和消极词,积极词有 6 个(幸福、愉悦、轻松、平静、积极、愉快),消极词也有 6 个(悲伤、糟糕、困难、愤怒、消极、讨厌)。

2.2 基本程序

内隐关系评估程序是一项基于计算机任务的内隐测量程序。这一程序包括两种基本任务,为一致任务和不一致任务。具体的操作界面为在屏幕上方呈现概念词(如昆虫:甲壳虫)和属性词(如积极词:美味的),屏幕的左下角和右下角分别呈现关系词"正确"和"错误"。在一致任务中,当概念词与属性词关系一致时,被试对"正确"这一关系词做出按键反应。反之,则对"错误"这一关系词做出按键反应。在不一致任务中,当概念词与属性词关系一致时,被试对"错误"这一关系词做出按键反应;反之,则对"正确"这一关系词做出按键反应。在实验中,要求被试对概念词与属性词之间的关系做出快速且准确的判断(当选择左边的关系词时,按"D 键";反之,按"K 键"),在两种任务中其反应方式被认为与其先前获得的认知方式或反应偏向一致或不一致。被试做出正确选择到下一个试验之间有 400 ms 的时间间隔。如果被试做出错误反应,屏幕上会出现红"×"进行提醒,直到被试做出正确反应。

整个测试包括练习和测验两个部分,共八个组块,分别为两个练习组块和六个正式测试组块。在每个组块中，四种类型的试次（即花-积极词、花-消极词、昆虫-积极词、昆虫-消极词）随机出现。为平衡实验顺序，被试被分为两组，一组从初始一致任务开始，一组从初始不一致任务开始，每组一致任务与不一致任务交替出现。若练习阶段的组块顺序为一致-不一致，则正式测验的 1、3、5 组块为一致任务；若练习阶段的组块顺序为不一致-一致，则正式测验的 2、4、6 组块为一致任务。练习阶段和正式测试阶段的数量可以根据具体研究有所变化。

2.3 数据分析

IRAP 的基本假设为：被试先前已有的知识经验和反应偏向会影响一致或不一致任务的反应时，具体来说，符合被试认知经验的判断反应时应小于不符合被试认知经验的判断反应时。实验记录被试在一致任务和不一致任务中的反应时。其中，若被试的反应时超过 3 000 ms，则记为 3 000 ms；若少于 300 ms，则记为 300 ms；不记录错误反应时。一般来说，为保证被试正确理解并执行实验指导语，每个被试的正确率需保持在 80% 以上（若由于被试样本问题导致正确率达不到 80% 的，可放宽至 70%），且反应时的中位数在 2 000 ms 以下为佳（Barnes-Holmes et al., 2010）。若一致任务与不一致任务的反应时出现显著差异，则说明存在 IRAP 效应，IRAP 的效应大小由 D 值大小体现（Finn et al., 2018）。

3 主要变式

3.1 自然语言 IRAP

传统 IRAP 采用单一的词语或图片，为了弥补传统 IRAP 这种呈现"分裂"陈述的方式，使其适用于更广泛的生活行为领域，一些研究逐渐采用"完整"陈述作为刺激（Hussey et al., 2012），并逐渐发展出以完整的自然语言陈述为目标刺激的 IRAP 变式。在典型 IRAP 范式中，概念词在屏幕上方出现，属性词在下方出现，两个静态的作答选择（"正确"和"错误"）在左下方和右下方出现（见图 1 左）；在自然语言 IRAP 范式中，采用一个句子或完整陈述的自然语言呈现在屏幕中间来替代典型 IRAP 中的概念词和属性词，如在每个试验中，将概念词和属性词通过"是"进行组合形成一个短句呈现在屏幕中间（见图 1 右）。自然语言 IRAP 和典型 IRAP 使用的所有刺激是完全相同的，结果表明两种不同类型的 IRAP 的结果不存在实质的差异，这也为未来自然语言 IRAP 的使用提供了依据。

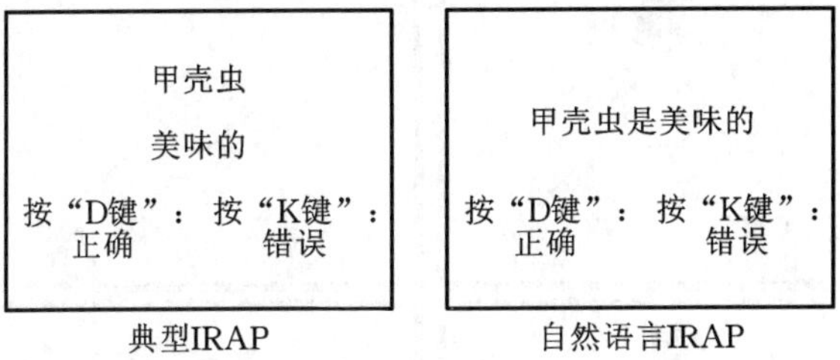

```
┌─────────────────┐  ┌─────────────────┐
│     甲壳虫      │  │  甲壳虫是美味的 │
│     美味的      │  │                 │
│ 按"D键": 按"K键"│  │ 按"D键": 按"K键"│
│   正确    错误  │  │   正确    错误  │
└─────────────────┘  └─────────────────┘
      典型IRAP            自然语言IRAP
```

图 1 典型 IRAP 和自然语言 IRAP 界面对比（源自：Kavanagh et al.，2016）

3.2 训练 IRAP

为了检验人类语言扩散的关系衍生转化功能，研究者进一步发展了训练 IRAP 范式来对此进行探索。训练 IRAP 范式在所有试次和组块的关系反应模式上与传统的 IRAP 是相同的。不同的是，在刺激呈现时，向被试呈现宠物图片和蜘蛛图片时让被试对其与另外两个任意的几何图形进行"相似"和"不同"的作答选择。这种训练的目的是让其中一个几何图形获得与宠物相似的积极效价，而另一个几何图形则获得与蜘蛛图片类似的消极效价。一半的训练 IRAP 建立蜘蛛与方形的相似性且与圆形的差异性，宠物与圆形的相似性且与方形的差异性；另一半的训练 IRAP 则建立宠物与方形的相似性且与圆形的差异性，蜘蛛与圆形的相似性且与方形的差异性。训练 IRAP 包括 4 种试次类型：宠物-圆形，宠物-方形，蜘蛛-圆形，蜘蛛-方形（见图 2）（Leech et al., 2018）。Leech 和 Barnes-Holmes（2020）进一步将关系的功能转变分成两种类型，一种为相互关联（mutual entailing），即刺激之间不存在中介刺激（如 A-B），如宠物/蜘蛛和形状的联结训练；另一种则为组合关联（combinatorial entailing），即包含中介刺激（如 A-B-C），例如在之前的宠物/蜘蛛到形状的联结训练，然后进行从形状到无意义音节的联结训练。结果发现，这种衍生转化功能主要在相互关联模式中发生，而在组合关联中则不存在。

3.3 改变事项 IRAP

基于接受与承诺疗法（Acceptance and Commitment Therapy, ACT），人们认为"减少或消除不良的思想和情感以解决问题而获得更成功的生活"是行不通的，为对其进行直接检验，研究者进一步采用 IRAP 的变式——改变事项 IRAP（CA-IRAP）来对其进行考察。在 Inoue 等人

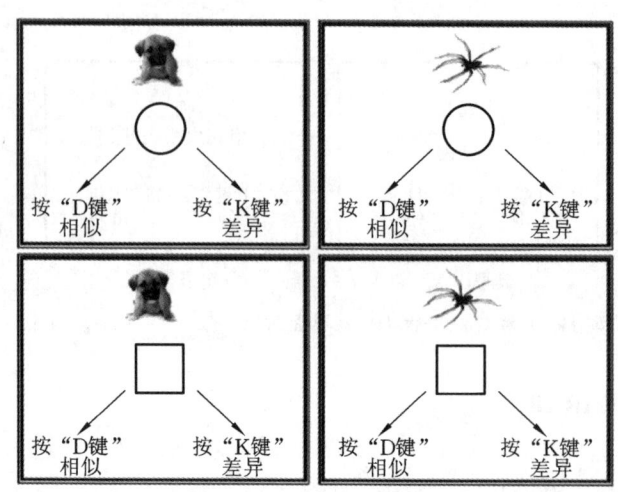

图 2　四种类型的训练 IRAP 示例（源自：Leech et al., 2018）

(2020)的研究中，该变式主要包括 4 个试验组块和 3 个测试组块。在每个试验中，一个改变事项的陈述或一个与接受相关的陈述呈现在屏幕的上方（如"如果我试图摆脱负性情绪""如果我接受负性情绪"），将两个目标刺激类型之一（如"感到更好""感到更差"）呈现在屏幕中间。两个作答选择（"正确"和"错误"）随机交替呈现在屏幕的左下方和右下方，被试通过按"D 键"或者"K 键"对一致和不一致试验进行快速而准确的反应（如图 3 所示）。如果被试做出了不正确的反应，红色的"×"会出现在屏幕中间，被试需要做出正确的反应以继续下一试验。在每个正确反应之后，下一个试验出现前会有 400 ms 的间隔延迟。在一致任务的试验中，要求被试对改变事项进行积极反应而对接受做出消极反应；在不一致任务的试验中，让被试对改变事项进行消极反应而对接受做出积极反应。改变事项 IRAP 共包括 24 个试验，被试的反应需要在 3 000 ms 以内，且正确率在 80%以上。

4　应用范围

除传统的临床领域外（Vahey et al., 2015），IRAP 在大量社会敏感主题中均具有广泛的应用，例如在自我、社会认知、群体以及态度等领域中取得了丰硕的成果。IRAP 为在自我领域进行更深入的内隐研究提供了更多可能性，例如：在自尊领域不仅可以测量"我是/我不是"的现实

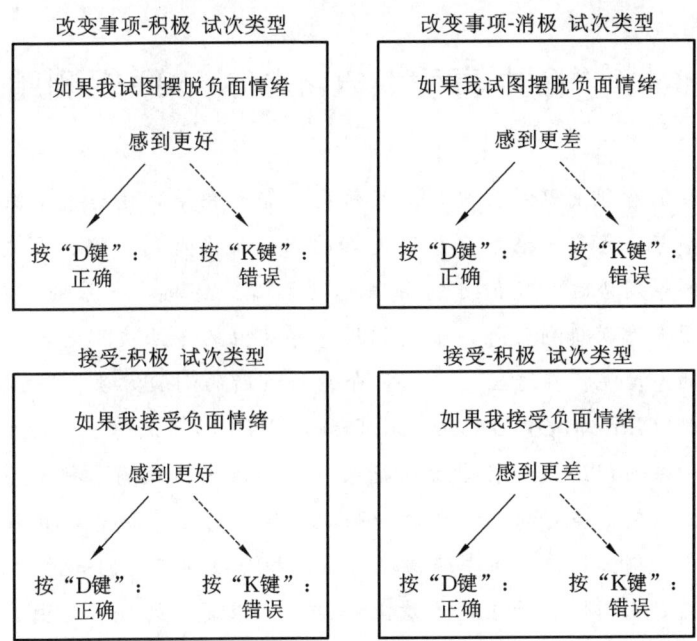

图 3　四种类型的改变事项 IRAP 示例（源自：Inoue et al.，2020）

自我，同时也可以测量"我想要/我不想要"的理想自我；IRAP 在自我宽恕领域的研究为外显报告和内隐测量的分离也提供了新证据；在社会认知研究领域，研究者采用 IRAP 对观点采择和吸引力偏向等方面进行了考察；在群体研究领域，可以采用 IRAP 对不同群体的刻板印象、偏见和社会身份认同等进行探索（Farrell et al.，2020）。此外，我们还可以采用 IRAP 对矛盾态度和态度改变干预的内隐测量进行研究。

　　以往研究发现内隐关系评估程序是一种可靠的内隐测量范式，具有较好的聚合效度，是内隐研究的可靠方法（Vahey，2015）。研究者进一步考察了控制策略对 IRAP 效应的可能影响，结果表明 IRAP 不容易被伪造，可信度较高（Hughes，2016）。但值得注意的是，不同的作答选择（如相似/相反 vs 正确/错误）、社会情境因素（如混合性别/单一性别）等是 IRAP 效应的重要影响因素（Maloney et al.，2020）。

06 "命中喜爱"：Go/No-go 联想测验

当我们看到或想到玫瑰花、茉莉花、郁金香等词语时，脑海中会浮现优雅芬芳、色彩鲜艳等一系列美好的词。而当看到蟑螂、屎壳郎、蝗虫、苍蝇等词语时，我们可能会联想到恶心、腐败等一系列消极的词。除了使用内隐联想测验外，如何利用一些其他的方法去测量我们对花朵和害虫的态度呢？在这里，我们将介绍一种新的测验方法——Go/No-go 联想测验（Go/No-go Association Task，GNAT）。试想一下，当依次为你呈现一系列词语，要求你看到花朵（例如玫瑰、茉莉、郁金香等）和积极词汇（例如美好的、希望的、阳光的等）时快速做出命中反应，而看到害虫（例如蟑螂、屎壳郎、蝗虫等）和消极词汇（例如恶心、腐败、死亡等）时立刻停止反应，这看上去是一件很简单的任务，因为可能在你的脑海中花朵和积极词联结在一起，害虫和消极词联结在一起。但如果测验要求的是对花朵和消极词快速做出命中反应、对害虫和积极词则立刻停止反应，试想一下你还能那么游刃有余吗？

1 来源与发展

Go/No-go 联想测验是对内隐联想测验的一种拓展，可以用来检测对单一目标类别的自动社会认知，即在不需要互补或对比对象的情况下测量内隐社会认知。Go/No-go 任务最初被用于研究反应停止能力，给被试随机交替呈现一系列实验刺激，要求被试对其中某类刺激做出反应（Go 反应），而对其他类刺激不反应（No-go 反应），对 No-go 刺激的错误反应通常被认为是反应停止困难的一个指标。

近几年来，Weigard 等人（2020）使用计算建模探讨了 Go/No-go 任务的神经激活如何与行为表现背后的认知机制相关联，并探讨了这些关系对精神病临床研究的影响，表明 Go/No-go 任务激活了监测和优化认知表现效率的神经系统。Hasegawa 等人（2021）探讨了刺激呈现间隔时间对 Go/No-go 任务的影响，表明在间隔时间极短的情况下，此项任务可能不适用于评估反应抑制功能，最佳的间隔时间可能为 600 ms。

2 基本知识与原理

Go/No-go 联想测验是对传统 Go/No-go 任务的一种发展，其启动任务和 IAT 类似，以激活扩散模型为基础，通过评价概念词与属性词之间的关联强度来衡量内隐态度或信念，关联的强度是根据属于概念词和属性词（例如花和积极词）的项目可以从不属于这些类别的干扰项目中区分出来的程度来评估的，用反应的延迟作为因变量。除此之外，GNAT 也吸收了信号检测论（Signal Detect Theory，SDT）的思想，在实验中以目标刺激为信号，其他的干扰刺激为噪音，以感知性指标(d'值)作为敏感性的度量。作为信号刺激的概念类别与属性类别联系越紧密，被试的反应更敏感，d'值也更大（温芳芳 等，2007）。

2.1 材料与工具

与 IAT 类似，GNAT 的实验材料主要涉及两类词：概念词与属性词。与经典 IAT 不同的是，GNAT 也可用于测量对单一态度对象的内隐态度，所以概念词或属性词既可以为单一类别，也可以为两个对立类别。每类需要的词语个数比 IAT 更多，具体的数量和实验次数根据不同的研究目的可以有所不同，但需要保证每类词语在类别内同质，并与对立类别有显著的区分度。

在 Nosek 和 Banaji（2001）测量对水果和虫子的内隐态度的实验中，每类词语有 24 个。其中水果概念词为苹果、杏、香蕉、浆果、蓝莓等，虫子概念词为蚜虫、蚂蚁、甲虫、臭虫、毛虫等；积极属性词为美丽的、欢庆的、欢快的、优秀的、激动的等，消极词为愤怒的、野蛮的、毁灭的、肮脏的、灾难的等。

2.2 基本程序

GNAT 的基本操作是在短时间内呈现目标刺激（信号）和干扰刺激（噪音），需要被试对目标刺激做出"Go"（按空格键）的反应，对干扰刺激则为"No-go"（不按键）的反应。组成信号的概念词刺激和属性词刺激的关联程度决定了反应的快慢以及停止反应的难易，而信号与噪声的可鉴别性（d'值）决定了反应的灵敏度。因此，不同配对条件下的反应时和 d' 值差异反映了概念词刺激和属性词刺激之间的关联程度。

GNAT 的具体程序包括两个正式实验组块，每个正式实验组块前有一个练习任务（见表1）。在一个组块中，某个概念类别与一个属性类别配对（例如，花和积极词配对，也就是说被试需要对花类词语和积极词做出相同的按键反应，一般为按空格键；对昆虫类词语和消极词不做反应）。在另一个组块中，概念类别与相反的属性类别配对（例如，花和消极词配对，被试需要对花类词语和消极词做出相同的按键反应，而对昆虫类词语和积极词不做反应）。每个组块由 56 个试次组成，前 16 个试次是练习试次。在每个试验中，刺激为四个类别词中的一个，刺激的呈现间隔被设置在 500 ms 至 850 ms 之间，被试需要根据指导语对刺激做出尽可能快速且准确的相应反应。

表 1　Go/No-go 联想测验样例

测试阶段	任务描述	刺激数	反应按键	
			Go（按空格键）	No-go（不按键）
1	练习	16	花＋积极词	昆虫＋消极词
	测试	40	花＋积极词	昆虫＋消极词
2	练习	16	花＋消极词	昆虫＋积极词
	测试	40	花＋消极词	昆虫＋积极词

注：屏幕中每次只呈现一个词，"＋"指对两类词做同一种反应，而不指同时呈现。

2.3　数据分析

与传统的内隐测量方法不同，GNAT 的因变量不是反应时的延迟，而是在响应期限内做出反应的能力，最后的得分是对两种配对条件下进行分类准确性的衡量，以被试的辨别力指数 d' 值作为测验指标。在信号检测论中，击中率 $P(H)$ ＝击中次数/（击中次数＋漏报次数），其中击中是被试正确的 Go 反应，漏报是被试不正确的 No-go 反应；虚报率 $P(FA)$ ＝虚报次数/（虚报次数＋正确拒绝次数），其中虚报是被试不正确的 Go 反应，正确拒绝是被试正确的 No-go 反应。将击中率和虚报率转化为标准 z 分数后相减，则得到 d' 值。d' 值为被试的辨别力指数，d' 值越大表明被试的辨别力越强，即越容易从噪音中区分出信号。然后，比较两种配对情况下的 d' 值的差异。如果信号中的概念类别和属性类别联系紧密，相比较于联系不太紧密或者没有联系的联结，被试的反应更为敏感，从而更容易从噪音中分辨出信号，辨别力指数 d' 值更大。

3 应用范围

GNAT除了适用于IAT所适用的测量领域,例如,测量内隐自尊(Gregg et al., 2010),也适用于对有成对目标对象的内隐态度的测量(例如,男性对女性,黑人对白人,同性恋对异性恋,内群体对外群体等)(Nosek et al., 2011),还可以用于测量没有明显比较类别概念的态度(例如,对美国的态度、对吸烟酗酒的态度等),例如Obasi等人(2016)测量了被试对酒精的内隐态度。

在任何需要快速分类刺激项目的任务中,任务的表现都受到速度和准确性的影响。提高反应速度可能会增加发生错误的可能性,同样,确保回答是"正确的"会导致整体速度下降。由于速度—准确性的权衡,在反应时和错误率中都可以找到有关任务执行的重要信息。事实上,Greenwald等人(1998)指出,可以使用反应时或错误率作为因变量来观察IAT效应。然而,大多数内隐测验只使用了反应的延迟作为因变量,因此可能会丢失错误率中包含的相关信息。而GNAT除了可以对单一目标类别的内隐社会认知进行考察外,利用了错误率这个指标,使用了d'值作为因变量考察了被试的灵敏度,具有一定的独特之处。在信度上,Nosek和Banaji(2011)研究表明GNAT的内部一致性信度较低,平均的分半信度$r=0.20$,但同时也提出了一些方法用于提高GNAT的信度:首先,可以增加每个组块的试次,为测量敏感度提供更多的数据点;其次,可以使用灵活变化的刺激呈现间隔时间,以消除个体差异带来的误差;最后,用反应时这个连续变量代替二分变量(正确/错误)作为因变量可以提高实验的可靠性。

07 "知过能改"：错误意识任务

在日常生活中，每个人都不可避免地会犯各种错误，为了适应复杂多变的环境，我们需要有效监控自己所犯的错误并且进行及时的调整，从而避免错误的再次发生。有的错误是我们意识不到的，比如当你做某个数学题的时候，将其中一个简单的口算7×8算成了63，导致整道题目都是错的，但是你并不知道哪里错了，事后回头找错的时候，也需要好几遍才可以发现错误所在；有的错误是我们能够意识到的，比如当考试的时候，第三题答案是A，但你阴差阳错地写到了第二题的位置上，你会立即反应过来写错位置了，并进行修改，在之后也会更加注意写答案的位置。

上面这两个例子都是学生时代经常会犯的一些小错误，但是在人的一生中有可能也会有犯重大错误的情况，并且会由此导致不好的后果，因此提高自身的错误意识水平，更好地意识并调整自己所犯的错误，对我们的生存和发展尤为重要。除此之外，对于不同的个体，错误监控的能力不尽相同，日常生活中哪些人错误监控能力强？哪些人弱呢？影响错误监控能力的因素又有哪些？当我们犯错误后，对于能意识到的错误和意识不到的错误，我们是怎么进行调节的呢？这些都是很有趣的问题，值得我们去思考和探索，本篇将要介绍的错误意识任务就可以帮助我们考察与错误意识有关的现实生活中的科学问题。

1 来源与发展

个体的认知表现是不断发展的，人们在完成既定目标的过程中，需要监控自己的行为以检测出错误，并在此基础上纠正错误，优化将来的行为，这种觉察到错误并对错误进行及时改正的行为是错误加工（Ullsperger et al., 2001）。在认知神经科学领域，对错误加工的神经基础研究是一个热点，以往大部分研究主要集中在与错误检测有关的神经区域上（Menon et al., 2001）。此外，有关大脑如何处理错误的认知神经科学理论基本都集中在错误检测上，而没有关注个体是否意识到错误，但是错误检测和错误意识之间存在很大的区别。Nieuwenhuis 和 Colleagues（2001）最早研究错误意识的神经相关性，并用事件相关电位（ERPs）识别错误负波（Ne/ERN），发现有关脑区通常定位到前扣带回皮层，并与错误检测相关（Dehaene et al.，1994）；另一个 ERP 的成分 Pe（类似于 P3 的错误正波）与错误意识直接相关。研究错误正波 Pe 的部位和特异性对于揭示出与错误意识相关的皮质区域是非常重要的。

为了研究有意识错误和无意识错误的神经机制，Hester 等人（2005）将错误意识定义为依靠一个特定的按键反应对错误进行的外显识别，提出了错误意识任务（Error Awareness Task，简称 EAT）范式，并结合功能性磁共振成像（fMRI）的高空间分辨率考察了错误意识的神经机制。

近些年来，研究者们基于不同的领域应用了 EAT 不同的修正版本。Buckley 等人（2016）在其研究中修改了 EAT，当词义和其呈现颜色相符时不做出按键反应，当词义和其呈现颜色不符时做出按键反应，在一定程度上将 Go 和 No-Go 反应进行了转化，在老年人群体中考察了潜在的抑郁症状和错误意识及对认知能力下降的主观担忧的关系。胡娜等人（2020）在 EAT 的应用中，使用了 6 种不同颜色（红、绿、蓝、紫、白、黄）的汉字，考察了应激状态下个体的错误监控和错误后调整情况。

2 基本知识与原理

错误意识任务由 Go/No-go 任务改编而来，被试不仅要完成 Go/No-go 任务，还要对自己的错误反应进行按键标记。被试犯错后能明确做出按键标记的试次为意识到错误的试次，犯错后未能按键标记的试次为未意识到错误的试次。对错误的按键标记反应将用于反映被试的错误监控水平，错误反应随后试验的正确率与反应时将用于反映错误后调整加工水平。

错误意识任务通过按键反应聚焦于对错误的意识。在该范式中，需要被试对一种类型的单词呈现做出按键反应，对另外两种类型的单词呈现做出不做按键反应。在反应的过程中，被试可能会犯两种类型的错误，第一种是将不该按键的单词做出按键反应，第二种是对该按键的单词形式没有做出按键反应，其中如果被试意识到自己犯了错误，就通过两次按键进行按键标记。所以通过该范式可以得到错误意识水平和错误后调整水平等结果。

2.1 材料与工具

经典的 EAT 实验采用了 RED、YELLOW、BLUE 和 GREEN 四个代表不同颜色的英文单词,在该范式中,这些单词分为两种刺激形式:一种刺激是词义和它的呈现颜色相符,如 RED 用红色字体呈现;另一种刺激是词义和它的呈现颜色不符,如 RED 用蓝色字体呈现。

2.2 基本程序

EAT 中有三种不同类型的试次,分别是 Go 试次、Stroop No-go 试次、Repeat No-go 试次。顾名思义,该范式要求被试对 Go 试次做出反应,对 No-go 试次不做出反应(如图 1 所示)。Go 试次是指刺激的词义和其呈现颜色相符,并且和前一个刺激不一样;Stroop No-go 试次是指刺激的词义和其呈现颜色不相符;Repeat No-go 试次是指该刺激和前一个呈现的刺激完全一样。这里通过设定反应抑制规则的竞争类型(Stroop No-go/Repeat No-go)是为了改变刺激-反应关系的强度,由于规则的表示是相互抑制,这样更强的规则就会抑制较弱的规则,从而产生大量的错误,其中一小部分可能由于关注更强的规则而被注意。EAT 的目的是利用人们过度学习单词的词义,而不是单词的颜色(Stroop 效应),这意味着被试应该倾向于监控 Repeat No-go 中的错误,而不是 Stroop No-go。

需要注意的是,除了 Repeat No-go 试次,其他两个连续试次中呈现的刺激是不能重复的。Stroop No-go 试次可以重复前一次 Go 试次中刺激的颜色,但不能重复字词,同样 Go 试次可以重复前一次 Stroop No-go 试次中刺激的颜色,但不能重复字词。EAT 示例如图 1 所示。

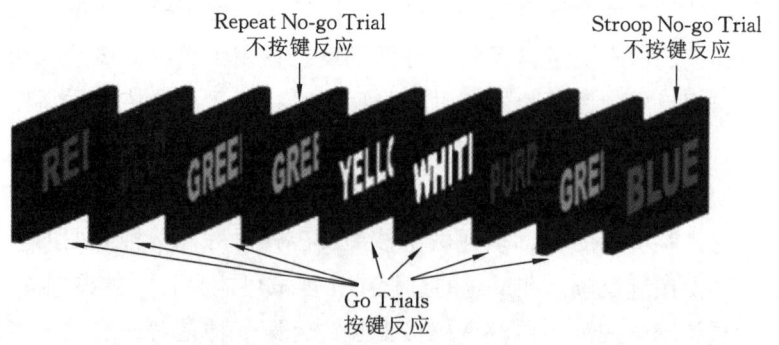

图 1　错误意识任务程序示例(源自:Hester et al.,2005)

在 EAT 中,包括练习阶段和正式实验阶段。练习阶段共有 70 个试验，其中 Go 试次远多于 No-go 试次。当被试错误反应或者错误没反应时，会呈现错误反馈。正式实次阶段共包括 4 个组块，每个组块有 225 个试次，其中 Go 试次有 200 个，No-go 试次有 25 个。奇数组块中，有 12 个 Stroop No-go 试次和 13 个 Repeat No-go 试次；偶数组块中，有 13 个 Stroop No-go 试次和 12 个 Repeat No-go 试次。并且事先需要规定好在每个组块中，两个 No-go 试次之间会呈现 2~15 个 Go 试验。大量 Go 反应和少量 No-go 反应的混合是为了保持反应的优势。在整个实验中，刺激的呈现时间为 900 ms，两刺激的间隔时间为 600 ms。

实验的指导语如下：在这个任务中，电脑屏幕中心会逐一呈现一系列单词，有的单词的词义与呈现颜色相符（如 RED 用红色字体呈现），有的不相符（如 RED 用蓝色字体呈现）。当单词的词义和呈现颜色不相符（如 RED 用蓝色字体呈现）或者单词的词义、呈现颜色和前一个单词完全一样时，你不需要对它们进行按键反应（No-go）；当单词的词义和呈现颜色相符（如 RED 用红色字体呈现）并且和前一个单词不一样时，你需要按空格键进行反应（Go）。由于单词的呈现速度比较快，你可能错误地将不该反应的单词按键反应，如果你意识到犯了错误，请在下一个单词呈现时按两下空格键，从而说明你意识到了错误。该实验包括两个阶段，分别为练习阶段和正式实验阶段。相比于练习阶段，正式实验中 No-go 试次出现的频率会更低。如果你明白了具体规则，请按空格键开始实验。

2.3 数据分析

错误意识任务（EAT）中有正确率和反应时两个指标，可以通过这两方面的实验结果来进行分析。在正确率上，可以计算如下的一些概率，即做出错误反应后意识到错误的概率（将每个被试意识到的错误试次数量除以总的错误试次数量，就可以得到错误意识正确率）、做出错误反应后未意识到错误的概率、未做出错误反应后意识到错误的概率、未作出错误反应后未意识到错误的概率。在反应时上，可以计算意识到错误后的反应时、未意识到错误后的反应时和正确反应后反应时的差异。需要说明的是，其他没有列出的具体分析方法需要根据不同的研究设计来进行。

3　应用范围

错误意识任务可以被运用于多个领域。在认知神经科学领域，EAT可以结合 ERP、fMRI 来考察错误意识及错误后调整的神经机制，从而揭示相应的脑区及脑波，还可以为行为研究提供电生理学证据；在临床研究领域，研究发现抑郁症患者往往会伴随着较低的错误意识（Buckley et al., 2016），除此之外，EAT 还可以被运用到对患者部分障碍的确定以及康复方案的制定中，从而让患者通过相应训练提高错误意识水平，帮助患者恢复健康。如 Mauszycki 等人（2017）在患有习得性言语失用症的说话者中考察了错误意识和治疗结果之间的关系，并为更好地理解错误意识功能在患者康复中的作用提供了帮助。对于不同的情绪、不同的情境及不同的任务等，个体对于错误的监控或者后续行为的调整也许会不一样，可以利用 EAT 来进行深度探索。总之，EAT 主要目的是考察错误意识，因此可以拓展思维，将其他有关领域与该范式结合起来，来探索其中可能的关联。

08 "先入为主":启动范式

"启动效应"(priming effect)一直存在于我们的生活中,潜移默化地影响着我们的认知、情绪与行为。也许大家都了解过 John Bargh(1996)所做的一项经典的启动实验,在这项研究中将被试分为几个小组,各组的任务都是从所提供的词语中挑选一些来造句。其中一组中提供给被试的词语有一半都与"老年人"有关,例如满脸皱纹的、健忘的、灰白的等。完成任务后,要求被试到大厅的另一头进行其他的任务。实际上,造句任务是研究中的启动环节,研究者测量了被试从大厅的一头走到另一头的时间,目的是探索这些与老年人相关的词语启动对被试走路速度的影响。结果不出所料——那些采用老年人相关主题造句的被试比其他人的走路速度更慢,这一实验用巧妙的设计证实,即使是简单的词语启动也能对人们的行为产生重要影响。在本篇中,我们将首先介绍启动范式的来源、发展,随后将主要对"情感启动程序""跨通道启动""评价启动任务"和"阈下启动任务"四类重要的启动范式进行介绍。

1 来源与发展

在社会心理学领域中,Higgins、Rholes 和 Jones(1997)首次应用了启动技术,并对个体经验如何以无意识的方式对其行为与知觉产生影响进行了探索。在此研究之后,启动范式在社会心理学研究领域也得到了广泛的应用,其应用领域包括但不限于启动对个体社会行为、知觉、动机等的影响等(Varnum et al., 2014)。

在程序设计方面,启动范式的早期研究中多以单词的形式对启动刺激与目标刺激进行同时呈现。在启动范式的不断发展中,以序列呈现的方式逐渐取代了传统的同时呈现方式。这一范式呈现形式上的改善能够帮助研究者以更为明晰的方式呈现启动刺激与目标刺激,参与者在这一过程中也能够更明确需要对哪一刺激进行反应。同时研究者在新的范式框架下能够更好地操纵启动刺激与目标刺激之间的时间间隔(Stimulus Onset Asynchrony,SOA)。在刺激内容方面,早期的研究大多将单词或

词组等语言信息作为刺激，随着探索的逐渐深入，启动刺激的材料由单纯的语义信息拓展到了更为广泛的社会性信息，如社会观点、情绪、人际态度等。

2 基本知识与原理

"启动"这一概念最早由 Lashley 于 1951 年发表的一篇以"连续反应"为主题的论文中提出。在早期研究中，"启动"被定义为一种来源于个体内部的、有意识的行为，是对个体反应的心理准备状态（Rosenbaum et al., 2007）。在后续不断的探索中，Storms（1958）发现了无意识的、被动的启动现象。随后 Segal 和 Cofer（1960）总结以往研究中的发现，将这种"在之前任务中的某一刺激能够对后续无关任务中对同一刺激的提取与加工产生影响"的现象定义为"启动效应"。此后，基于启动效应发展起来的启动范式逐渐被作为一种实验操纵方法应用于认知心理学的研究中，并在语言学习、感知觉、记忆等领域得到了广泛的应用。

2.1 材料与工具

启动范式实验中所采用的刺激可以是词组、图片、声音等，需要根据具体的研究问题、实验目的、可能的干扰变量等因素来综合判断。采用的实验材料可以根据启动目标类型的不同分为以下两类：（1）概念启动，即对概念所代表的心理表征进行激活，通常可以采用"句子拼接任务""找词游戏""阅读材料""同音异形异义字启动"等方式。（2）心理定势启动，即对某一类心理过程的启动，包含思维、动机、解释水平等。对思维的启动可以通过撰写或评价某种方案的方式进行，对动机的启动可以通过某类具有较强行为特征的物体、阅读材料等方式进行，而对解释水平的启动可以通过原因/手段任务、归纳/举例任务来进行。

2.2 基本程序

在经典的启动范式中，实验程序为：首先呈现注视点"+"，以使被试的注意力集中于将要呈现的刺激区域，随后注视点消失，呈现启动刺激。然后在一定的时间间隔（即 SOA）后呈现目标刺激。

在一般的实验中目标刺激页直到被试做出反应后消失，但是也有研究对目标刺激页设置一定的呈现时长。需要注意的是，在实验的指导语中不直接告知被试实验的目的，否则可能会对启动效应产生干扰，只需要告知被试对所呈现的第二个刺激进行反应即可。

2.3 数据分析

启动范式的实验目的与材料较为多样，通常研究的自变量可以是启动刺激的类型、呈现形式、启动刺激与目标刺激呈现时间的 SOA 等。依据实验目的的不同，因变量可以为被试的反应时、错误率等后续的感知觉、行为或情绪等的变化。因此，在进行数据分析时需要依据具体的实验目的、设计与材料确定分析方法。

3 主要变式

3.1 情感启动程序（Affecting Priming Procedure）

情感启动效应是指，当启动刺激与目标刺激在效价上相一致的时候（如"花朵-爱情"）与当启动刺激与目标刺激在效价上不一致的情况（如"阳光-死亡"）相比，当两类刺激下的效价一致的时候个体对于目标刺激的加工会更为迅速，即加工的反应时更短、正确率更高。经典情感启动程序的基本流程为：首先呈现注视点"＋"，随后呈现情感效价为积极或消极的启动刺激（根据实验目的，启动刺激可以为词组、图片、声音等），此处假设目标刺激的呈现时间为 A，在间隔一定时长 B 后呈现目标刺激，目标刺激的呈现时间假设为 C。那么刺激的不同步呈现时间（SOA）即为启动刺激呈现时长与间隔时长之和，即 SOA＝A＋B。在情感启动程序中通常发现，对于目标刺激的反应时在效价一致的情况下更短。

3.2 跨通道启动任务（Cross Modal Priming Task）

跨通道启动任务中最为经典与普遍的是跨通道语义启动范式。跨通道语义启动范式最早由 Warren (1972) 所提出，当前最常用的范式是由 Swinney 等人于 1979 年在研究中所提出的。在跨通道语义启动范式中，先向被试呈现一个语音刺激（启动刺激），在一定的时间间隔之后向被试呈现一个在语义上与启动刺激相同或不同的视觉刺激。在任务中，被试需要依据视觉目标来完成词汇决策任务。例如，在任务中通常要求被试做一个关于视觉词是词/非词的简单分类任务；如果视觉词是一个单词则按一个键给出反应；如果其为非词则按另一个键给出反应。

3.3 评价启动任务（Evaluative Priming Task）

Fazio 等人（1995）最早使用评价启动任务来研究内隐种族歧视。其中启动阶段是对两个目标类别（如积极/消极形容词）中的项目进行简单的二元分类任务。这一启动程序所基于的假设是如果与目标类别紧密相关的项目已经通过简短的呈现被激活，那么在后续的任务之中被试的反应会更快。例如，相比于呈现启动词"饥荒"，在呈现启动词"冰淇淋"之后，人们能够更快地将"好"这个目标形容词分类为"积极的"。采用评价启动范式有利于对内隐态度的研究，因为特定启动后对目标刺激的快速反应，可以反映出被试内部启动词与目标刺激之间的紧密联系程度。

3.4 阈下启动任务 (Subliminal Priming Task)

阈下刺激是指个体无意识知觉的刺激，而阈下启动效应是指之前所呈现的刺激并未被个体有意识地知觉，但是却影响到了个体后续的认知加工的现象。阈下启动最早由 Marce 等人引入到实证研究之中，从 20 世纪 80 年代以来在心理学领域进行了大量的阈下启动研究，但是研究者们在阈下启动效应的有效性及其心理机制等方面仍存在着较大的争议（马利军 等，2011；王沛 等，2005）。阈下启动范式是一种较弱的实验操纵，这一范式能够帮助研究者们验证无意识的刺激对个体后续认知过程的影响，同时还能够排除被试自身意愿以及对任务关联性的意识对研究结果的干扰。阈下启动任务一般包含三个阶段：第一阶段，呈现启动刺激，为达到阈下启动的效果，刺激一般呈现时间短暂且呈现的位置为个体视野的中央区。第二阶段，在呈现启动刺激后立即呈现另一刺激对其进行掩蔽。第三阶段，为验证启动刺激为阈下刺激，在完成测试程序后需要进行适当的察觉检验。

4 应用范围

启动范式是基于启动效应所发展起来的范式，旨在探索先前呈现的语音、语义、图片等刺激对个体后续的感知、情绪与行为等的影响。这一范式巧妙灵活，其中的启动刺激与目标刺激、间隔时间等变量均能够较为灵活地进行操纵以适用于认知、社会各领域的研究目的（张玥 等，2016）。但是同时需要注意的是，启动范式也具有一定的局限性，例如，启动范式的研究结果的可重复性问题，即采用启动范式进行的研究往往难以重复。此外，启动范式虽然帮助我们进一步地了解了先前呈现的刺激对个体后续认知、行为等反应的影响，但是对于为何同一种刺激能够引起后续多种心理变量的变化，实验中的启动刺激是否具有相同的有效性，启动目标不一致时采用哪种启动方式更具有优势等问题，在当前的研究中仍无法解答（Bargh，2006）。

启动范式是心理学研究中的重要操纵方法，特别是在社会心理学研究领域也得到了广泛应用。近年来，启动范式研究的领域涵盖了态度、刻板印象、社会行为、印象形成、动机等重要的社会心理学研究领域（白学军 等，2016；张珊明 等，2015）。启动范式结合脑电等认知神经科学的技术，对启动刺激作用的机制等进行了更为深入的探索。与此同时，启动范式也得到了不断的完善与多样化的发展，也被应用于更多具有较高应用性的领域，如二语习得、音乐、消费者行为等（张玥 等，2016）。

09 "这是我吗"：Me/Not me 反应时任务

你对自己的印象如何？自我概念是什么样的？你的朋友、恋人或家人对你重要吗？你们的关系怎么样？你认为自我概念和他们融入在一起了吗？这些问题看起来很抽象，要想明确回答这些问题似乎有些困难，有时候我们无法准确地表达出我们对自己的看法（甚至有时候我们可能无法意识到自己对自己的看法）。那么换一种问题形式：你认为"温柔""认真""乐观"这些具体的人格特质词可以用来形容你吗？这些特质词可以用来形容××吗？回答这些问题看上去似乎较为容易些，而当你被要求快速地做出判断时，你的第一反应也许能表露出对自己的态度。反应时不会骗人，接下来将要介绍的 Me/Not me 反应时任务能告诉我们最真实的自己是什么样子的，也能告诉我们他人和自己的关系有多亲密。

1 来源与发展

自我与他人的关系一直都是心理学研究的重点，与他人构成的亲密关系会影响个人的自我概念。在恋爱关系中，个体倾向于认为伴侣的自我概念和自己的自我概念之间有大量的相似性，这种感知到的自我与恋人之间的相似性对亲密关系是有益的，伴侣可以是自我的一面镜子。具体来说，恋爱中的个体与伴侣会经历自我-他人的整合，将伴侣的自我概念与自己的自我概念融合，直到他们不确定自己的自我概念何时结束，而伴侣的自我概念何时开始（Slotter et al., 2009）。

基于此，Me/Not me 反应时任务是 Aron 等人（1991）改编了测验自我图式的传统反应时任务（Markus, 1977）而发展出来的一种对自我概念和他人关系进行测验的任务，最初的目的是检验自我与他人的认知结构是否在一定程度上存在重叠。若我们认为他人的特征在很大程度上包含在自我中，那么当一个特征描述的是自我而不是他人时，在决定其是否真正代表自我时我们会有一点困惑，反应时间会更长。Aron 等人（1991）使用 Me/Not me 反应时任务发现在越亲密的关系中，自我和他人的认知结构会有更大的重叠。

近几年来，Rutt 和 Löckenhoff（2016）使用 Me/Not me 反应时任务考察了过去和未来的自我概念的连续性，并发现这种连续性和被试的年龄有关。类似的，Sokol 和 Eisenheim（2016）利用此任务测量了被试的自我认同感，并发现自我认同的连续性能预测自杀倾向的严重程度。而 Fukui 等人（2020）的研究聚焦于对自己与他人（或伴侣与他人）手部的识别，以检验密切的社会关系是否影响对手部的识别，使用此范式发现对伴侣的"自我扩展"可能发生在明确的视觉识别中。

2 基本知识与原理

Deutsch 和 Mackesy（1985）将亲密关系中自我和伴侣的相似性解释为自己和亲密他人相互作用，影响了对方的自我图式，从而在自我和他人之间产生了特征的重叠。在自己和他人的特征描述中有两端：一端是关于自我认知的典型描述，另一端是关于他人认知的典型描述。而之所以会出现介于两者之间的描述，是因为我们对亲密关系中的另一方的大部分认知被视为自我或与自我混淆——潜在的原因是自我和他人的融合，如 Deutsch 和 Mackesy 所言，"将他人纳入了自我"。

2.1 材料与工具

Me/Not me 反应时任务的实验材料主要是一系列让被试判断的人格特质词，根据不同的实验目的，判断的刺激类型可以不同。

例如，在 Aron 等人（1991）的研究中，材料为 90 个人格特质词，这些词一般是一些中性词或略微有积极效价的词语。被试需要提前对这些词在多大程度上是自己的特征、伴侣的特征和某个名人如 Bill Cosby 的特征分别进行 7 点评分，1 表示极其符合目标人物特征，7 表示极其不符合目标人物特征；而在 Slotter 和 Gardner（2009）的研究中，同样的 7 点评分，1 表示极其不符合目标人物特征，7 表示极其符合目标人物特征。

2.2 基本程序

在 Aron 等人（1991）的研究中，被试被告知会参与一个研讨会，在等待研讨会开始时，被试首先完成了一份初步的问卷，然后进行 1.5 至 2 个小时的研讨会活动（分散注意力的任务），被试们在研讨会中会被单独叫出来，送到另一个房间并完成反应时任务。

最初的调查问卷是让被试对自己和他人的 90 种性格特点中的每一种

进行适用程度打分，这 90 个特质词是随机排序的。在反应时任务中屏幕上会呈现一系列特质词，被试的任务是判断屏幕上的特质词是否能用来形容自己，并进行按键反应：当能用来形容自己时，按"A 键"；当不能用来形容自己时，按"L 键"，直到被试按下其中一个键才开始呈现下一个特质词，记录被试按键的反应时。正式实验之前有 10 个试次的练习，所有特质词的集合被呈现三次，每次以不同的随机顺序呈现。

2.3 数据分析

在对特质词进行评分的分析中，评分低于 4 分的词被认为无法描述（或错误描述）目标人物，评分高于 4 分的人被认为适合描述（或正确描述）目标人物。

首先对特质词进行分析，根据是否能正确用于形容自己和是否能正确形容伴侣，特质词可以被分为四类：正确相同组（可以同时形容自己和伴侣）、正确不同组（只能用于形容自己）、错误相同组（不能用于形容自己和伴侣）、错误不同组（只能用于形容伴侣）。然后以反应时为因变量，进行方差分析。若在形容自我和伴侣时符合程度不同的特质词（即不同组）上，反应时更长且会有更多的错误，则表明被试对自我和对伴侣的认知结构有一定的重叠。

3 应用范围

Me/Not me 反应时任务一般适用于自我概念测量领域。利用 Me/Not me 反应时任务，有研究对自我与他人概念的重合程度进行了测量，以间接明确自我和他人的亲密关系（Aron et al.，1991），还有研究涉及感知自己和他人之间相似性（Slotter et al.，2009）、自我身体表征（Fukui et al.，2020）和过去与未来的自我感知相似性的测量（Rutt er al.，2016）等。

虽然目前没有广泛的研究证明 Me/Not me 反应时任务的信效度，但 Aron 等人（1991）的研究表明，相比于其他方法，Me/Not me 反应时任务可以更加直接地测量自我与他人的关系，避免了个体主观因素的干扰。

10 "真假难辨":词汇判断任务

在一些偏远地区的小卖部里常常会见到"营养抉线"或者"康帅傅"等"山寨"食品。这些包装几乎可以以假乱真、但质量大相径庭的"山寨"食品,真是让人啼笑皆非。"山寨"食品在偏远地区泛滥的情况远不止这些,还有如"王老古""请扬""粤利粤""六禾核桃""娃恰恰"等。你是否也上过当呢?如果是,你有没有思考过自己为什么会上当呢?可能是因为买东西的时候时间太紧张,也可能是因为没有仔细观察,还可能是因为产品包装实在太相似等。当然,无论如何,这种通过相似词语来混淆"山寨"产品和正版产品的行为都是违反法律和道德的。事实上,这种关于真假词或真假字的判断在心理学实验中有着很好的应用。在关于字词识别的心理学研究中,常常会用到类似的实验程序,心理学称其为词汇判断任务(Lexical Decision Task,LDT),主要用于探究人们词汇识别过程中的影响因素。

1 来源与发展

词汇判断任务最开始是由 Meyer 和 Schvaneveldt 在 1971 年提出,研究者呈现两个字母串让被试来判断。字母串组成的刺激有三种类型,可以是一对词、一对非词或者一个词和一个非词的组合(两个词分别呈现在电脑屏幕的顶部和底部)。在第一个任务中,如果两个字母串都是词,则让被试反馈"是",否则反馈"否"。在第二个任务中,如果两个字母串都是词或都是非词,则要求被试反馈"相同",否则反馈"不同"。在每项任务中,反应时均作为因变量。结果发现,有关"是"的反馈和有关"相同"的反馈,对于一对词的组合,相关的词对比不相关的词对反应时更快。而对于一对非词的组合,"相同"的反应最慢。此外,当电脑屏幕的顶部字母串是非词时,"否"反馈更快,而当顶部字母串是词时,"不同"反馈更快(周晓林 等,2008)。

研究者也会将词汇判断任务与认知神经科学技术相结合,进一步考察认知过程的神经机制。例如，金晨曦等人（2010）让被试完成动态图像识别任务和静态词汇判断任务，运用事件相关电位技术对被试的认知加工过程进行了研究。夏金胜等人（2013）运用事件相关电位技术，通过词汇判断任务，对汉语双音节名词、动词和动名兼类词的语义加工机制进行了研究。

2 基础知识与原理

词汇判断任务是在屏幕上呈现一个词（或一串字母），要求被试尽可能又快又准地判断这个词是真词还是假词，比如"直理""自已"等。不只是在汉语言材料的研究中，在其他语言的研究中也常常用到词汇判断任务，比如，英语中的同音词对（homophone pairs），如 son-sun，再如以/i/-/I/为对比元音创建的词汇最小对立体（minimal pairs），如 heal-hill。通过词汇判断任务，可以从内隐层面发现词汇和语义的加工机制。例如，对同形异义词（即具有两个或更多含义的单词）的词汇判断比对非同形词更快，这可能是因为词频影响长时记忆中存储单词的顺序，长时记忆中同形词的存储是多于非同形词的。再如，比较人们判断一串字母是否是一个单词所花费的时间和它所属的语义类别所花费的时间：当类别相对较小时（如建筑物），语义判断比词汇判断要快得多；当类别相对较大（如结构）时，语义判断比词汇判断稍慢。这可能是因为语义判断的过程涉及在语义类别中搜索存储的单词，而词汇判断的过程并不需要在记忆的所有单词中进行这种搜索。

2.1 材料与工具

（1）英语材料

给被试随机呈现一系列字母串，其中有的是词，有的是假词（符合正常的字词结构顺序，但是在这种语言中实际不存在的词）或者非词（违反正常字词结构顺序的词），要求被试尽可能快而准确地判断每一个字母串是不是一个词，并以不同的方式对判断结果进行反应。记录被试的选择反应时和正确率。

（2）汉语材料

汉字有字和词两个水平，因此，可分为真假字判断和真假词判断，操作时将字或词与同等数量的假（非）字或假（非）词混合在一起呈现给被试。汉字语言材料的选取过程如下：首先，可以从现代汉语常用词词频词典中查找出所需要的名词或者形容词等。然后，对这批词语的愉悦度、唤醒度、具体性（即具体词-抽象词，如苹果-知识）进行9级评分。作为对照组的两组词语材料的愉悦度、唤醒度、具体性、词频以及笔画数需要进行统计分析，结果与真词组无统计学差异才可使用。

相关研究发现，词频（高、低）和情绪唤醒度（高度负性、中度负性和中性）都会对词汇判断产生影响（Nakic et al., 2006）；此外，词的具体性同样会影响词汇判断的过程（陈新葵 等，2010）。因此，选择实验材料时需要控制以上实验变量的影响。

2.2 基本程序

实验进行时，被试需要以自然姿态坐在电脑正前方并尽量保持不动，眼睛与刺激呈现位置大致保持水平，距离为80～100厘米，被试在整个实验过程中都需要始终注视屏幕中央。被试进入实验室，阅读并理解实验指导语后，需要对电脑屏幕上呈现的词语尽可能快地做出词或非词的判断，并进行按键反应（比如，词按"F键"，非词按"J键"）。所有刺激呈现在屏幕中央，显示背景为灰色，刺激的颜色、字体、字号为黑色40号宋体。以2（启动刺激面孔的情绪效价：积极，消极）×2（启动刺激面孔的性别特质：男，女）×2（靶子词类型：情绪，性别）的组间设计为例，探究词汇判断任务中的情绪和语义启动效应的比较。练习阶段和正式实验阶段的实验指导语可以如下：欢迎你参加本实验，首先，屏幕中央会呈现一个注视点"+"，然后是一张面孔图片，接着会出现一个字（词），这个字（词）可能是真字（词）也可能是假字（词），请您既快又准确地判断该字（词）是真还是假。若为真字（词），请按"A键"，若为假字（词），请按"L键"。准备好后，按任意键开始练习（实验）。为了平衡左右手反应时对实验结果造成的影响，按键的顺序在被试间进行平衡，即另一半被试执行相反的按键要求，假字（词）按"A键"，真字（词）按"L键"。实验记录被试的反应时和正确率。

实验流程见图1：指导语—空屏（500～700 ms）—注视点"+"（500～700 ms）—启动刺激（面孔，50 ms）—空屏缓冲(100 ms)—目标刺激（字词，3 000 ms），目标刺激呈现期间被试做出反应后进入下一个试次。

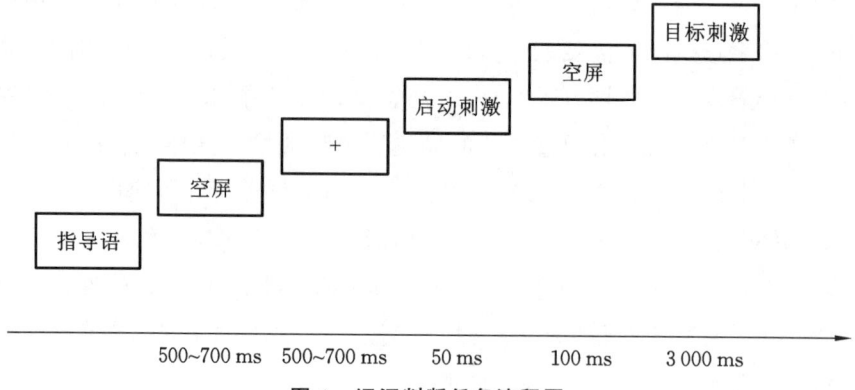

图 1 词汇判断任务流程图

2.3 数据分析

首先对收集到的原始数据进行处理，剔除正确率低于 80% 的数据和反应时在 3 个标准差之外的数据。以 2（启动刺激面孔的情绪效价：积极，消极）×2（启动刺激面孔的性别特质：男，女）×2（靶子词类型：情绪，性别）的组间设计为例，数据分析可以通过 SPSS 进行反应时的重复测量方差分析。

3 应用范围

词汇判断任务的有两个比较明显的优点：（1）实验材料易得，面孔材料和字词材料比较容易获得，存在已有的素材库；（2）此范式包容性较强，可以适应实验要求进行实验设计，比如加入掩蔽任务、记忆任务等。然而，词汇判断任务也存在一些缺点：（1）当被试只关注实验任务，即只关注对真字（词）或者假字（词）的判断时，则注意资源较难分配到启动刺激上，因此削弱了启动效应的作用。（2）如果实验材料关注字（词）的其他信息，比如情绪效价和性别特质等，建议使用词而非字。此外，对字的判断比对词的判断简单，更容易使被试产生练习效应和疲劳效应。（3）由于是对字（词）的真假进行判断，因此被试的选择有一定的限制，比如不能是不识字或者识字不多的儿童或者识字困难的老人，以及智力障碍者等。

词汇判断任务常用于考察影响词汇识别过程的因素。词汇判断任务又分为表层判断（如判断单词中是否含有字母 A、拼写正确与否）、抽象或者具体的语义判断、范畴成员判断（如判断目标词是否属于水果）等。词汇判断任务目前应用最广泛的领域是词汇理解和词汇加工的内隐研究，词是最小的意义单位，词汇理解是目前语言心理学最活跃也最富有成果和争议的领域之一。同时，在社会范畴的成员判断中，也涉及词汇判断任务，主要用于考察个体对某个类别的内隐态度。

11 "一心多用": 类别转换任务

大家或许都听过《小猫钓鱼》的寓言故事,在故事中一只小猫由猫妈妈带着来到池塘边钓鱼,小猫在钓鱼的过程中忙着追蜻蜓、扑蝴蝶,结果一条鱼也没有钓到。沮丧的小猫在猫妈妈的教导下将注意力集中在钓竿上,最终成功地钓到了一条大鱼。这个简单的小故事生动地反映出"多任务处理"(multitasking)与"任务转换"(task switching)等多项认知加工的过程。虽然在多项任务中不断地进行转换可能会导致单个任务的处理效率降低,但是在当今信息爆炸的时代中,人们常常不可避免地需要同时处理多项任务。针对这一现象,许多相关的问题成了研究者所关注的焦点,例如,不同任务之间的转换和操作同一任务的认知过程之间存在哪些差异?转换代价(switching cost)受到了哪些因素的影响?本篇中将要介绍的类别转换任务或许能够帮助我们来探索这一问题。

1 来源与发展

Allport 等人 (1994) 最早采用速度反应任务与重复呈现词组顺序任务对不同任务集(task set)转换过程中不同成分的效应进行探索。研究发现相比于重复的连续任务,在多任务转换情境中被试完成任务时反应速度与准确性方面均出现了损耗,但是对于任务转换强度的影响因素、加入刺激线索的任务转换过程是否会有更少甚至没有反应时的损耗等问题还有待进一步的探究。在 Allport 等人的基础上后续的研究发展出了类别转换任务(Mayr et al., 2000),这一任务重视在两类任务集之间进行转换的过程,旨在帮助研究者们进一步探索任务转换中的各类成分对其转换损耗的影响。

对类别转换任务的探索与发展主要集中于 20 世纪末与本世纪初,近年来鲜有突破性的发展。在以往研究中具有较高代表性的为 Mayr 与 Kliegl 于 2000 年开展的研究,这一项研究在传统的"类别转换任务"的基础上进行了拓展,主要聚焦在任务转换的过程中人们是如何为即将进行的"新任务"进行准备的,并试图验证准备过程与从长时记忆(long-term memory)中检索信息的过程之间的共同点。这项研究发现在一般的情况下,转换代价和任务难度之间似乎没有相关性,但是不同任务组合之间的转换代价似乎共享一个基本的共同部分(Kray et al.,2000)。其后,Friedman等人(2008)的研究中也将经典的"类别转换任务"作为对执行功能进行的测试之一。在近年的相关探索中,这一范式逐渐发展、扩充为"任务转换范式"(task-switching paradigm),被更为广泛地应用于多任务加工过程的研究中(Koch et al.,2018)。如冯霞等人(2022)采用"数字-字母转换任务"区分高低认知灵活性者,构建概率配对模式相同但形式不同的两个概率类别学习任务,并且借助事件相关电位技术(ERP)探讨了认知灵活性对概率类别学习任务的作用特点与机制。

2 基本知识与原理

了解在多任务处理时人类的内部控制是怎样建立、维持或停止的,能够帮助我们更好地理解这一认知过程(Allport et al.,1994;Mayr et al.,2000)。类别转换任务针对在任务处理的过程中,人们在任务内的反应选择与任务间的转换之间存在怎样的分离、相关关系来进行实验探究。在类别转换任务中通过让被试对一系列对象完成不同的认知任务来对其反应的错误率与反应时进行测量,研究者们借助这两项指标的差异对个体在任务转换过程中不同转换的认知模式有了更为清晰的认识。

2.1 材料与工具

根据引用较为广泛的Friedman等人(2008)研究中的描述,类别转换任务中采用了16个具体的名词。其中有4个名词为尺寸较大、无生命的物体,包括"桌子、自行车、外套、电视机";有4个名词为尺寸较小、无生命的物体,包括"鹅卵石、把手、杯子、大理石";有4个名词为尺寸较大且有生命的物体,包括"马、鲨鱼、鹰、狮子";还有4个名词为尺寸较小且有生命的物体,包括"老鼠、麻雀、金鱼、蜥蜴"。在实验中将向被试随机呈现上述中的一个名词,被试需要根据实验的指示来完成相应的任务,具体的研究程序可见下文。

2.2 基本程序

如上所述,实验中选取了"尺寸大且无生命、尺寸大且有生命、尺寸小且无生命、尺寸小且有生命"的4类代表物体的名词,随机地呈现在实验试次中。被试所看到的上述名词均可以采取以下的两类方式来进行分类，即"是否有生命"和"尺寸的大小"。根据 Allport 等人（1994）研究中的操作，被试所进行的分类方式为：（a）判断所描述的物体是生物还是非生物（living task）；（b）判断所描述的物体比足球更大还是更小（size task）。在呈现名词的同时在其上方呈现一个符号，以指示被试进行的分类任务类型，在以往研究中以"心形：♥"表示依据"是否有生命"来进行分类；而以"十字：＋"表示依据"尺寸的大小"来进行分类。

对于每个试次来说，分类方式是随机的。在整个实验程序中，一半的试次是"转换试次"（switch trial）即前后的分类任务不同；另一半的试次是"非转换试次"（non-switch trial）即前后的分类任务相同，未发生转换。同时，分类按键的位置在各试次之间分配时也进行了平衡。

2.3 数据分析

类别转换任务是任务转换范式中的一种，其所采用的测量指标也存在共通性。在类别转换任务中用于量化个体任务转换能力的最具代表性的指标为"转换代价"。其假设任务转换相比于重复相同任务需要额外的心理过程，因此在行为实验的指标上这一过程就体现在被试在进行"转换试次"的时候需要更长的反应时，并具有更高的错误率。这种行为反应上的变化被称为"转换代价"，反映了被试对新任务进行重构并对原任务集进行抑制所需要的时间。在处理类别转换任务的行为数据时，首先需要删除错误反应以及错误反应后的反应试次，随后剔除高于各被试的反应平均值 3 个标准差以上的反应时数据；然后将"转换试次"与"非转换试次"的剩余反应时数据与错误率数据计算平均值并进行比较。

3 主要变式

近年来的研究中对类别转换任务的应用较少，但部分研究仍在这一任务所属的任务转换范式的框架下进行了进一步的探索。在变式中较少对这一任务的主要程序进行直接的变式修改，但在对多任务执行过程的研究中，有相似的范式将原本任务中的两任务线索任务增加为三任务线索任务等。

4 应用范围

类别转换任务是任务转换范式中的重要类型，这一任务利用分类作为任务形式，对"非转换试次"与"转换试次"之中个体反应的反应时与错误率进行比较以反映出转换任务所需的额外认知过程。这一任务被广泛地应用于对多任务认知过程的研究中，同时也被作为执行功能测量的重要任务指标。但是这一任务仍存在着一定的局限，类别转换任务采用的是行为层面的测量，虽然从反应时与正确率的指标中我们可以看出进行任务转换与进行重复任务的认知过程之间存在着"转换代价"的差异，当前的研究中认为这一过程可能包含了对即将进行新任务的准备以及对之前任务的抑制，但是对于这里的转换代价中是否还包含着其他的认知过程，这一过程受到哪些因素的影响等问题，还有待进一步的探索。

类别转换任务最早由在有关任务转换过程的研究中诞生，在20世纪末至本世纪初的研究中大多将这一任务作为探索任务转换认知过程或多任务过程的重要范式，并在此基础上加入对长时记忆提取过程等的测量，以探索任务转换与记忆、任务难度、准备线索之间的关系。在近期的研究中，类别转换任务更多作为对执行功能测量的子任务存在于研究中，例如在Friedman等人（2008）的研究中将类别转换任务与颜色形状任务、数字-字母任务等作为测量个体执行功能的指标之一。学者们更为关注任务转换范式这一包含更广的范式类别，并将其与电生理学的指标相结合，以更好地帮助我们探索任务转换过程中个体的认知过程及其影响因素。

12 "眼疾手快"：四选择反应时任务

从19世纪中期开始，反应时就被用作一项心理测试指标。其实反应时最初源于天文学家Marsegenlin观察星辰经过望远镜的铜线时，多次发现其助手Kinnebrook比他自己观察的时间慢约半秒钟，Marsegenlin认为这是重大的错误，因此辞退了助手。德国天文学家Bessel得知此事后，猜想Kinnebrook及其老板所记录到的天体经过时间的差异或许不是因为助手的无能，而可能是因为他们之间存在着系统差异。Bessel因此比较了自己和其他天文学家观察同一星体的经过时间，也发现有明显的差别。这反映了两个观察者之间的个体差异，这一发现引起了天文学家浓厚的兴趣。在此后，生理学家Helmholtz实施了历史上第一个反应时实验，他成功测定了蛙的运动神经传导速度和人的神经传导速度。Donders正式将这项技术引入了科学心理学。此后，它成为心理学中科学研究的重要内容。Cattell把反应时引入他的"智力测试"，这得到了Francis Galton的认可，Johnson也使用反应时测试了数千名参与者。反应时的使用从整个20世纪一直持续到21世纪，到现在已经有许多不同的反应时装置。然而，最常用的方法还是测量简单反应时和选择反应时，本篇我们将集中讨论四选择反应时（Four-choice Reaction Time）。

1 来源与发展

反应时反映的是我们对事件的处理速度，而处理速度作为一种高级认知功能会随着年龄的增长而逐渐下降。反应时，尤其是选择反应时与一般流体智力有中度到强的相关性（Jensen，2006）。但对于被试（即大学生和成人）来说，两项选择的反应时任务可能还不够难，所以区分度并不是那么高，这就要求研究人员不断使任务复杂化以提高区分度。随着任务的不断复杂化，四选择反应时也应运而生，越来越多的研究人员选择四项选择的反应时任务去实现其研究目的，已有研究证实四项选择的反应时任务的错误次数在指定的时间内达到了足以提取错误相关负波的水平（Johannes et al.，2001），为研究者们考察相关问题提供了一定的便利。虽然反应时在心理学中是一个非常有价值的结果变量，它对人类生活的很多方面都极其重要，但令人惊讶的是，目前还并没有一个标准的反应时的衡量标准。回顾关于反应时和年龄等变量的研究，每项研究都使用了不同的反应时程序，这使得后续的研究人员进行一些复制研究变得困难或不可能。因此，如果有一个普遍适用的反应时程序，包括一些基本的刺激-反应关联，支持随意改变参数，并且所有这些都设置在一个共同的平台上，那么它将对心理学学科的发展和应用大有裨益（Deary et al., 2011）。于是 Deary 等人于 2011 年研究公布了一个四选择反应时任务。

近些年来，研究者们根据不同的应用领域和研究目的在前人的基础上对四选择反应时进行了不断的修正和改进，例如在四选择反应时任务中刺激每次出现的位置都是随机的（四个固定位置的其中之一），被试无法预测。而 Kerr 等人（1980）以儿童为被试进行四选择反应时任务，对刺激的呈现序列做了改动，部分试次中刺激每次出现的位置是有规律的，被试可以预测下一次刺激出现的位置。通过设置刺激呈现的序列是随机的还是有规律的，研究者可以比较被试在这两种条件下反应时的差异，从而做进一步的研究。

2 基本知识与原理

四选择反应时任务实际上是选择反应时任务的进一步拓展。具体来说，选择反应时是指当呈现两个或两个以上的刺激时，要求被试分别对不同的刺激做不同的反应。在这种情况下，被试从刺激呈现到做出选择反应的这段时间称为 B 反应时，其中包括简单反应的时间、辨别刺激的时间和选择反应的时间。例如，仪器有可能呈现红光也有可能呈现绿光，要求被试看见红光用右手按键，看见绿光用左手按键。通过以上实验操作可以去测量和检验人们选择某种反应的反应速度，然后进一步和常模比较，观察人们的反应时处于怎样的水平。比较反应时水平后，也就会有一定的鉴别效用，研究者可以依此判断反应时过长的人的认知功能是否处于下降阶段或者处于较低水平。经过判断后，我们也可以再采取相应的措施和手段来弥补被试这方面的能力。

2.1 材料与工具

实验材料有四个方格，刺激（叉号）在四个方格中随机呈现（见图

1),让被试进行相应的按键判断。该程序一般需在垂直刷新率为 60 Hz 的屏幕上运行。

2.2 基本程序

实验程序包括 8 次练习测试和 40 次正式测试。具体为四个白色的正方形被放置在计算机屏幕中间位置的一条水平线上(见图 1)。标准计算机键盘上的四个键位对应不同的正方形。值得注意的是,键盘上的键位要和屏幕上的正方形位置相对应:"Z 键"对应图中最左边的正方形;"X 键"对应图中左数第二个正方形;",键"对应图中右数第二个正方形;"。键"对应图中最右侧的正方形。实验刺激是其中一个方格内出现的叉号,而被试需要做出相应键位的反应。具体程序为被试左手中指和食指放在键盘的"Z 键"和"X 键"上,右手食指和中指放在",键"和"。键"上。当四个方格中随机一个方格内出现了一个叉号时,被试则需尽快按下键盘上相应的键以做出反应。直到按下四个键中的一个,叉号才会消失,然后出现下一个叉号。刺激间隔是 1 s 到 3 s 之间的随机时长。计算机程序记录下每一次的反应时间,每个试次的刺激间隔,按下哪个键反应是正确还是错误,反应时的平均值、中值、方差、标准差、偏度和峰度等。

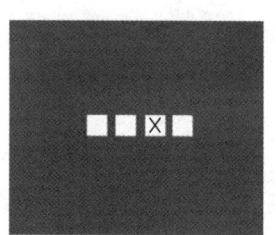

图 1　四选择反应时示范图

2.3 数据分析

在数据采集后,可以使用 SPSS 软件分析反应时和其他测量变量之间的关系,以对我们关注的研究问题进行检验,或进行进一步的探索。例如,四选择反应时与人们未来 15 年的生存密切相关(Deary et al., 2005),分析了我们的反应时和未来生存的相关关系,研究者还可以进一步分析其他我们感兴趣的变量和问题。

3 应用范围

四选择反应时任务主要用来研究年龄、智力和死亡率等相关问题，同时也可以在注意缺陷、多动障碍儿童等的研究方面得到应用，研究发现注意缺陷、多动障碍儿童群体的总体反应时间通常比控制组儿童更长、也更多变。这种涉及我们认知反应的问题，可以和四选择反应时适当地结合起来，先做一个基础简单的判断，然后就可以进一步推进。在临床上对精神分裂症、双相障碍和主要抑郁障碍患者的认知和执行功能方面的研究中也可以用四选择反应时来进行一定的测量和分析（Afshari et al.,2020）。一般来说，选择反应时问题和认知反应领域是息息相关的。与两项选择反应时相比，四选择反应时区分度更高，并且已经受到越来越多的研究人员的喜爱。经过研究者多次实践测量，该范式具有良好的信度，可以服务于不同的研究目的，这为我们的实验研究提供了可能性。在应用方面，使用该范式时要注意程序设计要规范合理。总的来说，四选择反应时应用范围很广泛，可以结合研究者的目的来使用。

13 "变换可测"：交替运行范式

在生活中，很多常见的任务如接电话、对话、情景检索、视觉搜索、伸手抓握、导航、社会交流等，都需要适当的心理资源配置、程序图式，交替做不同任务时还需要在认知资源之间进行转换。例如现在有这样两种认知情境任务：一种情境任务是做数学口算题，或者看英文单词说出中文含义；另外一种情境任务是交替做前面描述的两项任务，并且要尽可能频繁地交替做任务。请你试想一下，在哪种情况下你能又快又好地完成任务？每个人都可能有自己的选择，答案会有所不同：有人会觉得一直做一个任务太枯燥，注意力难以集中；也有人会觉得在两个任务不断转换容易出错，研究者也对此开展了相关研究，本篇将详细介绍一种重要的任务转换范式——交替运行范式（Alternating-Runs Paradigm）。

1 来源与发展

传统上，实验心理学侧重于研究个体知觉运动和认知任务的重复表现。然而，日常生活中我们经常需要同时或快速交替地完成多项任务，如人们在照看孩子时准备饭菜，或司机在观察前方路况和侧方路况间反复转换。一些研究结果也发现，额叶皮质损伤的患者在任务之间进行转换的能力和在知觉维度之间转换注意力的能力有所下降；正常被试在不同的任务之间进行转换时也会花费大量时间。这使研究者逐渐认识到研究个体在不同任务之间进行转换的过程十分重要。

Jersild（1927）首先提出利用任务转换范式来研究这些问题，他比较了被试在转换任务组块与单一任务组块中的表现。在转换任务组块中被试需要交替做两种任务（例如，ABABA……），并且尽可能频繁地转换。而在单一任务组块中被试只要执行其中一种任务（例如，AAAA……或者BBBB……）。实验结果表明，在转换组块中被试的反应慢于在单一任务组块中的反应。转换成本用这两种任务组块在反应速度和正确率上的差异来表示，一般认为转换成本反映了执行一种任务而转换到另一种任务时"重新配置"认知系统的潜在过程（Rogers et al., 1995）。值得注意的是在转换任务组块中,被试必须记住两种任务的顺序并且保持对两种任务的充分准备状态,需要较大的努力和唤醒,造成了更重的工作记忆负担,因此不能确定转换组块中被试反应时的增加是由于工作记忆负担增加还是由于转换本身造成。

为了解决这个问题,Roger 和 Monsell(1995)提出了可预测任务序列的使用,即交替运行范式。被试在执行每 N 次同类任务中转换一次任务,N 为一大于 1 的整数,如 N=2 的任务序列为 AABBAABBAABB……,依此类推。通过比较被试必须转换的试次(即 AB、BA)的表现和不需要转换的相同试次(BB、AA)的表现来估计转换成本,反应时上的差异称为转换的时间损失,错误率上的差异则称为转换的错误损失。在这样的区组中转换试次与重复试次的工作记忆的负担相当,且任务以可预测的顺序呈现,被试不需要记住任务顺序,因此反应上的差异主要来自转换。

近年来,研究者们基于不同的应用领域和研究目的在 Roger 和 Monsell(1995)的基础上不断修正和改进了交替运行范式,发展出转换长度不同的变式(Koch,2008)。国内学者齐冰等人(2007)采用奇偶判断和大小判断任务交替呈现范式考察材料类型和任务可预测性在任务转换中的作用。同时,围绕交替运行范式的研究主要是将该范式与其他范式或神经技术手段结合在一起考察任务转换过程的机制。例如,Cao 等人(2017)采用交替运行范式时使用事件相关电位(ERP)对其大脑活动进行观测,结果发现任务转换过程与大脑额叶区有关。Worringer 等人(2019)将该范式与双任务范式结合比较了双重任务和任务转换在神经学上的异同点。

2 基本知识与原理

在不同任务之间进行转换的心理操作涉及执行控制问题。执行控制(executive control)就是指对执行心理操作的过程进行分配、调控与监督。Myeong Ho 和 Anderson(2001)提出两成分模型,强调任务转换中存在两个成分:任务准备和任务重复。任务准备指在任务前指导被试学会完成一个特定的任务,反映了内源性执行控制。任务重复是让被试反复进行同一任务,反映了外源性自动控制。该模型假设任务准备和任务重复相互独立,并且它们涉及不同的机制:同一任务的第一次操作能使任务的重复操作得到更有效的激活推进,所以会有任务重复效应发生,即任务重复次数越多,任务操作得越快。

交替运行范式中产生的转换成本也可以用上述模型解释。任务转换中的反应时间比任务重复中的反应时间长,造成这种任务转换成本的原因有两个方面:(1)任务准备不充分。在任务转换中,人们根据提示进行下一个任务,对即将要进行操作的任务准备较少,所以任务反应时较长。如果可以预测下一个任务刺激什么时候出现则可以减少转换成本。(2)先前任务中的持久激活。由于先前任务不断重复,对被试的刺激比较持久,需要转换到另一个任务时,被试反应变慢,也就产生了转换成本。

2.1 材料与工具

Roger最早在交替运行范式中使用了两个任务,分别是字母任务和数字任务。字母任务:字符对由目标字母(元音或辅音,例如"A"或"G")和分心字符组成,分心字符可以是数字(例如"2"),也可以是不相关的符号(例如"♯")。数字任务:字符对由目标数字(奇数或偶数,例如"3"或"2")和分心字符组成,分心字符可以是字母(如"A")或不相关的符号(例如"%")。

2.2 基本程序

交替运行范式使用两个简单的分类任务,并以可预测的方式交替进行:屏幕上呈现一个2×2矩阵。其中一个矩阵框中出现一对字符(例如"2F"),被试做出反应后,新字符对出现在以顺时针方向移动的下一个矩阵框中。因此,被试总是可以预测下一个字符对出现的位置,需要执行的任务取决于字符对出现的矩阵框(位置提示)。

这两项任务分别是:任务A是字母任务:"如果其中一个字符是辅音,按'E键';如果其中一个字符是元音,按I键。"任务B是数字任务:"如果其中一个字符是偶数,按'E键';如果其中一个字符是奇数,按'I键'。"每个字符对由一个目标字符(取决于目标任务)和一个分心字符组成。分心字符可以来自相反的任务或不相关的字符集。

每当字符对出现在矩阵的顶部象限时,被试必须执行字母任务。当字符对出现在矩阵的底部象限时,被试必须执行数字任务(此象限任务分配可由实验者设定)。因为字符对的呈现可以被预测以顺时针的方式移动,所以每个奇数试次是"转换任务",而每个偶数试次是"非转换任务"。整个实验练习阶段大约为15分钟,正式测试大约为40分钟,交替运行范式流程如图1所示。

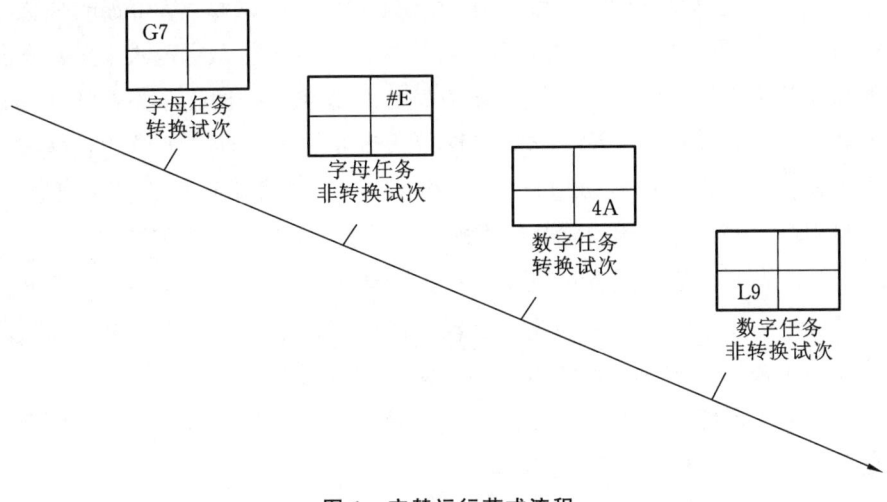

图1　交替运行范式流程

2.3　数据分析

首先，对实验数据进行预处理。在数据分析之前需要剔除反应时低于100 ms的试次、紧接着错误反应的试次以及刺激在被试松开先前反应键之前呈现的试次的数据。然后，计算转换任务和非转换任务的平均反应时和错误率。转换成本通过转换任务的平均反应时和错误率减去非转换任务的平均反应时和错误率得到。

3　主要变式

交替运行范式的变式可以通过改变转换长度来产生。例如，Monsell等人（2003）在研究中将转换长度设置为4："AAAABBBB……"其他变式包括可以预测的方式执行更长、更复杂的任务序列（Koch, 2008）。尽管各种可预测的任务转换范式之间存在差异，但都有一个共同点，即都能够测量转换成本，这已被证明是一个非常有力的经验发现。

4　应用范围

交替运行范式适用于研究任务转换过程，在该范式中比较同一区组的转换试次与重复试次的表现，二者工作记忆的负担相当，且任务以可预测的顺序呈现，被试不需要记住任务顺序，因此被试反应上的差异来自于转换,不会产生混淆,实验结果更加可靠。

首先,交替运行范式可以应用在语言研究领域。Duncan等人(2016)在实验中指导单语者和双语者用母语完成交替运行范式中关系条件和非关系条件下的任务。关系条件需要处理空间介词,非关系条件涉及处理具体名词和形容词。结果发现单语者在关系条件下涉及的转换成本更大,即注意力控制负担更大,而双语者在这两种条件下表现相似。这表明第二语言的熟练程度对母语的语言注意控制有积极的影响。

其次,交替运行范式可以应用在刻板印象研究领域。在刻板印象研究领域中,女性比男性更加擅长处理多任务、在不同任务之间进行转换的损失比较小。Hirsch等人(2019)使用任务转换范式和双任务范式对任务转换和多任务处理是否存在性别差异进行了考察,结果发现多任务处理和任务转换的性别差异并不显著。

最后,交替运行范式还可以应用在记忆研究领域。在任务执行过程中正确的表现往往依赖于个体对将要执行任务的记忆程度如何。当任务周期性地改变时,有关当前任务的记忆就必须减弱(失去激活),以防止它干扰下一个任务的编码与记忆。Altmann(2002)使用三个转换任务检验了这个衰减过程,结果发现任务之间需要进行转换时有关当前任务的记忆衰退,被试的表现变差。

14 "说停就停": 停止信号任务

"逢7过"游戏在年轻人中广受欢迎,该游戏以任意一人开始轮流报数,数字从1开始,凡是遇到任何7的倍数(如14、21)或含7的数字(如17、27)均以拍手或敲打桌面代替。反应错误或反应过慢均视为失败。那么,你是否思考过这个看似简单的游戏背后蕴含的心理学机制呢?其实,它可以看作是一种日常游戏中的"停止信号任务",与之类似的游戏还有"答非所问"等等。在游戏中,有些人抑制控制能力很强,可以轻松过关,而有些人就难以轻松应对。事实上,在日常生活中,抑制反应冲动也是十分常见的行为。那么如何测量一个人的抑制控制能力呢?研究者们提出了停止信号任务(Stop Signal Task,SST),以测量被试对停止信号的反应速度与成功抑制率,从而综合评估其反应抑制能力。

1 来源与发展

反应抑制是指个体需要抑制已形成的动作反应冲动,是执行控制的一个关键环节。反应抑制具有适应性功能,它可以帮助个体抑制不需要或不恰当的行为,以提高个体对外界环境的灵活适应性。Verbruggen 和 Logan(2008)提出了停止信号任务,用于研究反应抑制能力,该任务模拟真实的生活情境,要求被试在实验中快速而准确地执行或停止一个行动。停止信号任务是一种公认的抑制认知测试,被用来评估自我控制的表现,一般来说,停止信号任务的抑制失败次数与自我控制能力有关。停止信号任务运用实验室方法模拟真实的现实情境,要求被试停止一个正在进行的行为或思考。停止信号任务是考察反应抑制能力的,确切地说,考察的是基于反应停止的反应抑制能力。

近年来,研究者们基于不同的应用领域和研究目的对停止信号任务不断地修正和改进,如王元等人(2020)对该任务做出了一些改编,改编为训练任务和反应抑制测量任务。也有研究者们将停止信号任务与认知神经科学技术相结合,探讨了反应抑制行为背后的神经机制。例如,Sheng 和 Li(2015)将该任务与 fMRI 技术相结合,分析了认知控制过程的功能网络；Kok等人（2010）将该任务与ERP技术相结合，对反应抑制成功和失败时的事件相关电位成分进行了探讨。

2 基本知识与原理

停止信号任务包括反应任务（Go Task）和停止任务（Stop Task）。其中，反应任务是指被试需要在任务中对信号按要求做出反应，而停止任务是指被试需要停止对原有信号做出反应，改为不对信号做出反应。停止信号任务以反应时为因变量，依据被试对停止信号发生后的反应转变快慢来推论其背后存在的心理过程。一般认为转换失败反映了认知冲突或执行另一个任务时"重新配置"认知系统的潜在过程。

当反应信号与停止信号的间隔较短时（如50 ms），被试容易抑制住按键冲动；而当间隔时间变长（如大于100 ms），被试的成功抑制率相对变低。此后，研究者们通过改变间隔时长得出相同的结论。通常认为，抑制就是反应过程与停止过程竞争的过程：在一次停止任务中，如果反应过程先于停止过程完成（Go RT＜SSRT＋SSD），那么被试抑制失败，表现出按键反应；反之，若停止过程先于反应过程完成（Go RT＞SSRT＋SSD），被试就成功地抑制了反应冲动。

2.1 材料与工具

停止信号任务是通过计算机模拟真实的生活情境，要求被试在实验中快速而准确地执行一个反应（反应任务）或停止已形成的反应冲动（停止任务）。它是一个迫选反应时任务，在停止任务中，可以测量出被试对停止信号的反应速度与成功抑制率，从而综合评估其反应抑制能力。在具体应用中，实验材料在大多数研究中会根据研究目的而改变"反应信号"或"停止信号"的刺激内容或类型，例如将听觉性的停止信号改为视觉信号（Geurts et al., 2010）；或将测量非选择性抑制能力更改为测量选择性抑制能力（张微 等，2008），使实验任务更接近于真实情境。方菁等人（2013）在研究中，采用方形和圆形图像作为实验材料，要求被试对方形材料按左键，对圆形材料按右键，蜂鸣声为停止信号。而在张微等人（2008）的研究中，采用"X"作为靶刺激，听觉刺激作为声音信号，其中，反应信号为"二"（èr），被试需要忽略它，进行按键反应；停止信号为"一"（yī），被试则需要停止按键反应。

2.2 基本程序

一个完整的停止信号任务一般由 160～200 个试次组成，其中包含了两种任务类型：反应任务和停止任务（如表 1 所示）。反应任务是指仅有反应信号出现的任务，要求被试快而准地进行按键反应，此任务占总试验次数的 75%～80%；停止任务是指反应信号出现后，间隔一定时间，伴随出现了一个短促的蜂鸣声（即停止信号），这时实验要求被试抑制住想要按键的冲动，停止按键反应。停止任务在实验中随机出现，占总试验次数的 20%～25%。

表 1 停止信号任务样例

测验顺序	任务描述	刺激数	反应按键 ←	反应按键 →
随机	反应任务（Go Task）	160	方形	圆形
随机	停止任务（Stop Task）	40	不反应	不反应

经典停止信号任务过程：屏幕中央首先呈现注视点"+"，固定时长后呈现一个反应信号（如方形或圆形）。要求被试在看到反应信号后迅速做出选择性反应（如方形按左键，圆形按右键）。若在反应信号出现后伴随一个听觉信号（"滴"），即停止信号，那么实验要求被试在本次试验中抑制住原有的按键冲动，不做任何按键反应（见图 1）。

2.3 数据分析

在停止信号任务中有几个重要的测量指标（方菁 等，2013），分别是停止信号反应时、成功抑制率或失败抑制率、停止信号延迟时间以及反应信号反应时。

停止信号反应时（Stop Signal Reaction Time, SSRT），是指从停止信号出现至被试完成停止任务的时间，即被试成功抑制一个动作冲动的内在反应时间。SSRT 是停止信号任务中最重要的指标，反映被试对于停止信号的反应速度，大多数研究都将其作为衡量反应抑制能力的直接指标，评估被试是否具有反应抑制的缺陷。SSRT 值越高，表明被试对停止信号的反应时越长，反应抑制能力越差；SSRT 值越低，则意味着被试越能迅速地抑制住反应冲动，反应抑制能力越强。

成功抑制率或失败抑制率这两个指标反映的是被试在停止信号任务

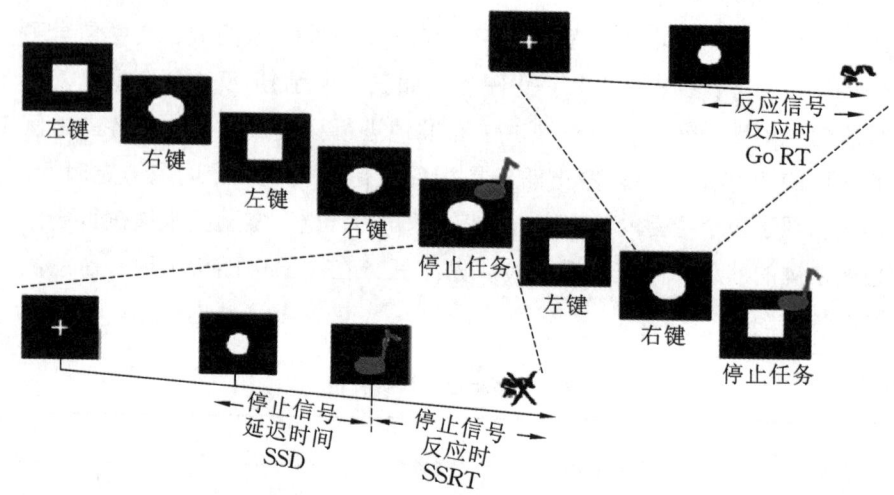

图 1　经典停止信号任务范式（源自：方菁 等，2013）

中能成功抑制的概率大小。在其余条件相同的情况下，被试的成功抑制率越高，其反应抑制能力就越强。成功抑制率与失败抑制率之和恒等于 1。

停止信号延迟时间 SSD（Stop Signal Delays），即反应信号与停止信号间的时间间隔。SSD 的设置通常有固定法和跟踪法：固定法是将 SSD 设置为几个固定值（100 ms、250 ms、400 ms），在停止任务中固定值按研究者需要，给予一定比例随机出现（通常每个固定点出现的次数相等）。而跟踪法能自动调整 SSD 的时长以适应不同反应速度的被试。例如，当被试在某一停止任务中成功抑制住按键反应后，下一个 SSD 则将增加 50 ms，以提高被试成功抑制的难度。反之则减少 50 ms 以降低抑制难度。

反应信号反应时（Go Task Reaction Time, Go RT）是指被试对反应信号的反应时间。它反映了被试对刺激的一般反应速度，是判断被试的一般性认知控制功能是否受损的一个辅助性指标。Go RT 通常与 SSRT 联合使用，可以在一定程度上揭示反应抑制损伤的类型。

3　主要变式

王元等人（2020）对经典停止信号任务（Verbruggen et al., 2008）进行了改编：计算机屏幕中央首先呈现注视点（加号"＋"），持续时间

500 ms。随后出现任意方向白色箭头作为 Go 刺激（左、右方向随机出现，次数各半），持续时间 1 000 ms，要求被试判断目标刺激类型并做按键反应，左向箭头按"F 键"，右向箭头按"J 键"。在停止试次中，停止信号（箭头上方蓝色小三角）出现时，要求被试抑制对刺激的冲动，不进行任何反应。每个组块内所有试次均以完全随机形式呈现，任务以自适应方式增加难度，即停止试次中箭头出现与三角出现之间的时间间隔随前一停止试次表现而不断调整，为确保刺激识别有效性，变化范围设置为 250～750 ms，前一停止试次反应正确增加 50 ms，反之则减少 50 ms。实验组与积极控制组在该任务上的区别是，在实验组程序中加入即时反馈，即每一试次后，在屏幕中央会紧接着呈现当次反应的反应时和判断正误。该停止信号任务共有 32 个练习试次，正式实验共有 4 个组块，每个组块共有 100 个试次。

4 应用范围

停止信号任务是研究反应抑制的常用实验范式之一，目前主要集中在执行功能（Executive Function，EF）方面的研究。在众多认知功能中，执行功能在青春期及其之前的阶段发展迅速，能够较好地预测个体的短期成就（如学业成就）和长期发展（如健康、事业成绩、社会经济地位等）。执行功能是问题解决的心理过程中必须用到的一种功能结构，包含三个主要成分，分别是抑制（Inhibition）、工作记忆（Working Memory）和认知灵活性（Cognitive Flexibility）。使用停止信号任务针对执行功能的训练及其可塑性研究已渐成规模。

停止信号任务近年来被广泛运用于认知神经科学、心理病理学、发展心理学等研究领域。在发展心理学领域，停止信号任务主要用于研究幼儿及儿童反应抑制能力的发展情况。在神经精神疾病学领域，停止信号任务被广泛用于研究注意缺陷多动障碍、强迫症、精神分裂症、多发抽动症、帕金森病等疾病的抑制功能损伤（Elverman et al., 2021）。随着脑成像技术的成熟与发展，在认知神经科学领域中，停止信号任务也常被用于研究个体抑制功能及其异常的潜在神经生理机制（Alatorre-Cruz et al., 2021）。未来停止信号任务将在揭示个体认知功能机制和临床精神疾病本质的研究中得到更多应用。

目前，停止信号任务及其相应的反应抑制模型仍在不断发展与完善中，经典的停止信号任务范式测量的是被试非选择性抑制能力，只要停止信号一出现，就要求被试立刻停止任何反应，实际上，这种类型的抑制并没有涉及更加复杂的认知过程，这种非选择性抑制与人们真实的生活情景不太接近，在现实生活中，我们往往不是对所有信息都进行抑制，而是选择性地抑制一些与当前活动任务无关的信息。因此，停止信号任务的生态效度还需要进一步通过改变实验材料、巧妙进行实验设计等方法加以提升。

第二篇　注意类

注意是脑与行为之间的桥梁。人们通过对注意的有意或无意分配引导自身的认知加工方向，注意类的内隐社会认知研究方法与范式常以被试的注意偏好、注意瞬脱、注意转换等指标反映行为背后的心理过程。例如，侧抑制任务（Flanker 任务）通过干扰刺激影响判断任务的程度来推断干扰刺激和判断刺激之间的相似性。

01 "选择看见":点探测任务

情绪调节(emotion regulation)这一心理过程在缓解消极情绪中起到了重要作用,情绪调节分为"有意识的、外显的"和"无意识的、内隐的"两个层面,其中无意识的内隐情绪调节是由目标驱动的自动过程,主要包括五个部分:情境选择、情境修正、注意分配、认知改变和反应调整。在上述的五个部分中,注意分配被认为是最重要和基础的环节,在面对负性情绪时可以通过改变注意分配来有效地调节情绪,缓解焦虑。基于此,心理学家们一直致力于寻找改变注意分配,帮助调整心态,缓解焦虑情绪的方法,在多种不同流派的方法中,点探测任务(Dot Probe Task)从认知角度出发,以较为纯净、易操控的方式对被试的注意分配进行影响,有利于被试的情绪调节。除了在心理健康领域的运用,点探测任务还可以应用于认知心理学、广告心理学等多个领域,是相对成熟的心理学实验范式之一。

1 来源与发展

点探测任务起源于 Posner 等人(1980)对视觉空间注意的研究,后来由 Macleod 等人于 1986 年提出。在经典的情绪刺激注意反应的评价任务中,每次向被试呈现一对词语,词对包括一个中性词和一个目标词,随后探测点随机出现在其中一个词语的位置。点探测任务要求被试在探测点出现后尽快判断其位置(如"在上"或是"在下")或性质(如探测点是":"或是"..")。

Rieger 等人(1998)采用点探测任务对饮食失调患者进行了研究。结果发现,患者倾向于将注意指向"肥胖"等消极体形词,而回避"苗条"等积极体形词。Johansson 等人(2004)也发现,负面身体自我者和饮食失调患者对身体信息存在注意偏向。Shafran 等人(2007)的研究发现,饮食障碍患者对食物词与体重词存在显著的注意偏向,但对体形词语却没有发现显著的注意偏向。

近年来,临床心理学研究发现注意偏向是心理障碍的症状或结果,在很大程度上是心理问题产生的重要因素之一，于是注意偏向训练也受到了临床领域及科研工作者的广泛关注。

2 基本知识与原理

注意偏向是指当个体感受到来自外部的刺激时，会将注意分配给相关刺激，本质上就是心理加工资源对某些特定信息的朝向、维持，而排除其他无关刺激信息的加工，这种注意分配存在个体差异。综合已有的注意偏向相关研究发现，早期研究者关注的是个体是否对特定客体存在注意偏向，经典点探测任务能够对此进行较为有效的评定；后来研究者开始关注注意偏向的具体成分、时间进程等，改版点探测任务便在经典点探测任务的基础上应运而生。该方法基于的假设是：对探测点位置或性质作出判断的反应时会随被试对其出现区域的注意而减少，即探测点出现在被试先前注意的区域时反应时较短；反之则反应时较长（MacLeod et al.，1986）。

2.1 材料与工具

在点探测任务中，主要的实验材料包括阈下启动词和点探测材料。例如，在利用点探测任务探索情绪调节的相关研究中，阈下启动词即为启动词（如控制、冷静、隐藏、包容、压制、忍耐、疏导、遮掩、平息、调节、掩盖、调控、宽心、泰然、抑制、淡定）和中性词（如挥手、展开、拿起、触碰、行走、说话、弯腰、低头、转身、聆听、书写、伸出、抚摸、咀嚼、捏紧、丢弃），上述材料的范畴归属程度需经过被试评价（刘珂 等，2016）。而点探测材料则主要为具有强烈情绪启动作用的图片，例如，在情绪调节研究中，点探测任务的图片材料是毒蛇图片（引起消极情绪）和蘑菇图片（中性刺激），并且这类图片材料同样需要经过被试测评。

2.2 基本程序

以下以情绪调节研究为例对点探测任务基本程序进行介绍。阈下启动点探测任务中，首先呈现注视点 500 ms，然后是 100 ms 的前掩蔽刺激，紧接着快速呈现启动词 20 ms，然后又是 100 ms 的后掩蔽刺激，之后毒蛇和蘑菇的刺激图片在一左一右呈现，呈现时间为被试内变量，包括 100 ms、500 ms、1 250 ms 三个水平。图片消失后，其中一张图片所在的位置会出现一个白色圆点，被试需要对其位置进行判断，并进行按键操作（F——左键，J——右键），毒蛇图片和探测点出现的位置在被试内进行了平衡。记录到被试的反应后，呈现空屏，1 000 ms 后进入下一个试次。该部分一共包括 9 个练习试次和 126 个正式试次，每种实验条件（共 6 种）下各有 21 个试次。点探测任务的具体流程见图 1。

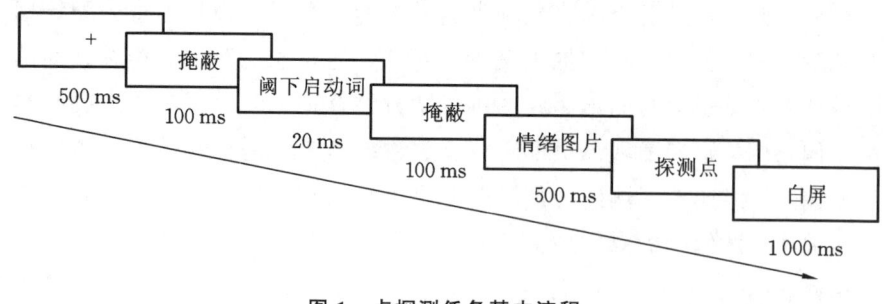

图 1　点探测任务基本流程

2.3　数据分析

点探测任务中最为重要的数据指标是探测点迫选阶段的反应时，将被试在不一致条件下的反应时减去一致条件下的反应时之差作为注意偏向的指标。正值显示对负性刺激的警觉，即当探测点出现在负性刺激位置时，被试反应要比探测点出现在中性刺激位置时快。反之，注意偏向负值则显示被试对负性刺激的回避。然后根据具体的实验设计和变量设置，对上述指标进行 t 检验或者方差分析。

3　主要变式

点探测任务的本质是探索被试的注意分配这一心理过程，在此基础上，演化出多种变式。例如，除了上述作为样例描述的以消极/中性特质词和图片为材料的情绪调节研究，点探测任务还可以使用积极/消极/中性的材料，进行更为全面详尽的研究；或者以表现不同情绪的面孔图片为研究材料进行面孔识别相关领域的研究；再或者以刻板印象一致或不一致信息作为研究材料，测量被试对某一群体或个体的刻板印象的持有程度；还可以进行空间和时间上的注意分配探索。

4　应用范围

目前在点探测任务中，最有可能直接启动和影响的便是情绪控制图式中的注意分配部分，但仅通过对负性刺激的注意回避不一定是最有效的情绪调节策略（Mogg et al., 1998）。在目前已有的关于情绪调节目标启动的实验中，研究者都需设置一个较为真实的情绪激发情境（如愤怒、压力激发）来考察情绪调节目标启动的有效性和实际效果。

随着现代社会的高速发展，焦虑障碍等心理障碍的发生率日渐提高。研究者发现注意偏向是焦虑障碍产生的重要因素之一，而点探测任务是目前注意偏向研究中使用得较多的范式，而且随着对注意偏向研究的深入，该范式也得到不断发展和完善，从经典点探测任务到改版点探测任务，再到点探测训练任务，该任务的发展对注意偏向的研究起到了巨大的推动作用，对于心理健康维护也大有裨益。目前，点探测训练任务的机制、效果持续性、现实应用性已成为当前及未来科研及临床领域的主要研究方向。

02 "转瞬即逝"：快速序列视觉呈现任务

当你努力集中注意力时，你可以记住快速接连出现的两个事物吗？一般而言，这个问题的回答取决于两个事物接连出现的"快速"的程度。如果每个事物出现的时间为 1 秒，相信大多数人是可以轻易地记住的；如果每个事物出现的时间为 0.5 秒，能够同时记住两个事物相关信息的人数可能会大幅下降；当呈现时间缩短到 0.1 秒，能够把两个事物都记住的人数几乎寥寥无几，并且，大部分人会觉得第二个事物是非常难以识别和记忆的。心理学家们把这种认知现象称为注意瞬脱（Attentional Blink），即当快速呈现一系列刺激，要求被试对其中两个刺激进行识别时，被试很难对第二个刺激进行准确识别的现象，是一种功能盲。对这一心理现象的探索在认知心理学相关理论和应用中具有重要意义，研究者设计了快速序列视觉呈现任务（Rapid Serial Visual Presentation, RSVP）来对其进行探索。基于 RSVP，研究者们能够对注意瞬脱现象的影响因素、相关性质以及心理本质等进行深入研究，相关的研究结果对于广告宣传、心理健康等实践领域也具有重要的实践意义。

1 来源与发展

注意瞬脱是指在快速序列视觉呈现任务中，快速连续地呈现出一系列刺激，并要求被试在短时间内对其中两个目标项进行识别时，被试难以迅速准确识别第二个目标项的现象，也是一种功能盲（张明 等，2009）。Broadbent (1987) 对 RSVP 进行改进，采用双任务 RSVP 来探寻视觉搜索的认知水平。结果发现，在被试的注意过程中，由于对前一个目标项进行了瞬时记忆，导致被试对 200～500 ms 之后呈现的目标项难以识别（Broadbent et al., 1987），这是注意瞬脱现象首次被研究者们所关注，之后更多的研究者对该现象感兴趣。Raymond 等人（1992）认为这一现象与人类在眨眼过程中的暂时性失明相似，把它命名为注意瞬脱（Attentional Blink）。

2 基本知识与原理

目前，研究者们通常采用认知加工的两阶段模型来解释双任务中发生的注意瞬脱现象。该模型认为，对一个刺激的加工包括两个阶段：第一阶段是平行加工阶段，即序列中的所有分心物和靶子都得到最初的察觉和编码，为下一阶段的加工做准备；第二阶段是系列加工阶段，只有被要求识别的项目才能进入这一阶段。在第二阶段的加工过程中，T1、T2（T 即 Target "目标" 的缩写）被精细加工，并且被转移巩固进入短时记忆中，但由于短时记忆的容量有限，在给定时间内只能对有限刺激进行加工。因此，只有 T1 的系列加工完成了，才能对 T2 进行系列加工。当 T2 出现在 T1 后 200～500 ms 间隔内时，由于 T1 的系列加工还未完成，所以 T2 被延迟在平行加工阶段，得不到精细加工，表现为对 T2 的判断正确率下降，出现注意瞬脱现象（张明 等，2009）。

RSVP 是目前在注意瞬脱研究领域中，应用最为广泛、最具参考价值的研究范式，它是一种测量注意在时间维度上的认知加工水平的范式，通过尽量缩短大脑对于所呈现刺激的加工时间，来研究以什么速度呈现出的刺激可以被大脑进行编码与处理（Chun et al., 2001）。1992 年 RSVP 被 Raymond 加以改善并运用到注意瞬脱机制的研究中。

2.1 材料与工具

一般而言，在使用 RSVP 范式进行研究时，需要准备的实验材料主要包括干扰刺激和目标刺激。其中，干扰刺激可以是随机数字，而目标刺激则需要根据具体的实验目的和变量设计来进行准备。例如，在刻板印象相关研究中，目标刺激可以是针对某个体的刻板印象特质词。

2.2 基本程序

实验应在安静明亮的实验室中进行，在电脑屏幕的同一位置上，向被试极快速地连续呈现一串刺激流（由字母、单词、数字或图片等组成，共 15 项左右，每秒呈现 6～20 项，每项的呈现时间一般为 67～120 ms）。其中包含两个目标刺激——T1 和 T2，要求被试对目标刺激进行报告。T1 是指在 RSVP 范式中出现的第一个目标刺激，T2 是指在 RSVP 范式中出现的第二个目标刺激。在 T1 之后出现的刺激被称作 Lag 项，T1 和 T2 之间一般间隔 1～8 个 Lag 项（陈江涛 等，2014），基本流程示例见图 1。

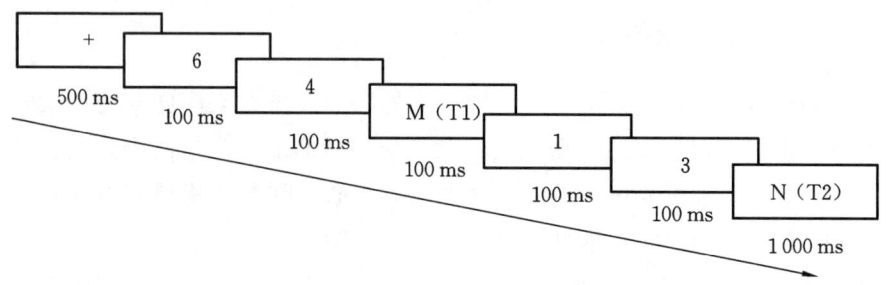

图 1　RSVP 任务基本流程

2.3　数据分析

在 RSVP 中，主要的数据指标为第二阶段即系列加工阶段被试反应的正确率。在具体研究中，应根据实验目的和变量设计对该指标进行 t 检验或者方差分析。

3　应用范围

RSVP 是认知心理学中较为基础和成熟的研究范式，长时间以来被应用于多个子领域，信效度得到了较好的验证。研究者在使用时应注意干扰刺激和目标刺激的选取，正确合理地测量被试的反应时、正确率等认知指标。

目前很多相关研究聚焦于通过 RSVP 来探索注意和情绪的关系，情绪刺激主要有三种呈现方式：第一，当 T1 为情绪刺激时，通过考查 T2 注意瞬脱量的变化，探查对 T1 情绪刺激的注意偏向和资源动用机制；第二，当 T2 为情绪刺激时，通过考查 T2 的注意瞬脱量的变化，探查情绪刺激对有意注意的捕获机制和注意警觉成分；第三，当干扰刺激是情绪刺激时，通过比较情绪性干扰刺激序列和中性干扰刺激序列中对 T1、T2 的识别正确率，探查情绪刺激对无意注意的捕获或分散机制。RSVP 在认知神经科学中有较为广泛的应用，用以探索个体认知广度、注意分配等认知过程，并通过改变具体实验程序中的因素，可以用来探索上述心理过程的边界条件，如除了被试本身的个体差异，还有刺激呈现时间、刺激间时间间隔和目标项类型等影响因素。

03 "鹤立鸡群"：人群面孔任务

我们常说要学会察言观色，通过观察别人的言语与神情，以揣摩他人的心思，其中面部表情是一种十分重要的非言语交往手段。快乐、愤怒、悲哀和恐惧都是情绪的基本形式，这些情绪都可以通过面部表情表现出来，相应的，人们往往通过观察他人的面部表情来做出判断。例如一位下属看到领导表情凝重、不太高兴，往往会避免此时出现在领导面前。不仅如此，在婴孩时期人们就已经开始进行面部表情观察并进行判断了。不同的面部表情背后隐藏着不同的情绪，我们可以通过他人的表情做出有力的判断，这是符合自然进化规律的：当我们进行社交时，我们会表现出快乐、友善的面孔；当我们处于危险时，往往会表现出严肃、沉静的面孔。在人类的沟通中，言语沟通占了35%，而非言语沟通占了65%，远远高出言语沟通，其中表情又在非言语沟通中占据重要地位，因此对于面孔的研究吸引了许多研究者的关注，接下来将要介绍的一个范式就是有关面孔的内隐研究范式——人群面孔任务（Face in the Crowd Task）。

1 来源与发展

1988年，Hansen首次在研究面部表情时采用了人群面孔任务，但他采用的面孔主要是画出来的、以线条表示的面孔，生态有效性遭到了质疑，但是人群面孔任务范式受到了许多研究者的认可，后续的研究主要从面孔材料入手来扩展研究。Coelho等人（2010）采用由倾斜方向的线条构成的刺激，侧面证明了特定面孔的搜索优势，Pinkham等人（2010）使用真人面孔材料，第一次将人群效应中的面孔延伸到同质人群之外，从而为其作为一种自然现象的合法性提供了令人信服的证据。但关于识别愤怒的面孔比识别快乐的面孔更快这一现象的背后机制，研究者们仍存有不同看法。

2 基本知识与原理

Hansen（1988）在一些相同的面孔中插入了一个不同的面孔，发现在一组其他面孔中找到一张面孔的搜索时间取决于目标面孔的表情，在一组快乐的面孔中找到愤怒的面孔比在一组愤怒的面孔中找到快乐的面孔更快，以这种测量搜索反应时的方式可以测出人们对哪种面孔的觉察更敏锐。该范式主要是利用了认知资源的有限性，因此当有不同的需要注意的对象时，人们的注意会因为某些原因存在优先效应。Hansen认为人们会同时仔细搜索与威胁表情相关的面部特征，因此在快乐的人群中出现一张愤怒的脸，就不需要大量的、耗时的、连续的专注搜索就可以发现它的存在；但在愤怒的人群中，一张快乐的脸不会显得特别，因为它是唯一一张不带有威胁情绪的脸，它不会突然"跳"出来，发现它的存在需要对所有人脸进行一系列的搜索。

2.1 材料与工具

以 Öhman（2001）的研究为例（如图1），面孔分别为中性的面孔、友好的面孔和有威胁性的面孔。人群面孔任务刺激是一个 3×3 的矩阵，由 9 张面孔组成，每个矩阵中都有两种类型的面孔（如图 2 所示），其中一种类型的面孔是目标面孔，另一种类型的面孔是背景干扰物面孔，目标面孔的情绪表情与背景干扰物面孔的情绪表情不同。干扰物表情与目标表情组合后可以形成 6 种不同的目标-干扰物组合，每个面孔都是 84×98 像素，目标面孔可能出现在矩阵 9 个位置中的任何一个位置。

中性的　　友好的　　有威胁性的

图 1　人群面孔任务的面孔表情示例（源自：Öhman et al., 2001）

2.2 基本程序

以 Öhman（2001）的研究为例，在实验开始之前，向被试说明这项任务是在一组面孔中检测出有差异的面孔，需要根据矩阵中是否存在不同的目标而按不同的键。首先是练习阶段，要求被试迅速决定一个目标是否存在于一个矩阵中，右手食指的按键表示正决策（目标存在），左手

图 2　人群面孔任务的面孔矩阵示例（源自：Öhman et al.，2001）

食指的按键表示负决策（目标不存在）。然后是正式实验阶段，在屏幕中心会出现一个注视点（直径 0.4 cm），注视点持续 2 s 后出现面孔矩阵，面孔矩阵的持续时间为 1 s 或 2 s，随后会有 4 s 的时间间隔，接着继续进行下一个试次。实验中有 54 个含有目标面孔的矩阵以及 54 个只有干扰物面孔的矩阵，共 108 个矩阵。矩阵持续时间为被试内变量，即在持续时间 1 s 或 2 s 的条件下都要对 108 个矩阵进行一次检索，因此每个被试需要完成 216 个试次。

2.3　数据分析

如果被试按错了按钮（即在有目标面孔的试次中错误判断为没有目标面孔；在没有目标面孔的试次中错误判断为有目标面孔），则采用其反应时的平均值来取代错误试次的反应时，此外，超过均值 3 个标准差以上的反应时也用均值替代。研究中的中性目标面孔不纳入分析，因此实验设计是 2 目标面孔（威胁/友好）×2 干扰物面孔（中性/情绪）×2 面孔持续时间（1 s / 2 s）的被试内设计，可以通过重复测量方差分析对数据进行分析。

3　应用范围

人群面孔任务通过面孔搜索的方式，从内隐的角度探究了人们对不同情绪面孔的态度。但是该范式也有一定局限性：首先，实验中的面孔表情材料只能近似于具有现实意义的表情；其次，面孔的搜索难度会随着干扰物相似性的增加而降低，使用相同干扰物可能会人为地夸大愤怒优势；最后，该范式不能解决是通过并行搜索还是串行搜索来检测愤怒的面孔的问题。

该范式主要以面孔为材料，当前主要运用于表情的研究，但面孔除了呈现表情之外，还可表征肤色、种族、性别、特征等，因此可以用人群面孔任务研究种族、内外群体以及性别刻板印象等领域问题。此外，该范式比较简单，有研究发现抑郁人群、精神分裂症人群等在人群面孔识别中与普通人存在差异，因此人群面孔识别范式也适用于研究一些特殊人群（如抑郁人群）的早期识别，还可以通过内隐的方式探索抑郁的机制。人类拥有一种与生俱来的能力，即可以精确识别出面孔表达的情绪信息，这种能力不仅针对个体面孔，还包括群体面孔。人类生活在群体中，与个体相比，群体往往能传递出更丰富、更有效的社会信息并指引个体的行为。目前人群面孔任务的研究主要集中于个体面孔，研究者发现相对于其他类型面孔，人们对于某些面孔（愤怒、恐惧）的识别更快更准确，那么这种效应在群体面孔中是否存在？这一问题值得进一步研究。此外，对于群体面孔表情的研究有助于为负性群体情绪的调控和管理提供理论指导，促进亲社会和亲环境行为的发生。

04 "三心二意"：Flanker 任务

你是一个专注、心无旁骛、一心一意的人吗？你身上也许发生过这样的事：你开着车在马路上行驶，想找一家吃午饭的餐厅，你既可以关注到前方十字路口的红绿灯，也可以看见旁侧的车辆、行人，以免产生碰撞，还可以看道路两旁的商铺，以便寻找一家心仪的餐厅。这种情形是注意控制的结果，与我们的注意网络有关。又或者，你在课堂上认真听着讲台上的老师讲课，但还是被窗外路过的行人吸引了注意力，即使努力集中精力，但是一段时间过后，你的注意力仍然是分散的，这同样与注意网络有关。对目标以外事物的关注，有时候有利于我们的生活，但有时也会造成分心，不利于专注目标，因此研究这种分心背后的机制引起了许多研究者的兴趣。

1 来源与发展

Flanker 任务又称侧抑制任务，是一个应用性很强的心理学实验范式，Eriksen 等人（1974）在探究干扰字母对目标字母识别的影响中最先采用了该研究范式。传统 Flanker 任务主要用于认知冲突研究，所应用材料也以图形或者文字为主。李畅等人（2010）的研究便是在 Flanker 任务的基础上，将传统的中性刺激材料转变为面部表情，使得这一判断过程超出纯粹的认知冲突控制，成为包含情绪的冲突控制过程，并进一步应用事件相关电位探讨在情绪冲突控制过程中个体的行为和脑电特征。而 Chen 等人（2009）研究的重点则是情绪冲突过程中不同类型情绪作为干扰情绪与判断情绪时的相互作用差异。王超伦等人（2019）为研究社会性信息对 Flanker 任务的影响，除经典的箭头 Flanker 任务（Arrow-Arrow-Arrow，AAA）和面孔 Flanker 任务（Face-Face-Face，FFF）外，还增加了"靶刺激为箭头-分心刺激为面孔（Face-Arrow-Face，FAF）"和"靶刺激为面孔-分心刺激为箭头（Arrow-Face-Arrow，AFA）"的两种混合刺激 Flanker 任务。

2 基本知识与原理

侧抑制是指相近的神经元彼此之间发生的抑制作用,即在某个神经元受到刺激而产生兴奋时,进一步刺激相近的神经元,后者所发生的兴奋对前者产生的抑制作用。也就是说,侧抑制是指相邻的感受器之间互相抑制的现象。如同神经元的侧抑制,注意中也存在侧抑制现象,Flanker任务中,当中心靶刺激与两侧分心刺激同时出现时,两侧分心刺激(干扰刺激)带来的无关信息会对被试判断中心靶刺激(判断刺激)造成干扰。由分心刺激所带来的干扰效应称为Flanker效应(Flanker Effect),它主要表现在反应时和正确率两个方面:当周围干扰刺激与判断刺激一致时的反应时要短于不一致的情况;周围干扰刺激与判断刺激一致时的正确率要高于不一致的情况。相关学者依据这一思路发展出了大量的相关研究变式,探索了不同条件下Flanker效应的特征。

2.1 实验材料

以李畅等人(2010)的研究为例,该研究采用字母侧抑制任务,黑色的字母刺激呈现在灰色的背景下,刺激的长宽分别为 5.0 cm×1.2 cm(视角为 4.77°×1.15°),刺激呈现为5个水平排列的大写字母。字母选取S、P、N、H,其中:S和P属于具有曲线特征的字母,而N和H属于具有角度特征的字母。实验中随机将一个曲线特征的字母与一个角度特征的字母组合,生成两组刺激:组一由S和N组合,包括一致的SSSSS、NNNNN和不一致的SSNSS、NNSNN 4种刺激;组二由P和H组合,包括一致的PPPPP、HHHHH和不一致的PPHPP、HHPHH。

2.2 基本程序

实验程序采用心理学专业实验设计软件 Eprime 编写。实验为2(前一试次的类型:一致/不一致)×2(当前试次的类型:一致/不一致)的被试内设计。实验中要求被试忽视两侧字母而快速准确地对中央字母做出反应。若中央字母是S,用左手中指按"1";若中央字母是H,用左手食指按"2";若中央字母是N,用右手食指按"9";若中央字母是P,用右手中指按"0"。实验中组一和组二的刺激交替呈现(如图1),以确保前一试次与当前试次没有任何刺激-反应特征的重复,这样可以去除重复启动和特征整合的效应。

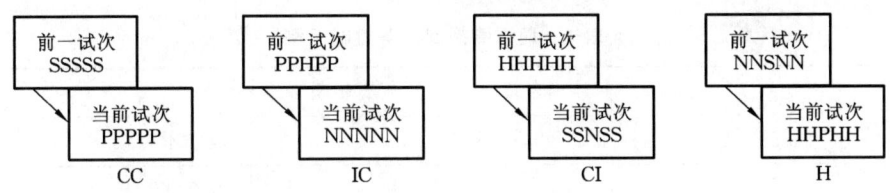

图 1　字母 Flanker 任务的实验材料（源自：李畅等，2010）

在实验正式开始前被试先做 20 个试次的练习。正式实验包括 8 个组块，每个组块有 65 个试次（第一个试次不分析），总共 520 个试次。CC、IC、CI、H 试次各 128 次，分别对应 4 个按键各 32 次。每个组块中一致试次和不一致试次各占一半，8 种刺激材料各出现 8 次。

在一个试次中，首先在屏幕上呈现 500 ms 的注视点，然后呈现刺激 100 ms，被试有 1 000 ms 的时间做反应。试次间隔为 1 000 ms，其中包括 200 ms 的反馈，如果被试做错了或是没有按键屏幕正中会出现红色的"做错了！"或"快一点！"；如果被试的反应是正确的，屏幕上则不会出现文字。

2.3　数据分析

进行数据分析时，先剔除每个组块的第一个试次、所有错误试次和错误反应后试次，以及大于或小于平均反应时 3 个标准差外的试次。然后对反应时进行重复测量方差分析。

3　主要变式

3.1　词语侧抑制任务

以 Meade（2021）的实验为例，如表 1 所示，实验材料是 3～6 个字母长度的 100 个英语单词，其中一半是动物，一半是非动物。每个目标刺激都会被呈现两次，一次是和反应一致的侧翼一起呈现，另一次是和反应不一致的侧翼一起呈现。其中动物目标与反应一致的动物侧翼之间有很强的语义关系；非动物目标与反应一致或不一致的侧翼之间没有明显的语义关系。非动物侧翼和动物侧翼在字母数量、频率和具体性方面是匹配的。

表 1　词语侧抑制任务材料示例

		侧翼刺激	
		反应一致	反应不一致
目标刺激	动物	newt gecko newt, wolf coyote wolf （蝾螈 壁虎 蝾螈，狼 郊狼 狼）	twig gecko twig, sock coyote sock （树枝 壁虎 树枝，袜子 郊狼 袜子）
	非动物	twig braid twig, sock carrot sock （树枝 辫子 树枝，袜子 萝卜 袜子）	newt braid newt, wolf carrot wolf （蝾螈 辫子 蝾螈，狼 萝卜 狼）

首先呈现注视点 500 ms，然后同时呈现目标刺激和侧翼刺激 170 ms，侧翼刺激出现在目标刺激的两侧。被试需要判断目标刺激是动物还是非动物，并按不同的键进行反应，动物和非动物的目标刺激对应按键在被试间进行平衡，在被试反应之后，屏幕上会呈现 800 ms 的紫色注视点，在此期间，被试可以稍做休息。共有 200 个试次，4 类刺激随机呈现，同一目标（如动物）类别不能连续呈现 3 次。在正式实验开始前被试需要完成练习阶段，共包括 8 个试次，其中 4 个以动物为目标刺激，4 个以非动物为目标刺激。

词语侧抑制任务的数据分析中只考虑了研究者所关注的目标刺激为动物的试次，进行了重复测量方差分析。

3.2　面孔侧抑制任务

以王超伦等人（2019）的研究为例，实验为 2（警觉信号：有/无）× 2（定向线索：有效/无效）× 2（目标朝向：一致/不一致）× 4（Flanker 类型：AAA/FFF/FAF/AFA）的四因素被试内实验设计。Flanker 刺激由箭头和带有视线朝向的面孔组成。4 种 Flanker 类型采用了 4 种 Flanker 任务：经典的箭头 Flanker 任务（Arrow-Arrow-Arrow, AAA）、面孔 Flanker 任务（Face-Face-Face, FFF）、靶刺激为箭头、分心刺激为面孔的 Flanker 任务（Face-Arrow-Face, FAF），以及靶刺激为面孔、分心刺激为箭头的 Flanker 任务（Arrow-Face-Arrow, AFA）。4 种 Flanker 任务分 4 个组块随机呈现，以避免不同类型的 Flanker 刺激在试次间相互影响。每个组块包含64个试次,试次的呈现方式随机,组块之间设置休息时间。每种条件有8个试次,共256个试次。

实验程序采用E-Prime 2.0编制,包括练习阶段和正式实验阶段,具体流程如图2所示。首先呈现随机时长的注视点(400~1 200 ms);再呈现警觉信号,即时长50 ms、频率2 000 Hz的纯音(无警觉信号条件下,该屏为50 ms注视点)(Ishigami et al., 2016);接着呈现400 ms的注视点;随后在注视点的上方或下方呈现一个100 ms的"*"作为定向线索,该线索分有效和无效两个条件,有效条件下该线索将正确提示接下来Flanker刺激出现的方位(在注视点上或下),无效条件下Flanker刺激出现在与"*"相反的方位;之后呈现400 ms的注视点;紧接着在注视点的上方或下方呈现4种Flanker类型中的一种,包括一致条件(如,→→→→→)和不一致条件(如,→→←→→),被试需在1 700 ms内对Flanker刺激中间的箭头指向进行判断并反应。如果中间箭头向左,则按键盘上的"←键";如果向右,则按"→键"。若1 700 ms后被试仍未做出反应,则Flanker刺激自动消失,屏幕中间保留注视点,其时长基于第一个注视点的时长和被试的反应时而定,每个试次时长为4 s。

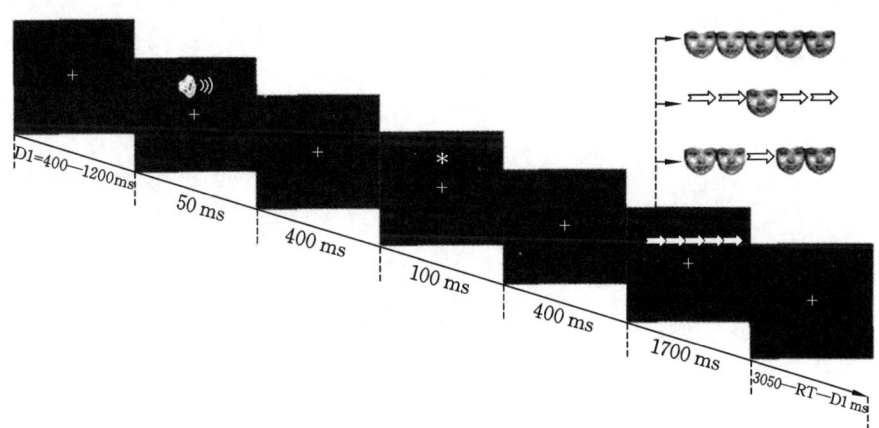

图2 面孔侧抑制任务基本流程(源自:王超伦 等,2019)

4 应用范围

Flanker任务体现着目标刺激与环境之间的冲突,可以用于研究复杂程度不同的语言信息的并行处理,但任务在许多潜在的重要特征上差异很大，包括试次的数量、刺激的类型、刺激亮度、试次间隔的时间长度、反馈的使用和任务指导等，这些都会影响实验结果。随着研究的进一步发展，Flanker任务有着越来越多的变式，但当前仍存在一定的问题，有待进一步改善和扩展。

Flanker任务可用于探索和调查注意控制下的冲突解决机制。自该范式被提出以后，就广泛用于研究冲突适应能力的年龄差异，在冲突任务中，一致性效应是认知系统对当前存在冲突的信息加工与没有冲突的信息加工进行比较，是认知系统在冲突任务中的基本行为表现。后续对Flanker任务范式的改进也主要用于认知系统一致性效应的探究，通俗来讲就是大脑可以根据先前的经验来优化当前问题的解决。近些年来，研究者们常将该任务范式与脑电以及事件相关电位相结合，以探索认知控制的脑区，探索冲突适应效应这一现象背后的机制，这对于理解人类如何适应复杂的环境具有重要意义。

05 "亲近远疏"：注意范围任务

在童年中期，正常发育的儿童会将注意力越来越多地从母亲身上转移到探索其他事物上，从而促进其自主性的提高和在其他发展任务上的表现。大多数儿童上小学后会逐渐变得独立，会和身边的同龄人成为朋友，探索新事物也从和母亲一起变为和小伙伴一起，对母亲的注意逐渐转移。不幸的是，若有些孩子不能成功地将注意力从母亲身上转移，他们表现出抑郁症状的风险可能会越来越大，并且可能会不利于他们成功发展青少年发展任务所需的认知能力。这个例子说明了个体注意范围的重要性，尤其是对发展中的儿童而言。随着注意范围研究的不断丰富，研究者们提出了不同的测量范式，注意范围任务（Attentional Breadth Task）就是其中一种测量注意加工中注意范围的双任务范式。

1 来源与发展

在实验精神病理学中通常采用计算机化实验任务来研究认知对注意信息处理的影响，但这些实验存在一个问题，即参与者的认知需要足够成熟才能成功地完成这些任务。研究表明，5 岁儿童的视觉敏感度仅略低于成年人，在学龄阶段，儿童注意效率随着年龄的增长而增加。与这些发现相一致的是，童年中期似乎是研究与依恋相关的注意偏差的一个黄金时期。首先，学龄儿童的认知基本成熟，这使得他们能够很好地完成计算机化实验任务。其次，虽然儿童依恋系统的目标是从寻求对依恋对象的身体接近转移到心理上的可用性，但原始的主要依恋对象仍然保持其主要的重要性。最后，这些儿童越来越有能力报告他们与照顾者之间的关系状况。

Derryberry 和 Tucker（1994）提出了一个与依恋相关的注意加工模型，该模型区分了情绪对注意的两种不同影响，即情绪可能会改变个体的注意力朝向或使个体远离情绪相关刺激，也可能会影响注意力集中的范围。这两个过程与可分离的大脑激活系统有关。在注意定向方面，Bosmans 等人（2007）采用外源性线索任务研究了 10～12 岁儿童的依恋安全感对母亲注意定向的影响。在研究范式中，参与者的母亲或陌生女性的照片出现在屏幕的一侧，目标出现在同一侧（有效试次）或相反一侧（无效试次）。结果表明，相比于陌生女性，低安全感组表现出对母亲更高的关注，并且低安全感组对母亲的注意投入显著高于高安全感组。这些研究结果表明，依恋表征影响依恋相关信息的注意定向。为了研究与依恋相关的注意加工，在注意力范围方面，Bosmans 等人（2009）开发了一个双任务范式，即注意范围任务，用来考察依恋对注意范围的影响。

尽管早期的研究已经将积极情绪与注意范围联系起来，但最近的研究结果指出了这种关系的复杂性，并表明这些注意范围效应与所呈现信息的特征等因素相互作用。除刺激特征外，个体特征（如抑郁症状）也会影响注意范围效应。Grol 和 Raed（2014）进一步研究积极情绪的注意范围效应，发现无论刺激的情绪效价如何，积极情绪和注意范围之间没有直接关系。然而，抑郁症状的存在调节了积极情绪和注意范围之间的关系：在低水平抑郁症状的被试中，积极情绪与注意范围相关，当呈现积极信息时这种相关更加明显；而在高水平抑郁症状的被试中情况与之相反。Van de Walle 等人（2016）采用注意范围任务测量儿童对母亲的注意范围，探究对母亲的关注增加是否与童年中期的抑郁症状有关，结果表明抑郁症状在那些对母亲有更狭窄的注意范围（即这些儿童把注意力集中在母亲身上）的儿童中最为普遍，儿童在痛苦中对母亲的重复思考会调节对母亲的注意范围与抑郁症状之间的关系。

此外，近年来，人们对注意范围与情绪调节之间的因果关系越来越感兴趣。为了检验这种因果关系，需要严格控制注意力范围。Fang 等人（2017）通过使用注意范围任务检验了视觉注意范围是否可以通过实验训练来控制，研究结果发现整体-局部注意范围任务或视空间注意范围任务的训练不能稳定地改变注意范围。

2 基本知识与原理

注意范围任务主要以被试对中心图片的注意力集中性以及判断黑色圆圈出现位置的正确率为指标测量被试的注意范围大小。中心图片通常为研究者关心的某一自变量，例如，测量依恋对于注意广度的影响时，中心图片为母亲（高依恋）或者陌生女性（低依恋）的脸，通过改变中心图片操纵自变量。黑色圆圈会出现在距离中心图片的近端轴或者远端轴上，通过被试判断圆圈位置的正确率来测量被试的注意范围，例如，被试对母亲的依恋程度高，对中心图片的注意集中度高，因此对近端圆圈的位置判断正确率要高于对远端圆圈的位置判断正确率。此外，为了探究依恋的影响是影响注意加工的前期阶段还是影响注意加工的后期阶段，刺激被呈现在三个不同的时间：34 ms、100 ms 和 250 ms。总之，在本实验范式中，被试对圆圈位置的判断正确率越高，其注意范围越广。

2.1 材料与工具

经典的注意范围任务用于研究注意范围与依恋的关系，实验材料涉及两类图片：母亲脸部照片（10 张）与陌生女性脸部照片（10 张），共 20 张聚焦脸部的照片，如图 1 所示。10 张参与者母亲的脸部照片，要求表现出中立表情，尽可能不露出牙齿；10 张参与者不熟悉的 10 位女性的脸部照片（每个女性 1 张，被选中的女性在现实中都已经是母亲），同样要求表现出中立表情，尽可能不露出牙齿（选择了 10 位不同的女性，以尽量减少与自己母亲的相似性、吸引力或其他显著属性的潜在影响）。根据不同的实验目的，实验材料中母亲和陌生人的脸部照片可以进行更换，例如对情绪的研究可以选取 30 张不同情绪的脸部图片（10 张快乐表情、10 张中立表情以及 10 张悲伤表情）。

图 1 注意范围任务的实验材料示例（源自：Bosmans et al., 2009）

2.2 基本程序

被试坐在一个 19 英寸的 CRT 电脑屏幕前，与屏幕的距离为 27 cm，使用下巴垫确保准确定位，使用电脑鼠标进行回答。

具体实验程序如图 2 所示：在每一次试验中，屏幕中央都会出现一张 3 cm 宽 4 cm 高的图片（中心图像）。在呈现中心图像的同时，16 个直径为 2 cm 的灰点出现在距中心图像 4.5 cm 处（在 10 倍视角下的近距离试验）和距中心图像 11.2 cm 处（在 25 倍视角下的远距离试验）。灰点是成对排列的（8 个近点、8 个远点，成对位于 8 个坐标方位轴中的其中一个上)。在每一个试次中,一个直径为 1.3 cm 的小黑色圆圈会出现在某一个近点或某一个远点中,这个黑圈是被试需要识别的目标刺激。

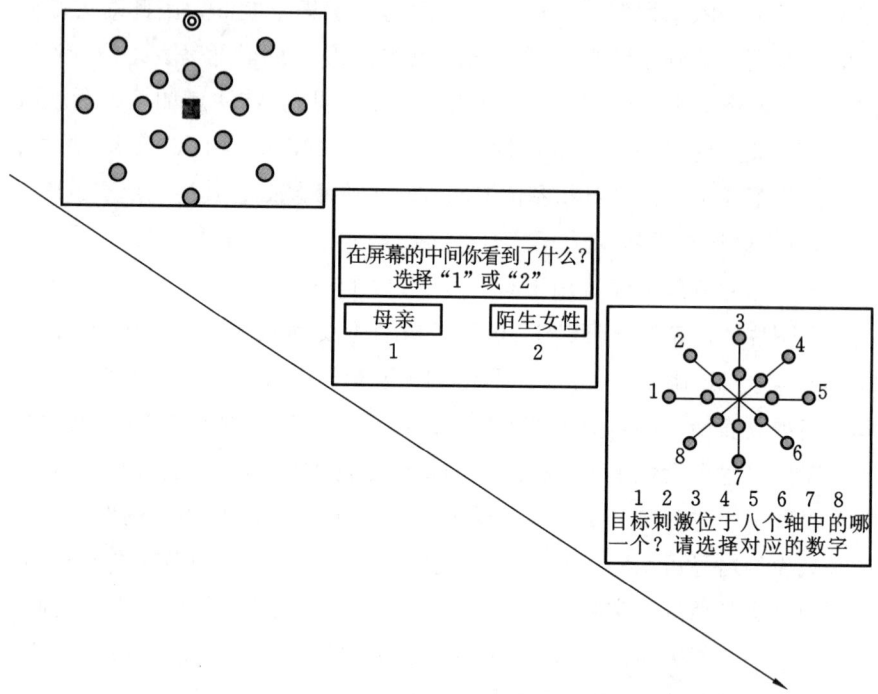

图 2　注意范围任务基本流程(源自:Bosmans et al.,2009)

每次刺激呈现之后,屏幕上都会出现一个问题:在屏幕的中间你看到了什么?(母亲还是陌生女性)。这个问题的正确回答量显示了被试是否在看屏幕中央。然后屏幕上会出现第二个问题:目标刺激位于 8 个轴中的哪一个?

注意范围任务共 12 个实验条件,为 2(图片类型:母亲/陌生女性)× 3(呈现时间:34 ms/100 ms/250 ms)× 2(目标刺激距离:接近/远离中心图片)的实验设计。每个实验条件包含 16 个试次,共 192 个试次,这些试次被随机分为两个组块,每个组块有 96 个试次,两个组块中间间隔一小段时间,正式实验开始前有一个练习阶段(包含 8 个试次)。

2.3　数据分析

只分析正确识别图片的试次,确保注意力集中在屏幕的中间。正确识别目标的比例为主要因变量,通过对准确率进行总体 2(图片类型)× 3(呈现时间)× 2(目标刺激距离)重复测量方差分析,考察注意范围任务的表现。总的来说，在更长的距离和更快的呈现时间条件下，被试所犯的错误会更多。

3 应用范围

注意范围在情绪调节、依恋、认知、心理健康和精神病理学等领域起着重要作用，注意范围任务作为一种测量注意范围的双任务范式，非常适用于这些研究领域。具体来说，注意范围任务可以研究注意范围的扩大和缩小与积极情绪和消极情绪的关系；可以通过研究情绪状态对注意范围的影响，探讨情绪变化是否会对注意范围产生影响；可以探究儿童对母亲的安全性依恋是否会受到注意范围的影响；可以探究认知灵活性增强与注意范围大小是否存在相关；可以探讨注意范围的改变与自我调节能力是否相关；可以探究注意范围与抑郁症状等疾病之间的关系等。

注意范围任务是一种双任务范式，操作简单，实验时间短，不需要被试的认知水平完全成熟，因此儿童以及患有抑郁症等精神疾病的患者也能很好地完成。

06 "直面威胁":注意线索程序

恐惧是一种常见的情绪,假如一个人被一只以往总是很友好的狗咬了,那么在以后接触狗的时候他可能就会体验到恐惧,并和狗保持距离,避免再次受到伤害。恐惧情绪是一种自我保护机制,它对于我们的生存有着十分重要的作用。举个小例子,因为害怕死亡,所以你不会去尝试进行危险而无聊的行为,比如把自己挂在天台边,只用一只手支撑。如果缺少了恐惧,可能每一分每一秒都会有人在毫无意识地去做危险的事。恐惧情绪的产生一般与威胁刺激有关,根据注意的认知资源理论,认知系统会把认知资源分配到重要的刺激上。那我们是否有这样一种倾向,即非常迅速地注意威胁信号,产生恐惧情绪,开启自我保护机制呢?为了回答这个问题,研究者们设计了注意线索程序(Attentional Cueing Procedure)来研究威胁刺激的注意偏向,下面我们将对其进行具体介绍。

1 来源与发展

在过去的 20 年里,研究者们在应对威胁的视觉注意方面进行了大量研究。人们普遍认为,注意力系统通常会参与对目标导向行为的追求,能够非常迅速甚至预先注意到威胁性信息。个体发现威胁时会立即产生恐惧反应和对危险源的注意,一些研究者认为这是一种存在于每个人身上的古老的系统学机制。

然而,通过威胁获得注意力的证据相当有限。研究者通常使用认知实验范式研究"正常/非焦虑"个体的注意力获取,其中有两项研究值得关注。在第一项研究中,注意搜索任务被用来检验威胁与获取注意的关系。被试需要搜索嵌入在一系列中性或积极刺激中的威胁性刺激(例如愤怒的面孔),威胁性刺激能促进注意力搜索(Fox et al., 2000)。然而,注意搜索任务本身就是一个相对复杂的范式,注意获取效应在一定程度上取决于周围刺激。第二项研究采用了情绪修正性外源性线索任务(Posner, 1980),这个任务被广泛用于研究对外部线索的隐蔽定向,并能够区分威胁引起的注意捕获和注意保持。然而以往注意-威胁研究中常使用语言和图形刺激描述厌恶事件的发生，没有构成真正的威胁（Stormark et al., 1999），因此可能不会达到引起注意获得效应的阈值。为了克服这个问题，Stormark 等人（1999）提出厌恶性条件刺激可以出现在注意任务中，Koster 等人（2004）在这一基础上，通过在外源性线索任务中应用厌恶条件反射程序提出了注意线索程序（ACP），该范式允许识别注意力的参与和脱离成分，已被证明有助于将注意力偏向分解为恐惧条件信号。

Bannerman 等人（2010）用恐惧的身体姿势图片作为威胁线索，并采用两种反应方式（扫视：尽可能地快速扫视目标；手动：必须通过手动按下响应框上两个按钮中的其中一个来指示目标的位置，并且尽可能快且准确）研究威胁刺激的注意偏向，结果发现恐惧的身体姿势可以调节注意效应，通过身体姿势传达的恐惧可以在没有任何面部暗示的情况下作为紧急的威胁信号，扫视影响注意力的获取和脱离，但持续时间较短（仅 20 ms），相反，手动反应在快速线索持续时间内不影响注意力的获取和脱离，但会在更长的时间内影响注意力的脱离。

Preciado 等人（2017）使用注意线索程序研究威胁信号引起的注意偏差，结果发现相对于无效提示位置，被试对于有效位置出现的目标的感知敏感性增加，反应速度更快，这表明在线索提示呈现后，与威胁相关的提示立即吸引了个体注意力，线索不存在时个体的空间注意力仍然停留在先前威胁性线索出现的位置。这一结果很重要，因为它表明威胁性线索不仅能吸引注意力，而且能在相对较长的时间间隔内保持注意力，即使在没有威胁性线索的情况下也是如此。

2　基本知识与原理

注意线索程序在外源性线索任务中应用了厌恶条件反射程序。在这一程序中，非条件刺激是两种声音刺激，一种是厌恶性声音刺激 UCS＋（该刺激会引起被试的不适），另一种是中性声音刺激 UCS－（该刺激不会引起被试的不适）；条件刺激是 CS＋和 CS－（分别由两种不同颜色的方块表示），两种条件刺激均能在 75% 的实验试次中预测目标刺激（黑色正方形）的位置。厌恶性声音刺激 UCS＋只会出现在条件刺激 CS＋之后。通过操纵 CS＋和 UCS＋的联结出现，被试在 CS＋试次中对目标刺激位置的反应时更短、正确率更高，即由于厌恶性声音刺激的存在，被试对目标对象变得更敏感。被试对威胁刺激的注意偏向性更高，反映出注意力会停留在提示威胁信号的位置。ACP 范式通过这一实验逻辑探究威胁信号对注意获得、注意保持和注意脱离的影响。

2.1 材料与工具

注意线索程序的实验材料主要有三类：①2 张 4.8 cm 高×6.5 cm 宽的彩色矩形（粉色/绿色），两张彩色矩形作为 CS＋或 CS－线索（哪种颜色的线索起到 CS＋或 CS－的作用需要在参与者中平衡）。②1 个 1.1 cm×1.1 cm 的黑色正方形，在实验中作为目标刺激。③两类声音刺激。厌恶性声音刺激 UCS＋（非条件刺激）由一个 200 ms 的噪声脉冲组成，通过耳机以 100 dB 的强度传输，这种强度和持续时间的噪声刺激是令人厌恶的，但不会造成疼痛或生理上的伤害；中性声音刺激 UCS－由 1 000 Hz 的刺激组成，持续 200 ms，强度为 71 dB。

所有刺激都呈现在黑色背景下。整个实验过程中，屏幕中央都会出现一个白色的注视点，注视点两边呈现两个白色矩形（4.8 cm 高×6.5 cm宽），持续时间 500 ms。矩形中心距注视点 9.2 cm。线索和目标刺激会在这两个矩形中呈现。

2.2 基本程序

注意线索程序包含练习阶段、基线阶段和测试阶段，基本流程如图 1、图 2 所示，即首先呈现注视点（500 ms），之后呈现线索（200 ms），线索消失后 14 ms，呈现目标（直到做出反应）。注意线索程序包含 8 个实验条件：2（提示位置的有效性：有效/无效）×2（位置：左/右）×2（提示类型：CS＋/CS－）。其中线索提示位置的有效试次和无效试次之比为 3∶1，即 75％的试次中线索正确提示目标方块的位置，25％的试次中线索未能正确提示目标方块的位置。

练习阶段开始前告知被试需要在任务过程中保持专注。彩色矩形(绿色/粉色)将作为提示线索先于黑色方块出现，被试的任务是：如果看到黑色方块出现在固定注视点的左侧，则按键盘左侧的"A 键"；如果看到黑色方块出现在固定注视点的右侧，则按键盘右侧的"L 键"。被试做出反应后进入下一个试次，计算机自动记录被试的反应时和正确率。练习阶段有 10 个试次，从 8 个实验条件中随机选择，没有声音刺激，有错误反馈。

基线阶段与练习阶段相比有 2 个变化：①新增 2 种实验条件（catch

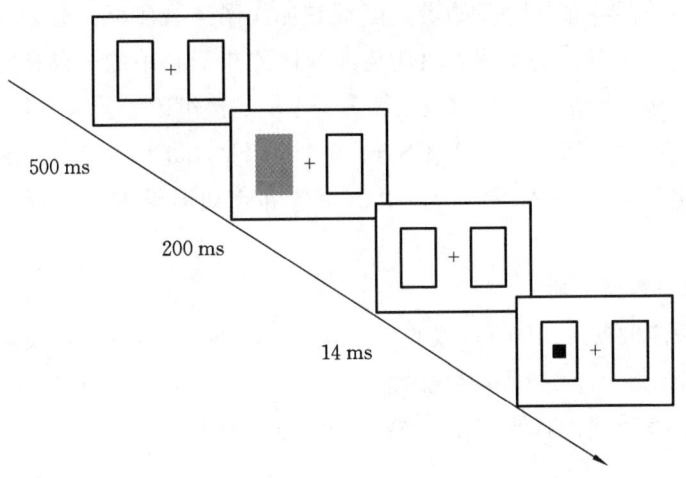

图 1　APC 基本流程——有效提示实验

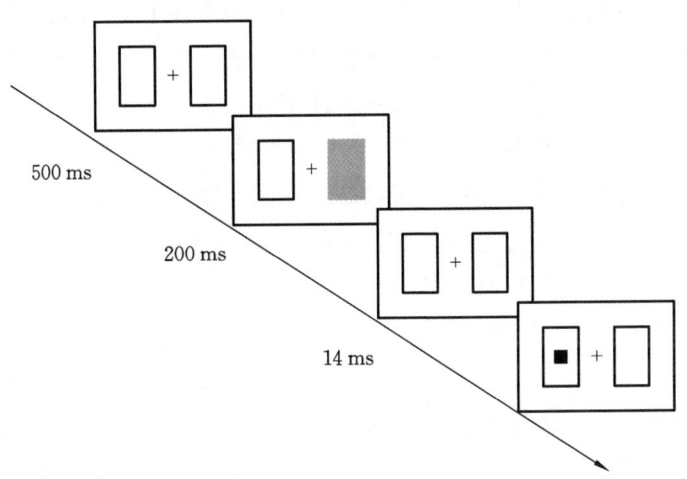

图 2　APC 基本流程——无效提示实验

trial 和 digital trail）作为对照组，catch trial 呈现线索矩形后目标黑色方块不出现，不需要进行按键反应，digital trail 是用数字代替固定注视点"+"，被试需要大声说出这个数字进行反应，例如看到数字"2"就说"2"，这两种实验条件各包含 3 个试次；②不再有错误反馈。基线阶段共 54 个试次：24 个 CS＋trail，24 个 CS－trail，3 个 catch trial，3 个 digital trail。该阶段和练习阶段一样不会出现听觉刺激，被试做出反应后进入下一个试次，计算机自动记录被试的反应时和正确率。

测试阶段与基线阶段的最大区别是加入了声音刺激，分为噪音和中性声音两种声音，提示线索（粉色或绿色的矩形）中的一种是噪声出现的预测因子，而另一个线索是中性声音出现的预测因子。测试阶段共 108 个试次（48 个 CS＋，48 个 CS－，6 个 catch trial 和 6 个 digital trail），被试做出反应后进入下一个试次，计算机自动记录被试的反应时和正确率。

2.3 数据分析

将反应时短于 150 ms 或长于 1 000 ms 的数据删除，对反应时进行 2（实验阶段：基线阶段/测试阶段）×2（CS 类型：CS＋/CS－）×2（提示位置的有效性：有效/无效）重复测量方差分析。

3 应用范围

注意线索程序主要用于研究个体对威胁信号的注意偏向，探究威胁信号对注意获得、注意保持和注意脱离的影响。也有研究者采用注意线索程序研究个体对与焦虑相关信息的注意偏差，发现与焦虑相关的注意偏向差异在威胁刺激中等强度水平下最为明显（Koster et al., 2006）。总之注意线索程序作为一种较为新颖的范式，目前仅出现在与威胁信息相关的注意研究领域，其适用范围还有待研究者不断探究。

注意线索程序作为一种空间情绪线索范式，可以用来评估威胁刺激对注意选择和知觉的调节程度，该范式结合经典条件反射理论，将厌恶性条件刺激引入注意任务范式中，解决了注意搜索任务和情绪修正性外源性线索任务中，由于注意力资源的有限性威胁信号很难超过吸引注意力阈值的问题，同时克服了点探测任务不能区分注意力获得和保持的问题，是一种较好的测量威胁信号注意偏向的实验范式，不足之处是适用范围较窄，信效度等还有待研究者继续检验。

07 "向左向右"：注意网络任务

"注意"是一个古老而又永恒的话题，也一直是认知神经科学研究的中心主题，它是脑与行为之间的桥梁。通过注意，人们才能不被其他事物所干扰，集中精力去清晰地感知一定的事物，深入地思考一定的问题；没有注意，人们的观察、记忆、想象和思维等将因得不到一定的支持而失去控制。注意是一种复杂的认知功能，对人类日常生活的重要性不言而喻，例如父母、老师想要寻求一种方法提高孩子的注意力从而提高其学习成绩，公司领导想要提高员工工作时的注意力从而提高其工作效率，注意受损病人的日常行为与未受损的人相比有哪些差异，达成这些目标或开展相关研究的前提都是要理清注意的神经基础，而注意网络任务（Attentional Network Task，ANT）就是一种可靠的注意神经机制的内隐测量范式。

1 来源与发展

认知神经科学最重要的目标之一是理解个体对思想、情感和行为进行自动控制的来源（Fan et al.，2009）。一种观点认为，注意是一种复杂的认知功能，注意的神经基础是大规模神经网络，是在需要注意力的成像任务中活跃的区域，这些区域受损时会产生注意缺陷，这些神经网络影响了其他大脑网络计算意识和可观察行为的优先级（Posner et al.，1990）。根据这一描述来看，注意力是各种控制系统的基础。

Posner 和 Petersen（1990）从解剖学和功能学的角度定义了三种注意网络，分别为警觉、定向和执行控制。警觉是指个体达到并保持警戒状态，是快速检测预期刺激所需的一般准备状态或唤醒水平，与右额叶和右顶叶活动的增加相关；定向是指个体从感觉输入中选择信息，允许注意力集中的活动，涉及的大脑区域是后顶叶皮层、丘脑的髓核、上丘和额叶眼动区；执行控制被定义为监控和解决刺激之间的冲突，执行网络负责解决冲突、错误检测和抑制控制，与大脑中的前扣带回皮质和外侧前额叶皮质的活动有关。

研究者采用反应冲突机制（Stroop-like）和箭头冲突任务（Flanker-like）对注意的神经基础进行了广泛的探索。但这些单一任务都无法直接考察注意系统三个子网络的关系，为了测试这三个注意力网络的效率和独立性，Fan 等人（2002）设计了注意网络任务（ANT），通过改变线索提示类型和靶刺激状态，能够有效地测量注意网络中警觉、定向和执行控制三种功能的效率。ANT 任务较为简单，可以用于成人、儿童、猴子和各种注意力异常的患者，并且可以在半小时内获得对这三个注意力网络的可靠估计。

Callejas 等人（2004）在 ANT 范式中引入一个新变量（短时高频音调），研究三个注意力网络（警觉、定向和执行控制）及其相互作用，发现警觉网络能够抑制执行控制网络，定向网络促进执行控制网络，并且警觉网络增强定向性，发出警觉信号后，线索提示效果更大。

Asanowicz 等人（2012）将视野因子添加到 ANT 程序中，并开发了一种计算机化工具，即侧向化注意力网络测试（Latenalized Attention Network Test，LANT），用以评估大脑中两个半球的注意力功能。研究发现在普通人群中，警觉功能在大脑中是双向执行的，定向功能偏向右半球，执行控制也偏向右半球。董文文等人（2019）应用 ANT 范式研究肝豆状核变性患者的注意网络受损情况，发现肝豆状核变性患者有注意网络功能障碍，主要表现为警觉网络受损，而定向网络及执行控制网络无明显异常。Barclay 等人（2020）利用 ANT 范式研究个体注意力表现与睡眠时间和睡眠时间稳定性的关系，发现较长的睡眠时间加上较低的睡眠时间变异性与警觉网络的较低效率有关；而另一方面，较长的睡眠时间加上较高的睡眠时间变异性与警觉网络的较高效率有关。

2 基本知识与原理

ANT 范式主要用于测量成人注意力网络中的警觉、定向和执行控制。该范式结合视觉定向任务（用于测量定向注意）和侧抑制任务（用于测量执行注意），主要是通过改变线索提示类型、靶子状态来检查注意网络的警觉、定向和执行控制功能。在 ANT 范式中，反应刺激由五个水平方向的箭头组成，被试的任务是报告目标刺激，即中间箭头的指向方向是为向左还是向右；目标刺激两侧的成对箭头作为干扰作用，与中间箭头的方向相同为一致条件，与中间箭头的方向相反为不一致条件，对目标刺激的反应起到抑制作用。在不一致条件下，由于来自干扰刺激的干扰，产生侧抑致效应，从而被试产生执行控制的需要。

在 ANT 范式中，警觉系统通过无线索提示时被试对目标刺激的反应时与中心提示时被试对目标刺激的反应时之差表示；定向系统通过中心提示时被试对目标刺激的反应时与空间提示时被试对目标刺激的反应时之差表示；执行控制系统通过目标刺激不一致条件下的反应时与目标刺激一致条件下的反应时之差表示。

2.1 材料与工具

ANT 任务的实验材料主要由五个指向不同方向的箭头组成（如图 1），主要包括三类，第一类是所有箭头所指方向相同（见图 1 左），第二类是中间箭头的方向与剩下四个箭头的方向相反（见图 1 中），第三类是除中间的箭头外，其余为两端没有箭头的线段（见图 1 右）。

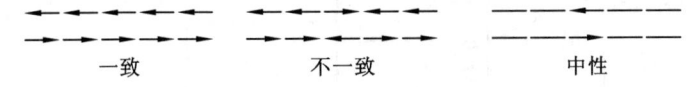

图 1　ANT 范式的刺激材料示例

2.2 基本程序

注意网络任务（ANT）是一项基于计算机任务测量注意力网络功能的 3 个指标（警觉功能、定向功能、执行控制功能）的程序。实验程序由 E-prime 2.0 编制运行，计算机自动记录反应时和正确率。整个实验包含练习和测验两个阶段。

单个试验的基本流程序列如图 2 所示：

(1) 屏幕中心出现一个注视点"＋"（呈现时间随机在 400～1 600 ms 间变化）；

(2) 在屏幕上呈现 100 ms 的提示线索"＊"，"＊"的呈现方式有四种：无提示（不出现"＊"）、中心提示（在注视点"＋"处出现"＊"）、双重提示（在注视点上方和下方同时出现"＊"）以及空间提示（在注视点上方或者下方出现"＊"），四种条件出现的试次数相同。

(3) 屏幕中央仅出现黑色注视点"＋"（呈现时间为 400 ms）。

(4) 刺激（即包含五个箭头的箭头串）出现在注视点的上方或下方，

其呈现的位置与线索信号"＊"出现的位置相对应（呈现时间为 500 ms），刺激的呈现方式共有一致、中性以及不一致三种。被试需要正确并且迅速判断中央箭头的方向是朝左或朝右，并按相应键反应：中央箭头朝左，按左键（←）；中央箭头朝右，按右键（→）。被试需在 2 000 ms 内完成按键反应，做出按键反应后或反应超时刺激自动消失进入下一个试次，计算机自动记录被试的反应时和正确率。

整个 ANT 程序共 336 个试次，包含 24 个练习试次和 312 个正式试次，正式实验分为 3 个组块，每个组块包含 104 个试次。

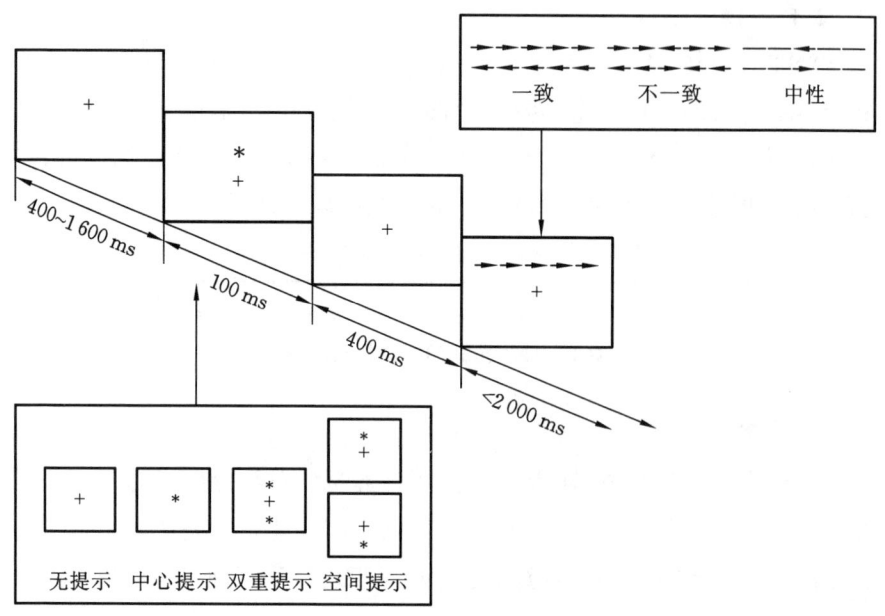

图 2　ANT 单个试验的基本流程

2.3　数据分析

ANT 范式收集的数据主要为反应时数据，需要利用 Fan 等人（2009）设计的 ANT 原理计算注意力网络各个子网络的分值，采用以下 3 个公式分别计算：警觉功能得分＝$RT_{(不提示)}$－$RT_{(双重提示)}$，定向功能得分＝$RT_{(中心提示)}$－$RT_{(空间提示)}$，执行控制功能得分＝$RT_{(不一致)}$－$RT_{(一致)}$。再对注意力网络的三个子网络进行皮尔逊相关性分析，进行 4（反应时线索条件：无提示/中心提示/双重提示/空间提示）×3（一致性：一致/中性/不一致）重复测量方差分析。

3 主要变式

3.1 ANT-R

为了优化注意对比度和考察注意网络之间的相互作用，Fan 等人 (2009) 在原始 ANT 的基础上设计了 ANT-R 范式。ANT-R 范式与传统的 ANT 范式最大的区别是 ANT-R 范式中同时包含有效和无效的空间线索（有效提示占 75%，无效提示占 25%），而原始 ANT 的所有空间线索都是有效的。此外，ANT-R 范式提示线索呈现的方式由原先的 4 种变为 3 种（无提示、双提示、空间提示），目标刺激的呈现方式由原先的 3 种条件变为 2 种（一致和不一致）。结果发现有效的定向提示会促进冲突处理，而无效的定向提示会抑制冲突处理。

3.2 儿童友好版 ANT

研究者们在成年人中广泛使用 ANT 范式测量警觉、定向和执行控制网络的关系，开展了认知神经成像研究。为了比较儿童和成人的注意网络是否存在差异，Rueda 等人 (2004) 开发了一个儿童友好版的 ANT，用于研究 6～9 岁的 4 个年龄组的儿童注意网络的发展，并比较儿童 (10 岁)和成人在儿童友好版和成人版的 ANT 中反应时和正确率的表现。

儿童友好版 ANT 范式和原始 ANT 范式的区别共有 4 点（见图 3）：①儿童友好版的目标刺激由原先的箭头（→）变为了黄色的鱼；②儿童友好版呈现刺激的屏幕由原先的白色背景变成了蓝绿色的背景，这样更能吸引儿童的注意；③儿童友好版目标刺激的呈现方式还是三种（一致、不一致、中性），但中性条件的呈现方式发生的改变，中性条件下只在中心位置出现一条鱼；④儿童友好版 ANT 范式试验次数变少，整个程序共 168 个试次，包含 24 个练习试次和 144 个正式试次，正式实验分为 3 个组块，每个组块包含 48 个试次。

Rueda 等人 (2004) 的实验结果发现在某些条件下，儿童和成年人一样，在警觉、定向和执行控制三种注意力网络之间表现出独立性。随着年龄增长，使用儿童友好版和成人版 ANT 的反应时和准确性都会得到改善，警觉功能得分在 10 岁及以上年龄段表现出变化，执行控制功能得分在 7 岁后表现稳定，而定向功能得分在 6～9 岁的年龄范围内没有变化。

4 应用范围

在临床病理学研究领域，ANT 范式可以用于研究阿尔茨海默病、多

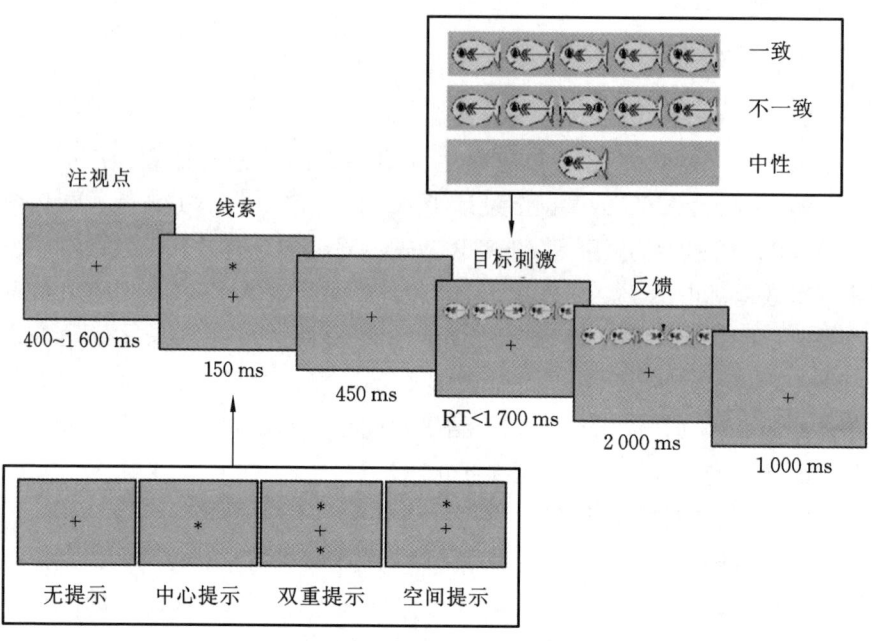

图 3　儿童友好版 ANT 单个试验的基本流程（源自：Rueda et al., 2004）

发性硬化症、精神分裂症和轻度认知障碍等疾病，来揭示疾病如何损害不同的注意力机制；在认知神经科学领域，ANT 范式可以结合 ERP、fMRI 等技术来考察注意网络的神经机制，从而揭示相应的脑区及脑波，还可以为行为研究提供电生理学证据；在遗传研究领域，ANT 作为遗传研究的表型，旨在确定网络效率中个体差异的来源；除此之外，ANT 还能用于检测行为干预（例如获得性脑损伤后对早期注意过程进行训练）对注意力网络各成分的影响。总之，ANT 主要是用来研究警觉、定向和执行控制这三种注意力网络子网络，从而探究与注意相关的研究问题，解释注意这一复杂认知结构背后的秘密。

以往研究注意神经基础的范式，例如 Eriksens 等人（1974）的 Flanker 任务，多为单一任务范式，很难考察三种注意力网络子网络的关系。ANT 范式将以往的单一范式的优点相结合，能够对三种注意力网络子网络进行有效测量，且 ANT 任务操作简单，其使用范围可以扩大到儿童注意神经基础研究和病理学研究中，是一种可靠的测量注意神经机制的内隐测量范式。

08 "耳听一方"：听觉注意选择任务

"鸡尾酒会效应"大家应该都不陌生，是指个体在嘈杂的环境中，如在鸡尾酒会中，尽管周围充斥着其他人的谈话声、玻璃杯的叮当响声和其他噪声，我们仍然能够和身边的人交谈。假设我们站在一个挤满了人的屋子里，周围可能有十个、二十个人在说话，可我们却能听到我们想听的对话。换句话说，我们的大脑能够对我们不关注的其他对话都进行某种程度的判断，然后决定忽视不听。然而，为什么听力轻微受损的老年人、吸烟成瘾者或是患有多动障碍的儿童很难进行听觉注意选择任务？如何研究这类人群的听觉注意呢？听觉注意选择任务（Auditory Selective Attention Task，ASAT）巧妙地解决了这一难题。

1 来源与发展

老年人常常抱怨与他人交流时，他们能听到对方在讲话但听不懂在说什么，当环境嘈杂或者还有其他人在说话的时候尤其如此。听觉、生物声学和生物力学国家研究委员会［the Committee on Hearing, Bioacoustics and Biomechanics（CHABA）］回顾 1980 年代早期有关老年人语言交流的问题，提出 3 种可能产生这些交流问题的原因假说。这些假说分别是：（1）外周听觉假说。出现交流困难的主要原因是老年人常见的感音神经性听力损失和耳蜗病变；（2）中枢听觉假说。出现交流困难是由于中枢神经系统的听觉部分从脑干下部到皮层听觉中枢发生了与年龄相关的、形态特异性的变化；（3）认知假说。一般认知功能（如记忆、注意力和加工速度）的下降与年龄有关。

在这份 CHABA 工作组报告发表后，不少研究者通过实验反复证明听力损伤或音频带宽变窄是老年人在安静或噪声环境中存在交流问题的主要但非唯一的原因。Humes（2005）发现，即使是在高音量下播放的压缩时间的语音（这样做能减少高频率感音神经性听力损失带来的负面影响），老年人还是会出现上述交流问题。

对于大多数有语言交流问题的老年人来说，解决这些问题的最佳方法是佩戴个人助听器等扩音器。然而，适合老年人的助听器并不总是能保证佩戴者不出现交流问题。因此，研究者需要进一步研究影响老年人交流的原因。Humes（2002）的研究发现老年人言语刺激的可听性以及对听觉选择性注意决定了个体的表现差异。

因此，根据 1988 年 CHABA 工作组提出的概念框架，Humes 等人（2006）在 Coughlin 和 Humes（2004）提出的 CRM 语音识别任务的基础上设计出一种新的研究听觉选择性注意差异的实验范式，即听觉注意选择任务（ASAT）。

Gomes 等人（2012）通过研究证实，多动症儿童很难选择性地注意到竞争性的听觉信息通道，与同龄人相比，多动症儿童的目标检测能力要差得多，而且几乎没有表现出选择性注意的电生理指标（Nd）。Nolden 等人（2019）通过研究调查听觉选择性注意的准备机制，发现目标增强注意和干扰物抑制注意是不同的过程，并且干扰物抑制注意比目标增强注意要好得多，准备注意力转换似乎效率很低，这表明听觉注意力系统的灵活性有限。

Fels 等人（2020）应用 ASAT 范式测试听众有意识地在各种设置中切换听觉注意力的能力，结果发现与将注意力集中在单个来源上相比，有意转移注意力的焦点与更长的反应时间相关联。此外，在错误率方面研究者们发现了显著的刺激类别效应，即目标和干扰物的刺激可能引发相同的答案（一致）或不同的答案（不一致）。一致性效应可以被解释为一种内隐绩效指标，用来衡量与任务无关的信息被过滤的程度。双耳范式也已应用于年龄较大（轻度听力障碍）的被试身上，将其结果与正常听觉的年轻被试的结果进行了比较，发现前者有更高的错误率和更长的反应时间。

Kattner 和 Ellermeier（2020）使用 ASAT 范式对被试进行一段时间的听觉选择性注意训练，发现可以在一定程度上抵消与任务无关的言语所产生的听觉分心程度。这一发现表明，由变化状态的声音（如语音）产生的干扰可能不会发生在无法控制的类别前处理阶段。训练有素的注意机制使个体在短时记忆中抑制无关言语的加工，增强对相关言语信息的选择性加工。

2 基本知识与原理

ASAT范式的实验原理是利用立体耳机让被试的双耳同时分别听到两个分离的相互独立的声音,即目标短句和起着干扰作用的竞争短句,让被试有选择地听目标短句的信息并做出正确的选择,通过被试对于目标短句信息的识别正确率来测量听觉注意分离和听觉注意选择。被试对目标短句信息的识别正确率越高,说明其听觉注意选择水平越好,越能够将需要的信息和干扰信息进行分离,在认知过程中能够更有效地利用信息。该范式与双耳分听范式有一定的相似之处,通过给左耳、右耳呈现不同的音频,让被试忽略其中一个耳朵听到的内容而注意另一个耳朵听到的内容。但与双耳分听范式的不同之处是,ASAT范式不用复述追随耳中听到的目标短句,在听完音频之后立刻就对目标短句中的信息做出反应,并且不需要对竞争短句中的信息做出反应。

2.1 材料与工具

ASAT的实验材料主要涉及两类短句:目标短句(target phrase)与竞争短句(competing phrase),目标短句是被试需要识别的目标对象,竞争短句是干扰项,这两类短句都以相同的句式结构呈现:准备,"线索词"现在去"颜色""数字",例如"准备,查理现在去蓝色8号",实验材料选自Coughlin(2004)使用的CRM语音识别任务。线索词有8个(charlie、ringo、laker、hopper、arrow、tiger、eagle、baron),颜色有4种(蓝色、红色、白色、绿色),数字在1~8之间随机选择。目标短句和竞争短句由不同的说话者阅读,音频采用了频谱整形技术,以确保CRM语音材料在4 000 Hz范围内的可听性。实验前会预先告知被试目标短句的线索词是什么,被试需要识别出目标短句中所说的颜色和数字。目标短句和竞争短句通过双耳呈现(目标短句和竞争短句分别出现在左耳、右耳)。

2.2 基本程序

ASAT范式的基本操作是通过音频呈现目标短句(目标刺激)和竞争短句(干扰刺激),需要被试识别出目标短句中所说的颜色和数字,并在电脑上做出正确选择,被试通过鼠标点击位于电脑屏幕左侧的颜色框和位于屏幕右侧的数字框(如图1),计算机会自动记录被试的正确率以及从试次开始到被试点击颜色框的反应时。被试对目标短句的选择性注意和对竞争短句的选择性忽略决定了反应的快慢。

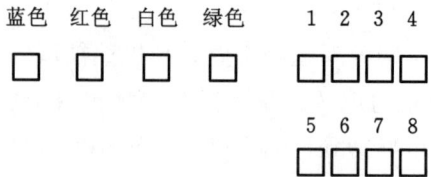

图 1　ASAT 范式反应界面

单个试次具体程序如图 2 所示：①向被试呈现目标短句中的线索词（3 000 ms）；②屏幕中心出现一个注视点"+"（400 ms）；③耳机播放目标短句和竞争短句（双耳呈现或单耳呈现），要求被试注意并用鼠标勾选出目标短句中所说的颜色和数字。被试做出反应后进入下一个试次。

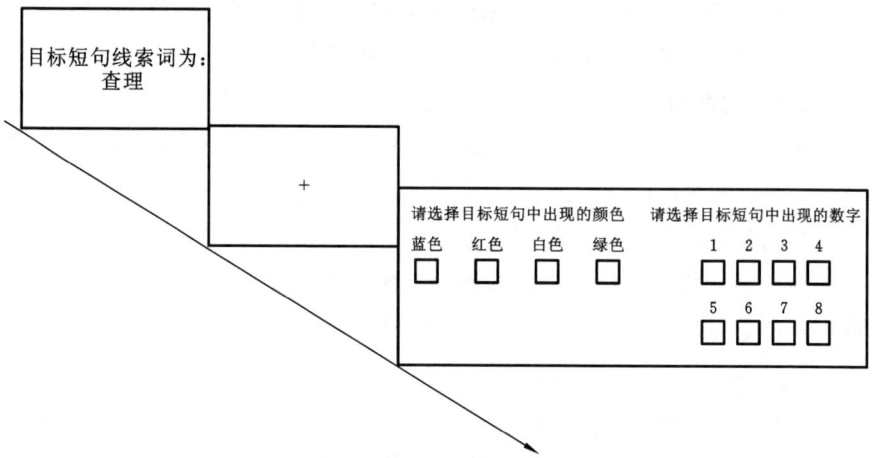

图 2　ASAT 范式单个试次的基本流程

正式实验开始前有一个练习任务（32 个试次），正式实验阶段包括四个组块。每个组块由 32 个试次组成，具体来说，4 种颜色与 8 个数字配对形成 32 个组合，每种组合运行一次，随机与一个线索词进行配对组合成目标短句和竞争短句，8 个线索词中的每个词均被用于目标短句 4 次、竞争短句 4 次，顺序是随机确定的。一般情况下每个数字＋颜色组合在一个组块中只出现 1 次。

2.3　数据分析

收集整理反应时和正确率，对数据进行重复测量方差分析。

3 应用范围

ASAT 范式主要用于测量听觉选择性注意，在认知神经科学领域，ASAT 范式可以结合 ERP 和 fMRI 等认知神经科学方法，探究听觉选择性注意如何调节人类下丘脑的激活等问题；在病理学领域，因为 ASAT 范式材料的特殊性，阿尔茨海默氏病患者、精神分裂症患者、注意缺陷/多动障碍儿童以及患轻微听力障碍的老年人等都能完成任务，为研究者在病理学领域对感觉加工受损的个体的听觉注意进行更深入的内隐研究提供了更多可能性；除此之外，ASAT 范式还可以与其他双耳分听范式结合起来研究鸡尾酒会效应，有助于研究者对注意的指向性和集中性原理有更为深层次的认识。

ASAT 范式既可以进行双耳分听任务，也可以仅单耳同时呈现目标短句和竞争短句，该范式结合 Coughlin 和 Humes（2004）提出的 CRM 语音识别任务，使用频谱形状的语音材料，听力损失的老年人也能正常使用。需要注意的是，老年被试完成测试所需的时间会有一定的变异性。一般来说，每次测试需要 90~120 分钟才能完成，年龄较大的被试比年龄较小的被试需要更多的测试时间。

09 "以小见大"：听觉怪球任务

目前已经有很多测量方式可以来探测大脑活动，比如事件相关电位（ERPs）、脑电图（EEG）等，但大脑活动的变化受到很多因素的影响，比如在不同的环境下、执行不同任务，或者具有生理或心理障碍的个体，神经标记物都会有些许差异。那么我们要如何才能发现这些差异呢？下面介绍的听觉怪球任务（Auditory Oddball Task）就可以帮助我们来探测这些差异。我们可以把它和一些神经生理学测量结合起来，测量不同情况下的大脑活动。之所以将听觉怪球任务称为"以小见大"，是因为虽然这个范式非常简单，但是可以通过它来达成一些行为实验无法达到的效果。

1 来源与发展

神经生理学和神经心理学方法可以为筛查和临床评估、健康和疾病监测以及治疗评估提供补充信息（Dikmen et al., 1999）。神经心理学评估可以用于评估认知障碍，在药物的开发中也起着非常重要的作用。在神经生理学方法中，脑电图一般用于癫痫、痴呆、脑血管疾病等神经系统疾病的常规评估，以及重症监测和术前分析。大量证据也表明了事件相关电位对认知过程的敏感性，其中 P300 成分在注意和记忆方面表现出了特定的敏感性（Polich & Kok, 1995）。EEG 和 ERPs 在临床环境中的应用局限在于它们缺乏标准化的测试协议、可供比较的大型数据库和重测信度等心理测量特性的评估。尽管在 ERPs 的信度方面研究较少，但大多数已有的信度研究都使用听觉怪球范式，考虑到 ERPs 随任务条件的变化而变化，还需要强调使用标准任务进行比较的重要性。在针对不同的群体和不同的时间的研究中，研究者们都发现 ERPs 的信度较高（Sandman et al., 2000）。

之前的研究都聚焦于研究特定的措施（EEG、ERPs 或神经心理学措施），而没有关注这些措施的同时重现性。因此 Williams 等人（2005）的研究聚焦于探讨综合 EEG、ERPs 和神经心理学措施的"神经标记"电池的信度，研究中他们将听觉怪球任务应用到 ERPs 测试中，即被试对该任务做出反应，记录 ERPs 的相关反应。

由于听觉怪球任务仅仅是对两个高低不同的音调进行按键反应，因此自被提出以来，一般是和其他任务相结合进行使用，尤其是和神经机制相联系。

2 基本知识与原理

听觉怪球任务主要涉及的是注意过程。注意是指心理活动对一定对象的指向和集中，是认识选择性的高度表现。从心理学的角度来讲，注意并不是一个独立的心理过程，而是一种心理状态，是某种心理活动的指向性、选择性、集中性。听觉怪球任务中包含两个音调高低不同的刺激，其中高音调刺激的出现概率小于 15%，低音调刺激的出现概率大于 85%。听觉怪球任务要求被试对概率小于 15% 的偶然刺激做出反应，因此需要被试集中注意力，从而可以反映在注意过程的相关脑区的脑电反应情况上。

听觉怪球任务也与注意偏好有关，一直以来人脑都对新异刺激存在注意偏好。听觉怪球任务中，在大概率（大于 85%）刺激序列中呈现小概率（小于 15%）偶然刺激会引起被试的"意外感"，这种新异刺激捕获了人们的注意，从而引起人们对于这一刺激的高幅度的脑电反应。

2.1 材料与工具

听觉怪球任务的材料是两种声音。一种是 1 000 Hz 的 oddball 信号，另一种是 500 Hz 的基线信号，两种信号都是 75 dB。

2.2 基本程序

听觉怪球任务共有 200 个试次，其中 24 个反应试次，即呈现 oddball 信号；176 个不反应试次，即呈现基线信号。这两种声音信号以准随机的方式呈现，间隔 1 s，但两个 oddball 信号不能连续呈现。被试的任务是对 oddball 信号按空格键进行反应，对基线信号不做反应。

实验指导语如下："在这个任务中，你会听到两种音调高低不同的声音，如果你听到高音调声音，就尽可能快而准确地用食指按空格键；如果您听到低音调声音，就不做反应，等待下一个声音出现。如果您明白了规则，就按空格键进入实验。"注意事先要给被试听两种音调不同的声音。

2.3 数据分析

选择听觉怪球任务中的目标信号和非目标信号所对应的事件相关电位数据，目标信号引发的相关成分有 N100、P200、N200、P300，非目标信号引发的相关成分有 N100、P200。之后可以按照具体的研究目的和变量，对目标信号和非目标信号对应的波形、振幅和潜伏期等进行分析。

3 应用范围

听觉怪球任务简单，易操作，在有关的 ERP 研究中，是很经典的一个实验范式，具体是指在大概率呈现的刺激序列中呈现概率很小的刺激，从而引起人们对这一刺激高幅度的脑电反应。小概率事件构成了新异刺激，会引起较明显的 P300 波，在测量大脑活动方面可以发挥较大的作用。

听觉怪球任务一般是和 ERP、fMRI 等结合起来加以运用，用以探讨环境、个体差异、临床疾病等对大脑活动的影响和阅读障碍等产生的神经机制。除此之外，也可以将该任务的反应时和正确率当成行为指标来使用。Scanlon 等人（2017）使用听觉怪球任务探讨了不同环境声音对大脑活动和 ERP 的影响；Castellar 等人（2019）将听觉怪球任务作为次要任务，通过次要任务指标的变化来反映不同状态注意力的投入；Simoes 等人（2021）采用该任务比较了胎儿时期接触酒精环境的儿童和未接触酒精的儿童在皮质水平上对听觉信息的电生理处理；还有研究从听觉怪球任务出发为诊断人们是否患有阿尔茨海默症提供了帮助（Kim et al.，2020）；Magliacano 等人（2020）从听觉方面探索了成人自发眨眼率和认知负荷之间的关系；Citherlet 等人（2020）利用脑电图探究前岛叶和后岛叶在听觉刺激处理中的不同作用；还有研究者对比了有经验冥想者和无经验冥想者在听觉怪球任务中所表现出来的神经标记物的差异（Payne et al.，2020）。

10 "内外兼修"：内部与外部注意任务

每个人处在社会中，都需要和他人打交道，和他人建立关系，这个时候我们就会期待给他人留下好的印象，而这个好印象是通过什么被我们所感知到呢？是通过我们自己的感觉还是通过对外部信息的观察呢？再试想这样一个场景，A是一个高社会焦虑的人，B是一个低社会焦虑的人，他们都要参加一个很重要的演讲比赛，预测一下 A 和 B 他们谁会更多地关注自己的表现，谁会更多地关注外部信息？当观看比赛的人面部表情是高兴的、愤怒的或者是中性的时候，A 和 B 又会有什么样的反应呢？再者，如果 C 具有社交恐惧症，那么 C 和陌生人在交流的时候会关注外界信息还是会关注自己的表现呢？当和 C 交流的陌生人面部充满笑意或不耐烦时，C 又会有什么样的反应呢？这些都是生活中非常常见的现象，需要我们去探索答案。本篇介绍的内部与外部注意任务（Internal Versus External Attention Task，IEAT），通过同时测量对内、外部线索的注意来寻找以上问题的答案。

1 来源与发展

自我关注是一个非常重要的认知过程，临床研究表明，具有心理障碍的个体往往会表现出过度的"自我关注"的注意力，从而导致一些功能失调，比如增强情绪状态、减少有效应对及影响任务绩效（Ingram，1990）。除此之外，过度自我关注的注意力在社会焦虑的认知模型中扮演着重要的角色（Clark et al.，1995）。

Fenigstein 等人（1975）认为可以用自我报告法来测量自我关注的注意力，即公众和个人自我意识问卷。由于自我报告法依赖于主观评分，为避免主观意识对测量的影响，研究者们延伸出了更加客观的测量方法——个体如果对外部线索的处理减少，那么就可以推断他们有更高的自我关注的注意力。可以看出早期的客观测量方法主要是从个体对外部信息的受损记忆（Daly et al.，1989）或选择性地避免外部线索（Mansell et al.，1999）中来推断其对内部信息关注的注意力。

虽然很多研究都支持高社会焦虑个体更关注内部线索（Hope et al.,1990），但是这些研究既没有直接衡量对内部线索关注的程度，也没有调查内、外部注意之间的平衡。鉴于早期社会焦虑研究中对于自我关注注意力测量的局限性，提出能够对内、外部注意同时进行客观测量的实验范式是非常有必要的。在这样的背景下，内部与外部注意任务（IEAT）便应运而生。Mansell等人（2003）采用这个新范式直接研究了社会焦虑中的内、外部注意力偏向，发现当被试在高社会评价威胁的情况下，高演讲焦虑的个体会将注意力转向内部信息，而远离外部信息。

近年来使用IEAT的研究并不是很多。Vriends等人（2019）通过改变IEAT中内部刺激的部位（上臂）和图像刺激的来源及形式，考察了自我构念对高、低社会焦虑个体自我关注的影响。Ogishima等人（2020）通过改变IEAT中图像刺激的情绪种类和试次数量，考察了抑郁症状、内部感受意识、内部感受注意及感觉和抑郁症患者基于奖励的决策之间的关系。

2 基本知识与原理

内部与外部注意任务用来同时测量社会焦虑中的内部注意和外部注意，它以反应时为测量指标，以反应时的差异为依据来判定社会焦虑个体对内部和外部的注意偏向。其中内部注意对应的刺激是人体内部的感觉（即生理反应），比如某根手指上的轻微振动；外部注意对应的刺激是外部的视觉刺激，比如出现的字母"E"。除了以上两种刺激，该范式还涉及不同表情的面孔图片，如愤怒、中性和高兴。该范式的原理是伴随着不同面部表情的面孔的呈现被试即会感知到内部刺激和外部刺激，当刺激呈现后，被试需要尽可能快地给出按键反应，计算机会得出内部刺激和外部刺激下被试相应的反应时，之后根据反应时的长短来确定注意-刺激的联结程度。对于高社会焦虑个体，如果对外部刺激的反应时更短，则说明外部刺激和社会焦虑的联结更强，被试更注意外部的信息；如果对内部刺激的反应时更短，则说明内部刺激和社会焦虑的联结更强，被试更注重内部的信息。

2.1 材料与工具

IEAT包括两部分刺激材料，第一部分为图像刺激；第二部分为内、外部的探测刺激。

图像刺激（如图 1 所示）来自 Matsumoto 和 Ekman（1988）开发的标准化面孔图像，选取其中的 12 张不同个体的图像，并在面孔类型（愤怒、高兴和中性）和性别上进行平衡。除此之外，还需要 5 张日常物体的图片，其中灯泡是练习阶段所需的图像刺激，风扇、时钟、椅子和伞是正式实验阶段的日常物体图像刺激。以上的所有图像要转换为彩色图像的 PICT 的计算机文件，其中每个图像都由眼睛来匹配亮度，大小为 34 cm×34 cm，背景统一为暗绿色。

图 1　IEAT 中的图像刺激示例（源自：Matsumoto et al.，1988）

内、外部的探测刺激：外部的探测刺激是指视觉刺激，即一个长、宽均为 4 mm，具有黑色边框和字母"E"的亮绿色方块（如图 2），它叠加在图像的中心，当呈现面孔时，该刺激靠近眼睛的中心；内部的探测刺激是指身体的感觉，即被试左手食指和无名指指尖会受到轻微振动，这种振动由 10 Hz 的脉冲产生，持续 100 ms。

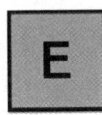

图 2　IEAT 中的外部探测刺激示例

2.2　基本程序

IEAT 通过测量个体对内部和外部刺激注意的相对延迟来测量内隐注意偏差。首先给被试安装心率传感器和皮肤电导传感器，让被试进行深咳嗽然后再屏住呼吸来观察心率的真正变化。之后实验者向被试解释传感器测量了神经系统活动变化的两个关键标志，需要在休息时监测一分钟，再进行计算机任务。

在整个 IEAT 任务中，要平衡图像类型（愤怒面孔、高兴面孔、中性面孔和日常物体）、探测刺激的性质（内部、外部）以及探测刺激的间隔时间模式。

对图像类型使用拉丁方设计进行平衡，从而形成4轮任务（第1轮：愤怒面孔、高兴面孔、中性面孔、日常物体；第2轮：高兴面孔、中性面孔、日常物体、愤怒面孔；第3轮：中性面孔、日常物体、愤怒面孔、高兴面孔；第4轮：日常物体、愤怒面孔、高兴面孔、中性面孔）。在每一轮任务中，首先呈现第一个图像，持续时间为25 s，在呈现该图像的过程中，分别伴随4个内部探测刺激和4个外部探测刺激，共8个试次，每一个探测刺激的呈现时间为100 ms。再按照同样的方法依次呈现这一轮的另外三个图像。因此每一轮任务有32个试次，共有128个试次。这里需要说明的是，12张面孔图像和4张日常物体的图像是被随机分配到4轮任务中，比如4张愤怒面孔图像被随机分配到第1轮至第4轮中。

探测刺激以四种不同的固定随机序列呈现，并在四种类型的图像中进行平衡，从而保证在整个任务中，内部探测刺激和外部探测刺激的重复是相匹配的。

探测刺激的间隔时间也有四种不同的模式：第一个探测刺激在图像呈现后150 ms或者500 ms出现（图像的建立大约需要120 ms），剩余探测刺激之间的间隔时间可以遵循X、Y两种模式，X：3 750 ms；3 000 ms；2 250 ms；3 000 ms；3 750 ms；2 250 ms；3 000 ms；Y：3 000 ms；3 750 ms；3 000 ms；2 250 ms；3 000 ms；2 250 ms；3 750 ms。这四种模式同样在四种类型的图像中进行平衡。

IEAT的具体程序包括练习阶段和正式实验阶段。在练习阶段中，呈现灯泡图像后，以固定随机序列分别呈现4个内部探测刺激和4个外部探测刺激，共8个试次。在探测刺激出现后，给出3 s时间让被试尽快按键对探测刺激做出反应，若在该时间内没有反应，则被编码为错误反应。在正式实验中，按照平衡后的顺序依次呈现每一轮对应的图像刺激和探测刺激，直到4轮（128个试次）全部结束。

在实验开始前，被试坐在座位上，眼睛距离电脑屏幕60 cm，并与屏幕中心保持水平。指导语如下：接下来你会在电脑屏幕上看到一系列不同的图像，当你感受到两种信号中的一种时，就按空格键进行反应。一种信号是来自你身体感知的信号，即当传感器监测到你的神经活动有轻微的变化时，你的手指会感受到轻微振动；另一种信号是来自外部世界的信号，即字母"E"以简短的时间呈现在屏幕中心。请注意当你察觉到任何一种信号时，要尽可能快地按空格键做出反应。

2.3 数据分析

首先删除反应时间超过 1 000 ms 和低于 100 ms 的数据，然后删除三个标准差以外的数据。之后将内部探测刺激的反应时间减去外部探测刺激的反应时间，可以得到注意力偏差。注意力偏差数值为正值反映出被试对外部探测刺激的反应更快，注意力偏差数值为负值反映出被试对内部探测刺激的反应更快。进一步的数据分析需要按照具体的研究目的和研究变量来确定。

3 应用范围

IEAT 范式通常被用于检测社会焦虑、抑郁等心理障碍中个体内、外部注意偏差的特点，以明确常见心理障碍的性质。除此之外，对于不同情绪、不同情境及不同人格特质等情况，使用该范式考察个体对内部和外部线索的注意偏向对调整个体的表现非常重要。

IEAT 范式不仅能够测量出内、外部注意的真正偏差，而且是第一个能直接测量社会焦虑中内、外部注意力偏差的方法，它并不是依赖于自我报告或者利用外部线索处理的减少来进行推论。该范式从个体的皮肤感受和外部刺激的出现出发，同时测量内、外部注意力，弥补了以往方法的缺陷，增强了测量的客观性。但 IEAT 范式也有局限性，首先该范式的技术和方法都很复杂；其次，不同情绪的图像刺激在某种程度上都是人为设计的，所以很难对注意偏差的确切性质做出强有力的讨论。

11 "顾全大局"：情境线索任务

在信息爆炸的时代，我们每个人都身处于信息的洪流之中。面对纷繁复杂的信息，认知资源的有限性使我们不得不做"认知吝啬鬼"，只对接触到的部分信息进行有意识加工。但不可否认的是，我们在关注主要目标的同时，难免会受到周围环境与背景等诸多信息的影响。而针对这些影响过程，心理学家们借助本篇中介绍的情境线索任务（Contextual Cueing Task）进行了深入探索，揭示人类对目标对象进行加工时如何受到背景或环境线索的影响。

1 来源与发展

1998年，Chun和Jiang发现特定的空间布局信息可把视觉注意导向场景内的重要信息，从而提高视觉搜索效率，这便是情境线索效应（Contextual Cueing Effect）。该效应强调了背景信息与目标刺激之间的联系，在情境线索任务中得以体现。情境线索任务通常由目标刺激（即被试需要进行识别与参与判断的刺激）和干扰刺激（即被试不需要识别的刺激）组成，而目标刺激和干扰刺激共同构成的场景即为研究中的背景信息。在Chun和Jiang（1998）的实验中，被试需要在众多"L"形状的干扰刺激中寻找目标刺激"T"，并判断"T"的朝向。实验中一半为重复背景，即"T"和"L"的空间位置均不变；另一半为新异背景，即"L"的空间位置随机变化而"T"的位置不变。结果发现被试在重复背景中的搜索速度快于新异背景。该研究是关于情境线索效应的最早研究，证实了背景中的空间线索对目标刺激识别有影响。

基于情境线索任务经典范式，研究者们也开展了进一步的探索。发现除了空间线索，背景颜色、刺激呈现的时间序列、运动轨迹、听觉、触觉等线索均可引起情境线索效应。不同线索同时存在时彼此之间也可能存在交互作用，例如被试对空间线索的学习优先于场景背景颜色（Kunar et al., 2014）。此外，近年来国内外的研究更多集中于对情境线索效应产生效应、影响因素与理论解释的探究（Jiang et al., 2019; Sisk et al.，2019），例如结合认知神经科学的技术研究注意机制对情境线索效应的影响（臧学莲 等，2017）。

2 基本知识与原理

个体对外界信息进行认知加工存在两种方式：其一是自上而下的注意控制（Top-Down Attention Control），是指个体对信息的加工主要依赖自身的先验经验；而与之相反的自下而上的注意控制（Bottom-Up Attention Control），是指个体对信息的加工主要依赖物体的特征，如大小、形状、突出显示等。实际上，个体的信息加工是两类加工方式相辅相成的过程，研究表明人们在加工环境信息的时候，并不是将观察到的信息独立地整合，而是通过与背景环境中的其他信息或环境本身与加工目标之间的联系，来对信息进行整合（Chun et al.，2000；Olson et al.，2001）。Chun 和 Jiang（1998）发现的情境线索效应便是在上述理论观点的基础之上进一步探索发现的。在情境线索任务中通过巧妙的设计，研究者探讨了背景线索对于个体知觉与短时记忆的影响，也为上述信息加工的认知理论提供了实证证据。

2.1 材料与工具

情境线索任务经典范式的实验材料是由一系列旋转角度为 0°、90°、180°、270°的字母"L"（干扰刺激）和一个向左或向右旋转 90°的字母"T"（目标刺激）所构成的整体场景（见图 1）。这些场景有两种类型，其中重复场景（repeated configuration）是指目标刺激与干扰刺激所共同组成的整体场景曾在前面的试验中出现过，即对于出现于相同位置的目标刺激，所匹配的干扰刺激的分布与之前的试验相同（背景不变），每个实验组重复场景会重复出现一次。而与之相对的新异场景（novel configuration）则是指对于出现于相同位置的目标刺激，背景中的干扰刺激出现了随机变动（背景变化）。

2.2 基本程序

情境线索范式中包含"视觉搜索任务"与"回忆再认任务"两个阶段。在视觉搜索任务中首先向被试呈现上述的整合图形，被试的任务是在这些场景（重复场景与新异场景）之中搜索目标刺激"T"，判断其方向，并按键做出反应。随后在"回忆再认任务"中再次向被试呈现场景图片，让被试进行再认判断。

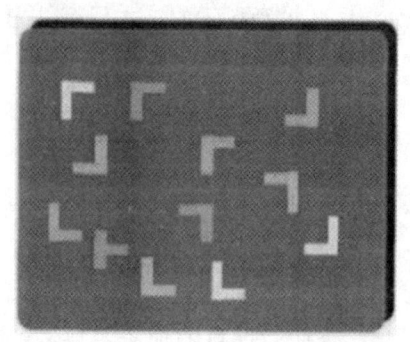

图 1 经典情境线索任务材料示例

2.3 数据分析

对视觉搜索任务中被试反应的正确率与反应时进行记录，并剔除反应时过高或过低以及按键错误的数据。随后，对反应时数据进行 2（场景：重复/新异）×N（学习区组：1，2，…，N）的两因素重复测量方差分析，检验情境线索效应在两类场景以及各学习区组之间的差异。

3 主要变式：真实场景的情境线索效应

情境线索任务的变式主要随着边界条件的探索而发展，除了前文中对于"干扰刺激形式所产生效应"的探索之外，还有后续的研究聚焦于探索这一效应的内隐与外显层面。在 Chun 与 Jiang（1998）经典范式的第二阶段中被试进行了一个"回忆再认任务"，被试需要判断是否见过这些呈现的场景。结果表明，被试对场景的判断处于随机水平，即情境线索效应不能够外显地对人们的记忆产生影响。之后，在 Chun 与 Jiang（2003）的情境线索任务中，不再让被试直接对场景进行再认，而是判断呈现的目标刺激会出现在哪个象限中。结果仍未发现重复场景与新异场景之间显著的差异，进一步支持了情境线索效应的内隐性。但是以室外真实场景为材料的进一步研究中，研究者们发现以真实场景为背景的时候也存在情境线索效应，但是与抽象场景有所不同的是，在真实场景中被试对于重复场景的再认成绩显著高于新异场景，即在真实场景中情境线索效应具有外显性（Brockmole et al., 2006）。在国内的研究中，白学军等人（2011）将室内的场景图片作为材料，也发现了外显的情境线索效应。

4 应用范围

情境线索范式主要通过对情境线索效应这一在视知觉与视觉短时记忆领域中具有重要意义的认知现象的探索而衍生出来。经典的情境线索任务采用了巧妙的设计，对背景信息在视觉信息加工与视觉短时记忆中的影响进行了探索，并在此基础上延伸出了多样的范式。但同时这一范式在探索中仍存在一定的局限性，例如在任务中要求被试对所呈现的刺激进行即时搜索，这使得难以对信息呈现时间对情境线索效应的影响进行探究。在后续对情境线索效应进行的探索中发展出的变化察觉任务对此进行了改善。此外，这一范式也未能够对刺激呈现的形式、目标刺激与干扰刺激之间的距离等因素的影响进行探究，因此在后续的研究中还需要进一步地探索。

情境线索范式多用于研究视知觉与视觉短时记忆中整体背景信息对个体认知加工的影响，在后续的实验中也在持续地对情境线索效应的认知机制与影响因素进行深入探索。当前也有许多研究将这一传统范式与ERP、fMRI等认知神经科学方法相结合，进一步应用于认知神经层面上的深入研究。

12 "东鸣西应"：Stroop 实验范式

正如每一张纸都有两面，许多刺激都包含两种或两种以上的意义，当这两种意义不一致，甚至起冲突时，我们的大脑会做出怎样的反应？例如一个有颜色意义的字，如"红"字，当这个字以不同的颜色展示时，被试需要的反应时间也是不同的，如辨认用绿色颜料写的"红"字要比用红色颜料写的"红"字，需要更长的反应时。除了汉字，人们对数字确认时也同样有这种效应，一个数字既有数学意义的大小，还有字形的大小，当这两个方面意义不一致的时候，就会对人们的判断产生影响，这种同一刺激的两个不同维度发生相互干扰的现象就是我们所熟悉的 Stroop 效应。

1 来源与发展

Stroop 实验范式最初由 1935 年美国心理学家 Stroop 提出，主要应用于认知研究，但由于当时正处于行为主义鼎盛时期，Stroop 的研究并没有受到重视。20 世纪 60 年代以后，信息加工心理学成为实证心理学的主流，Stroop 的工作开始受到大家的重视，Stroop 实验范式得到了研究者们的广泛认可。关于 Stroop 效应的研究主要有两类，一类是研究该效应的内在机制，另一种是 Stroop 效应的应用推广。Stroop 实验范式最初常应用于知觉、注意、执行控制、语言认知、意识等认知心理学研究的领域，后来很多研究者将这个范式又应用于其他研究领域，例如食物、听力、情绪、幼儿等领域，扩展了 Stroop 实验范式的应用范围。如 Green 等人（1981）运用听力方法，发现 Stroop 效应不仅在视觉中存在，在听觉中同样存在；Nijs 等人（2010）将 Stroop 实验范式与听力相结合来探究肥胖人群和正常人群对食物暗示的反应；Luciana（2018）等人将情绪引入 Stroop 实验范式研究中，以陌生词语和情绪面孔搭配，以此来进行情绪的内隐研究；何文广等人（2022）首次使用语音 Stroop 任务考察了 12~13 岁单语单言和单语双言儿童执行控制能力的差异；张青等人（2022）采用形状 Stroop 任务（Shape Stroop Task）测量学步儿的抑制控制以探究外部因素与内部因素对学步儿执行功能的影响。

2 基本知识与原理

Stroop 在实验时发现，当要求被试报告用红墨水写成的有意义刺激词（如"绿"）和无意义刺激词的颜色时，会发现前者的颜色报告时间比后者长，这种同一刺激的颜色信息（红色）和字义信息（绿）相互发生干扰的现象就是著名的 Stroop 效应。这是因为，Stroop 实验中呈现的刺激包含两种信息（字义和字体颜色），而我们对这两种信息的加工存在差异。例如当被试要求报告有颜色意义的字体的颜色时，回答字本身的意义为优势反应，而回答字体颜色为非优势反应，若字体颜色和字义不同，被试往往会反应速度下降，出错率上升。对于 Stroop 效应的理论解释，比较经典是自动化理论，该理论认为人的认知加工包括控制加工和自动化加工，自动化加工（如读词）对非自动化加工（如命名颜色）会产生干扰，因此会产生 Stroop 效应。

2.1 材料与工具

印刷有相同字号色字的白色卡片两套，每套 144 张。按卡片上色字的字色关系，将每套分为三类：第一类是字、色一致的，其中红、黄、绿、蓝各 12 张，共 48 张；第二类是字、色矛盾的，在"红、黄、绿、蓝"中，每种可能的字义和颜色不一致组合各 4 张，即四个字与另外三个颜色的组合，每个字 12 张，共 48 张；第三类是字、色无关的，其中分别用红、黄、绿、蓝色写的"约""留""缓""董"字各 3 张，共 48 张。

2.2 基本程序

首先，卡片准备。将两套卡片均随机排序。第一套卡片为顺序 A，用来测试被试报告字义的反应时；第二套卡片为顺序 B，用来测试被试报告字体颜色的反应时。为了消除顺序效应，将两套卡片按顺序各分为相等的两部分，每部分 72 张，按 $A_1B_1B_2A_2$ 的顺序安排。

然后，开展测试。让被试坐在速示器前，与刺激的距离为视角 2°，音键放在被试面前的桌子上，给被试如下的指导语："这是一个测定你反应有多快的实验。实验时我喊'预备'，你就注意看这个屏幕（指速示器）中心，当你看到屏幕上出现彩色字的时候，就尽快大声把这个字念出来。既要念得准，又要念得快。"然后让被试练习使用音键，做到每次言语反应都能使计时钟停止。主试将卡片 A_1 放入速示器内，每次喊"预备"口令后约 2 s 呈现刺激，刺激呈现的时间为 2 s，两刺激间间隔约 10 s。被试反应后，主试记下反应时，并把计时钟的指针回零。做完 A_1 后休息 5 min。之后将卡片 B_1 放入速示器内，并对被试说："下面的实验还是给您看彩色的字，但不要求你念字，而要求你尽快说出字的颜色。例如，您看到的是一个紫色的'上'字，你要说'紫'，而不要说'上'，要说字的颜色，说字就错了。要在保证准确率的情况下，尽可能地快速报告。"在被试反应错时，除记反应时外，还要记下他的反应词。做完 B_1 后休息 5 min，再先后以和 A_1、B_1 同样的方法用卡片 A_2、B_2 进行实验。

2.3 数据分析

根据不同的研究目的和研究变量，对被试在不同实验条件下的反应时进行方差分析。

3 主要变式

Stroop 实验范式包含很多类型的变式，包含听力 Stroop、情绪 Stroop、食物 Stroop 等。

3.1 听力 Stroop

以 Green 等人（1981）的研究为例，其中被试会听到用男性声音和女性声音说的单词，被试的任务是对说话者的性别尽可能快且准确地给出按键反应。

听力 Stroop 共有 8 个刺激，分别是男性声音说的"man""girl""mill"和"game"和女性声音说的"man""girl""mill"和"game"（如表 1 所示）。其中 Stroop 刺激是与性别相关的"man"和"girl"，控制刺激是与性别无关的"mill"和"game"。

刺激呈现的方式（被试间变量）有两种，分别为混合随机呈现和组块呈现。混合随机呈现方式中，每个刺激都重复呈现三次，并呈现两轮，因此共有 48 个试次，在正式实验前有 16 个练习试次。组块呈现方式是指将 Stroop 刺激和控制刺激分开呈现，即将 4 个 Stroop 刺激重复呈现 6 次，将 4 个控制刺激也重复呈现 6 次，共有 48 个试次。在 Stroop 刺激呈现前有 8 个练习试次（每个刺激都呈现两次），在控制刺激呈现前有 8 个练习试次（每个刺激都呈现两次）。刺激之间的 SOA 为 5 s，两组块之间的时间间隔为 30 s。

注意组块呈现中 Stroop 刺激和控制刺激的先后顺序要平衡，按键方式在被试间也要进行平衡,即对于混合随机呈现和组块呈现,一部分被试将左侧按键反应为女性,右侧按键反应为男性;一部分被试将左侧按键反应为男性,右侧按键反应为女性。

表 1　听力 Stroop 实验材料

刺激类型		声音类型	
		男性	女性
实验组	一致	man	girl
	不一致	girl	man
控制组	一致	mill	game
	不一致	game	mill

3.2　情绪 Stroop

以 Luciana 等人(2018)的研究为例,向被试呈现一个词和一个面孔图像,面孔图像源自 NIMH 儿童情绪面孔图片集。被试的任务是判断词的情感效价,即词描述的是一种"好的"感觉(如高兴、愉快)还是一种"坏的"感觉(如生气、沮丧)。当词描述的是"好的"感觉时,按"P 键";当词描述的是"坏的"感觉时,按"Q 键"。

词呈现在面孔图像的上方或者下方,其中面孔表情和词有一致和不一致之分,即面孔的表情和词保持一致(如"快乐"的脸和"快乐"的词同时出现)和面孔的表情和词不一致(如"快乐"的脸和"沮丧"的词同时出现)。在不同的被试组中,一致与不一致试验的比例不同,一组是 50/50,另一组是 75/25。

情绪 Stroop 的实验包含练习阶段 1、练习阶段 2 和正式实验阶段。练习阶段 1 共有 8 个试次(选自 6 个可能的组合),练习中给予被试反馈,如果被试的正确率小于 75% 则重复练习。正确率大于 75% 后再进入练习阶段 2。练习阶段 2 共有 4 个试次,即"好的—上方—一致""好的—下方—不一致""坏的—下方—一致"和"坏的—上方—不一致",练习中给予被试反馈,如果被试的正确率小于 100% 则重新练习。练习阶段结束后,进入到正式实验阶段。正式实验中有两个组块,在第一个组块中,有 36 个一致的试验和 12 个不一致的试验,一半词呈现在图像上方,一半词呈现在图像下方。在第二个组块中,有 24 个一致的试验和 24 个不一致的试验,一半词呈现在图像上方,一半词呈现在图像下方。组块和各个试次的顺序都是随机呈现。(注意:在整个实验中,面孔图像和词呈现2 000 ms,试次之间间隔时间为1 500 ms,练习阶段中提供反馈时间为2 000 ms)。

3.3 食物 Stroop

以 Nijs(2010)等人的研究为例,食物 Stroop 的实验材料包括 40 个词,其中包括 20 个食物词(蛋糕、奶酪、薯片、意大利面、夹心糖、沙拉、肉丸子、曲奇、冰激凌、烤肉串、小面包、酸奶、奶油、巧克力、汉堡包、肉、花生酱、牛角面包、香草蛋奶冻和蜜糖华夫饼)和 20 个中性控制词,即与办公室相关的单词(磁带、回形针、橱柜、毡头、移动电话、圆珠笔、剪刀、日记、文件、图钉、打印机、显示器、电缆、公告牌、书架、信封、邮票、垃圾桶、打孔机和订书机)。

食物 Stroop 包括练习阶段和正式实验阶段。首先是练习阶段,包括 20 个与上述单词无关的单词(如你好、足球)。

接下来是正式实验阶段,共有 4 个组块,每个与食物或办公室相关的单词在电脑显示器的中央呈现 4 次(即每个组块一次),每次都以不同的颜色呈现(即蓝、红、黄、绿)。单词的顺序是半随机的,在这样的情况下,不超过 2 个来自同一类别的单词,不超过 2 个相同颜色的单词依次显示。要求被试忽略单词的内容,对单词的字体颜色做出反应。刺激间隔设置为 1 000 ms,如果被试没有及时给出按键反应,单词会在 2 000 ms 后自动消失。为了促进学习,被试在练习阶段正确/不正确/超时的反应会反馈给被试。错误的反应不计入结果,删除反应时间≤200 ms 或≥2 000 ms 以及反应时间超过个体的平均值±2 个标准差的异常值后,计算每组(肥胖 vs 正常体重)和每个词类别(食物 vs 中性)的平均反应时间。

4 应用范围

Stroop 实验范式的实施比较简单,可以考察一些不随意的或自动化加工的过程,为无意识加工的内在机制提供了有效途径,但对于背后机制的解释相对比较复杂,且这种范式容易受到认知策略的影响。

目前,研究者们依然开展了许多关于 Stroop 效应的研究,该范式并没有过时,根据其原理依旧可以应用于当前的研究,例如听力 Stroop 效应发现说话人性别判断存在听觉 Stroop 效应，听觉 Stroop 干扰并不是一种局限于音高判断的现象，应该考虑其更广泛的理论意义；Stroop 范式还可应用于成瘾行为的相关研究，研究不同类型的成瘾者对成瘾行为的加工具有无意识的自动偏向，如酒精成瘾的人会对酒有关的词表现出干扰效应。除此之外，Stroop 范式还可用于空间研究等。

第三篇　态度类

　　态度类内隐社会认知研究方法与范式背后的原理是，由目标对象所引起的态度反应会影响被试后续的任务表现。当被试对某个目标对象持有积极态度时，他们更有可能将积极的认知情绪等投射到后续的任务中。相反，如果被试对目标对象持有消极态度，则在后续任务中更可能表现出消极的行为或认知加工。当了解了被试在后续任务中的态度，就能知道被试对目标对象的真实看法。例如，情感错误归因任务就是利用启动词引发情绪反应后，通过测量被试对中性刺激的评价来反映被试对启动词的态度。

01 "学会放下":想/别想任务

当你尝试回忆曾经发生过的一些事,却发现自己怎么也回想不起来,这一现象被称为记忆的遗忘。遗忘是如何发生的呢?研究者们提出了不同的理论来解释。衰退说认为,时间是造成遗忘的决定因素,记忆痕迹长时间得不到强化便逐渐减弱,以致最后消退造成了遗忘。干扰说认为,在事情发生和回忆之间,其他刺激的干扰造成了遗忘。提取失败说认为,人们在长时记忆中保存的信息是不会丢失的,只是在提取的时候没有找到适当的提取线索而造成了暂时性遗忘。

这些理论都是从被动的角度对记忆的遗忘做出解释,那么人可以主动遗忘自己不想要的记忆吗?有研究者指出,人是可以主动遗忘记忆的。遗忘的压抑说认为,由于情绪或者动机的压抑作用,人们会遗忘某些事情。比如当发生不愉快事件时,为了避免再次体验不良情绪,人们就会尝试将有关记忆从大脑中清除,主动遗忘这件事。

我们可以通过有意识地避免回忆某一目标对象达到主动遗忘的目的,这在生活中比较常见,也受到了研究者们的广泛关注。那么研究者是如何研究这一现象的呢?下面我们将讨论主动遗忘的一个重要研究范式——想/别想任务(Think/No Think Task,TNT)。

1 来源与发展

弗洛伊德提出人们可以将不愉快的事情压抑到无意识中,从而造成遗忘。为了验证人们是否可以通过自我控制主动进行记忆抑制,研究者们也提出了一些范式,其中主要包括白熊(White-Bear)范式、定向遗忘(Directed-Forgetting)范式以及提取诱发遗忘(Retrieval Induced Forgetting)范式,但这些范式并不能很好地对日常生活中的主动遗忘现象进行准确描述。日常生活中如果人们经历了不愉快的事件,周围环境中的某些因素会作为线索提醒他们回忆起那段经历。在这种情况下,人们会努力地将它们从意识中驱逐出去,达到遗忘的目的。这种主动遗忘发生的过程与人类的运动控制(Motor Control)过程十分相似。基于这

一思想，Anderson 等人（2001）通过改编运动控制的 Go/No-Go 实验范式提出了想/别想范式，从人们如何应用执行控制机制实现记忆内容控制这一角度来研究记忆的主动遗忘。

近些年来，研究者们基于不同的应用领域和研究目的在 Anderson 等人（2001）的基础上对 TNT 范式进行了不断的改进和发展。围绕 TNT 范式的改进研究主要集中于将该范式与 EEG、ERP、fMRI 等技术相结合来探究记忆主动遗忘的脑机制。例如，Depue 等人（2013）使用 EEG 技术对 TNT 任务中被试的大脑活动过程进行记录，结果发现，相比于"想"条件下的项目，"别想"条件下的项目在顶叶电极上出现了更强的 α 节律和 θ 节律振荡，而这两种节律分别反映了皮层抑制能力和认知控制能力。

2 基本知识与原理

TNT 范式其实是在揭示人们的执行控制机制所发挥的作用。人们拥有执行控制这一认知过程，其目标是将知觉分心最小化，克服短期和长期记忆任务中的干扰，停止对刺激做出强烈的习惯性反应。这些机制可以阻止不想要的记忆进入人的意识中，而且这种认知行为对被拒绝的记忆有持久的影响。当一些线索的出现提醒人们这是他们不想要的记忆时，人们会努力阻止自己意识到它，并抵制有助于准确回忆的线索，后来在回忆这些被拒绝的记忆时就会非常困难。遗忘的效果会随着记忆被拒绝次数的增加而增强。所以在别想条件下被试试图不去回忆线索项目所对应的目标项目，需要努力抑制其进入意识中，经过反复操作，被试对别想条件下目标项目的记忆效果就减弱了。

2.1 材料与工具

TNT 范式最初采用的实验材料是相互之间联系较弱的词语对，随后逐渐发展出以下几类：词语-图片对、面孔-场景对、物品-场景对。

另外，TNT 范式最初采用的实验材料均为中性，而生活中人们想要抑制的往往是不愉快的记忆，为了更好地研究主动遗忘，研究者开始使用情绪材料，特别是负性情绪材料，但不同研究者得到的研究结果并不一致。有研究发现，相比于中性项目，被试对负性项目的抑制更强、更主动，所以负性项目的遗忘效应更显著（Depue et al., 2006）；而 Nørby 等人（2010）则发现中性项目存在抑制遗忘效应，负性项目的遗忘效应并不显著。所以，在实验中使用负性项目时要尽量和中性项目的唤醒性、长度等方面保持一致或匹配。

大多数 TNT 研究仅限于视觉领域，但为了评估对记忆的直接抑制是否以及在多大程度上能扩展到感觉模式，Cano 和 Knight（2016）将 TNT 范式应用于听觉实验，将实验材料中的视觉词语用录音播放方式呈现，研究了健康年轻人的听觉 TNT 行为。

2.2 基本程序

TNT 范式由三个阶段组成，分别是学习训练阶段、想/别想阶段和回忆测试阶段。第一阶段为学习训练阶段，持续时间为 5～10 min。训练被试将 40 个线索项目和 40 个目标项目联结在一起（如 ordeal-roach），并达到一定的学习程度，即给出线索项目时被试可以回忆起相应的目标项目。第二阶段为想/别想阶段，持续时间约为 20 min。此时仅呈现具有不同颜色的线索项目，呈现时间为 4 s。线索项目为绿色时被试需要努力回忆线索项目所对应的目标项目，即"想"条件；线索项目为红色时被试不能试图回忆线索项目所对应的目标项目，需要努力将线索项目对应的目标项目排除在意识之外，即"别想"条件；部分线索项目在此阶段不呈现，即作为基线条件。第三阶段为回忆测试阶段，持续时间约为 5 min。回忆测试有两种测试，分别为同等测试和独立测试，在这两种测试中呈现线索的时间均为 4 s 或直到被试做出反应才呈现下一线索。同等测试中，呈现学习训练阶段出现过的所有线索项目，被试需要根据线索项目报告对应的目标项目；独立测试中，会给出包含目标项目的类别名称和首字母，被试需要回答出属于该上位类别且在学习训练阶段呈现过的目标项目（如表 1）。每个实验中的一半被试先进行同等测试，另一半先进行独立测试。

表 1 TNT 实验样例

	学习训练阶段	想/别想阶段	回忆测试阶段	
			同等测试	独立测试
抑制	Ordeal-Roach	Ordeal	Ordeal	Insect r _
反应	Steam-Train	Steam	Steam	Vehicle t _
基线	Jaw-Gum		Jaw	Candy g _

2.3 数据分析

在测试过程中主试记录下被试的反应，整理并计算出三种条件下（"想"条件、"别想"条件和基线条件）被试在呈现的线索项目对应的目标项目上的回忆正确率，比较被试在三种条件下的成绩是否存在显著差异。如果被试在"别想"条件下按照提示采用了抑制策略来阻止与线索项目对应的目标项目进入意识，那么在后来的测试阶段被试就很难回忆起"别想"条件下出现的目标项目，对这些目标项目的测试成绩会显著低于"想"条件和基线条件下目标项目的测试成绩，如果抑制策略没有起作用，那么被试在三种条件下的测试成绩就应该没有显著差异。

3 主要变式

随着研究的不断深入，TNT 范式得到了不断的丰富和发展。传统 TNT 范式中"想/别想"的命令是通过线索项目的颜色来提示被试做出回忆或抑制反应。近年来，有研究采用了先呈现"想/别想"命令让被试形成期待，并做好相应准备，再呈现已学习过的线索项目的方式，Hanslmayr 等人（2010）采用这样的呈现顺序，发现被试表现出了更强的主动遗忘效应，可见期待效应能促进对记忆的抑制。

4 应用范围

TNT 范式不仅可以丰富记忆和遗忘理论，还能用来训练人们忘记痛苦的经历，在临床上对于治疗由创伤经历引起的精神疾病有着重要的参考价值。虽然该范式得到了广泛的应用，但它的信度仍受到质疑。个别研究使用 TNT 范式但未能呈现主动遗忘效应，其原因还有待考察。

TNT 范式可以应用在行为矫正领域。López-Caneda 等人（2018）发现 TNT 训练可以抑制被试有关酒精的记忆，减少酒精的摄入，若使用该训练范式来提高人们控制不良行为相关想法的能力，可以很好地帮助他们矫正不良行为。TNT 范式也可以应用在心理治疗领域。有研究表明记忆抑制训练增强了抑郁被试（Joorman et al., 2009）选择性遗忘不愉快记忆的能力，因此，可以进一步探索如何合理地运用 TNT 范式，帮助患者缓解不良情绪。此外，TNT 范式在态度测量领域也能有所应用。研究表明人们对不愉快项目的遗忘效果更好（Depue et al., 2006），所以可以使用该范式比较人们对不同项目的遗忘效果，从而推测人们对不同项目的态度、情感。

02　"情投意合"：内隐积极消极情绪测验

你在学生时代是否有过这样的经历？每当考完试之后，平时班上成绩比较好的同学总是说自己考得不好，表现得很沮丧，但分数出来之后，这些同学分数却很高，但他们也没有沾沾自喜，而是非常谦虚，表现得很淡定。你可能会怀疑他们的表现到底是因为他们的内心情绪就是如此，还是为了给别人留下一个谦虚的好印象才刻意为之？又或是因为他根本没有意识到自己此时内心的真正情绪，只意识到了表面的一种情绪，就表达出来了呢？

因而我们有时会说学霸都是"虚伪"的，但其实我们每个人或多或少都会出现这样的情况。快乐、悲伤或无助这样自我报告出的情绪体验总是准确的吗？我们真的能准确地表达出自己的情绪吗？当别人问你此时的心情如何，你会如何回答？你能意识到自己的情绪并准确地表达出来吗？又或者你是否会觉得自己的情绪与当前的环境不太一致而不表达出自己的真实情绪？这样听起来我们会觉得情绪情感是一种非常难以琢磨的存在，那学者们是如何对情绪情感展开研究的呢？下面将介绍一种非常重要的情绪情感研究范式——内隐积极消极情绪测验（The Implicit Positive and Negative Affect Test，IPANAT）。

1　来源与发展

情绪一直是心理学领域的重要研究对象，受到了学者们的广泛关注。在情绪研究的初始阶段，学者们使用情绪等级量表等方法让被试直接报告出自己的情绪。随着研究的不断深入，这种自我报告法也受到了质疑。自我报告情绪往往需要个体具备一定的内省能力，而这种内省能力可能因个体差异或情境因素而异。例如，述情障碍患者难以正确识别和标记他们的内部情感状态，因此并不是所有人都能准确意识到自己的情绪。即使意识到自己的情感，个体也可能对自己的情绪做出错误的自我报告，如一个愤怒的人断言自己会沮丧但不会生气。此外，一些内部状态，如微弱或快速产生的情感、不容易自我观察到的想法或行为等可能无法被意识所捕捉，不想要的情感和想法可能也会因为受到了压抑而无法被个体所意识，这些无意识情感状态无法通过自我报告法得到测量。

为了更加准确地测量情感，避免以上工具的不足，2009年Quirin借鉴Strack等的内隐态度测量方法，以大学生为研究对象编制了内隐积极消极情绪测验。该测验通过指导语将被试的注意力从测量的实际目的转移到人造词汇的特征上，让被试对人造词汇主观传达各种情绪的程度进行评分，从而使被试在没有意识到的情况下提供了关于自己情绪状态或特征的信息，这些信息包含积极和消极两方面。

近些年，研究者根据不同的研究目的和领域对IPANAT做出了相应的改编。IPANAT目前已有十多种语言的版本。经评估这些改编版本均具有一定的信度和效度。如Coronel等人（2020）将IPANAT简化为18个题目，并对其进行了评估，证明IPANAT-18具有较好的信度。

2 基本知识与原理

IPANAT测量的是内隐情感，Quirin（2009）将内隐情感定义为个体自动激活的对自身情感体验的认知表征，在无意识层面实质地影响着个体的认知、动机乃至行为。

IPANAT的基本原理可以使用情感浸润模型（Forgas,1995）解释。该模型提出个体的情感既非完全无意识状态下的情绪，也非有意识地对情感加工过程进行识别所获得的感受。无论个体能否意识到，其都会影响个体对无关对象的评价，让个体赋予无关对象以主观情感色彩。IPANAT使用无意义的人造词汇，让被试根据自己的感受判断这些词在多大程度上适合表达积极情绪或消极情绪，通过被试赋予这些无意义的人造词的情感色彩来推测被试的情绪。

2.1 材料与工具

Quirin在提出IPANAT时使用的实验材料如下：6个无意义的人造词（SAFME, VIKES, TUNBA, TALEP, BELNI, SUKOV），6个情绪词，其中包括3个积极情绪词（happy, cheerful, energetic）和3个消极情绪词（helpless, tense, inhibited）。

2.2 基本程序

IPANAT共36个条目（6个无意义人工合成词×6个情绪词＝36种组合），要求被试在4点量表（1＝完全不符，2＝有点符合，3＝比较符合，4＝完全符合）上评价每个人工合成词表达六个情绪词所反映的情绪的能力。例如，人造词汇 SAFME 的声音在多大程度上可以表达以下情绪：happy, cheerful, energetic, helpless, tense, inhibited? 让被试按照自己自发的感受进行回答。完成整个实验大约需要 3 分钟。

6 个无意义人造词汇的呈现顺序为 SAFME, VIKES, TUNBA, TALEP, BELNI, SUKOV。对于每个人造词来说，形容词呈现的顺序都是相同的，积极情绪词和消极情绪词交替呈现。

2.3 数据分析

计算分数分两步进行。第一步中，单个情绪形容词的得分由它在六个人工合成词上的得分的平均分获得（例如，cheerful 分别与 SAFME、VIKES、TUNBA、TALEP、BELNI 和 SUKOV 一起呈现时获得的评分的均值）。然后，积极情绪和消极情绪的评分通过积极形容词和消极形容词的平均分来获得，得分越高表明其相应的内隐情感越高。

3 主要变式

基于面部表情的检查，研究者发现一些基本情绪（快乐、恐惧、悲伤、愤怒、厌恶和惊讶）普遍存在于人类文化中。因此，有研究者开发了一种用于评估离散情绪的 IPANAT 变式（IPANAT-DE；Bode et al.，2013），并且特别关注了快乐、悲伤、恐惧和愤怒四种情绪。对 IPANAT-DE 进行信度分析，得到其内部一致性信度在 0.80 以上，说明使用该变式来测量情绪是可靠的。Bode 和 Quirin（2013）的一项启动研究为 IPANAT-DE 评估不同情绪的适宜性提供了补充证据。具体来说，研究者发现悲伤面孔的阈下启动会导致内隐悲伤情绪的增加，但不会导致内隐恐惧或内隐愤怒的增加。类似地，用快乐或愤怒的面孔进行启动也会导致相应情绪模式的增加。这些结果表明 IPANAT-DE 量表能够对特定的情绪进行测量。

4 应用范围

IPANAT 使用起来较为方便，整个实验过程不超过 5 分钟，这样大大提高了研究效率，并且 IPANAT 可以在没有计算机或物理设备的场景中使用，便于操作。

IPANAT 几乎不受社会期望或自我错觉的影响，因为被试很难猜测到测试的内容,如 Quirin 等人(2009)发现不超过 0.14% 的被试在以前的研究中正确地猜测了测试的目的。在这方面,IPANAT 可以被称为一个客观的人格测试。此外,IPANAT 可以直接评估情绪,而不是情绪自我概念或其他类型的态度。

　　研究表明 IPANAT 具有较好的信度以及跨国家和语言的结构效度,IPANAT 因此成为间接评估不同语言和文化情感的有效工具(Quirin et al.,2018)。

　　IPANAT 可以用来研究很多心理现象。许多心理现象被假设为包括某种类型的自动化过程,而不是有意识的情感过程,如刻板印象对行为的影响(Bargh et al.,1999)。尽管有时假设自我报告的情绪对这些过程的影响几乎无法检测到,但这些认知-情感过程通常在意识之外运行,所以它们可能是由内隐而非外显的情绪所影响的。因此,IPANAT 可能成为研究这些或其他心理现象背后自动化过程的一个有效工具。

　　IPANAT 也可以应用在经济领域。通过测量消费者对产品的内隐情感反应可以评估产品的受欢迎程度,从而预测消费者的购买行为,有助于经销商做出相应的进货计划。例如,Isen 等人(2004)使用 IPANAT 测量消费者对市面上某些饮料的内隐情感,发现消费者对品牌饮料存在着积极的内隐情感,但对无品牌的饮料没有这种情感。这些调查结果有助于商家采取相应的营销策略,以提高销售额。

　　IPANAT 还可以应用在临床领域。如有研究关注不完整的情感经历或没有得到满足的需求而导致的持续的内隐情感可能对个体的行为、生理、幸福和健康产生影响:心身疾病患者常常有述情障碍,即感知和交流情绪的能力受损,这使得研究人员假设述情障碍在精神病理学的发展中起因果作用(Lane,2008)。因此 IPANAT 有潜力揭示临床相关环境中的内隐情感过程,从而有助于对微妙但仍有影响的情感过程进行研究或诊断。

03 "察言观色":情绪面孔 N-Back 任务

情绪是由独特的主观体验、外部表现和生理唤醒三种成分组成的一种心理活动,具有适应功能、动机功能、组织功能和信号功能。不论是正性情绪还是负性情绪,都会对生活中的很多方面产生影响,关注自身的情绪可以帮助我们更好地解决生活中的问题,识别他人的情绪则可以帮助我们更好地生存。情绪伴随着人们的日常生活,并且人的基本情绪在幼年时期就已经形成且带有先天遗传的成分,因此情绪研究非常有必要。情绪可以通过文字、图片、音乐等唤醒,本篇介绍的有关情绪的实验就是由情绪化的面孔图片唤醒的。

1 来源与发展

情绪面孔 N-Back 任务(Emotional Face N-Back Task,EFNBACK),最初是 Ladouceur(2009)为研究不同年龄阶段的特质焦虑的人们(包括儿童、青少年和成人)在情绪背景下的注意控制过程而提出的实验范式。EFNBACK 目前主要应用于情绪、注意及工作记忆的研究中。情绪对 N-Back 任务会产生影响,工作记忆中情绪内容的更新比中性内容的更新更困难,认知负荷是其中的调节因素。将 EFNBACK 与抑郁群体研究进行结合发现,抑郁群体在该任务中的行为和神经活动模式异于常人,抑郁患者前额皮质功能异常,其工作记忆更新更大程度地依赖背外侧前额叶皮质的参与,消耗更多的认知资源,因此效率更低。也有研究者将 EFNBACK 与 fMRI 相结合,以此来研究双相抑郁障碍(BDd)和单相抑郁障碍(UDd)女性情绪调节的神经回路,为区分女性 UDd 和 BDd 提供了神经影像学方法(Bertocci et al.,2012)。另一方面,情绪与认知有着复杂的互动,情绪状态下的认知控制是人类心理与行为功能的重要部分,由于工作记忆在人类认知活动中的基础性地位,情绪认知控制能否通过特定的工作记忆训练获得提升则成为一个可探讨的问题。工作记忆的核心功能是对信息进行储存与加工;同时情绪调节过程也要求对情绪价值信息进行不断地更新与转换。因此,工作记忆过程可以被看作情绪调节的认知基础。随着情绪控制与工作记忆之间的关联越发密切而明确,人们开始对训练范式进行特异性的改良,使工作记忆训练能够针对性地作用于情绪过程。情绪性工作记忆训练是指工作记忆的背景或材料是具有情绪性的,具体包括诱发的情绪状态、情绪图片、情绪词汇、情绪面孔等。

2 基本知识与原理

N-Back 为一种连续加工的任务类型,是脑神经科学研究中常用的范式,最早由 Kirchner 于 1958 年提出,用于研究记忆的年龄差异。目前该范式主要用来研究工作记忆(Working Memory,WM)能力。N-Back 任务不但包含对倒数第 n 个刺激的存储,还涉及不断的刺激更新加工,其加工机制更接近于工作记忆,于是后来很多研究者不断地改进该范式并将其广泛地用于研究工作记忆和注意加工的认知机制,其优点是:在工作记忆上施加一个连续的、参数可变的负荷,而其他任务需要保持恒定,可以有效研究添加的变量。

EFNBACK 是视觉顺序字母工作记忆 N-Back 任务的改进版本,通过使用情绪化的面部表情代替图片,因为面部表情是具有情感意义的非语言刺激,以此来检验情绪信息对视觉 N-Back 任务表现的干扰效应。同 N-Back 任务一样,EFNBACK 通过设定 N 来控制记忆负荷,例如,无记忆负荷(0-Back)和记忆负荷(2-Back),影响注意力资源分配,从而探究情绪干扰对工作记忆中涉及的注意控制过程的影响。

2.1 实验材料

以 Ladouceur 等人(2009)的研究为例,如图 1 所示,材料包括仅含中心一个字母的图片以及由中心一个字母和左、右两张相同情绪面孔组成的图片,情绪面孔图片是演员们表现出恐惧、快乐或中性(张嘴)表情的灰度照片,所有图像的像素均为 400×600,被裁剪成椭圆形,大小和亮度均被标准化。然后根据眼睛在每个脸上的位置来排列修改后的照片,这个校准程序确保了所有的图片在试次中出现在同一个位置。每个图片呈现时间为 500 ms。试次间隔包括一个固定十字,平均持续时间为 3 500 ms。

2.2 基本程序

以 Ladouceur 等人(2009)的研究为例,被试通过 E-prime 软件来进

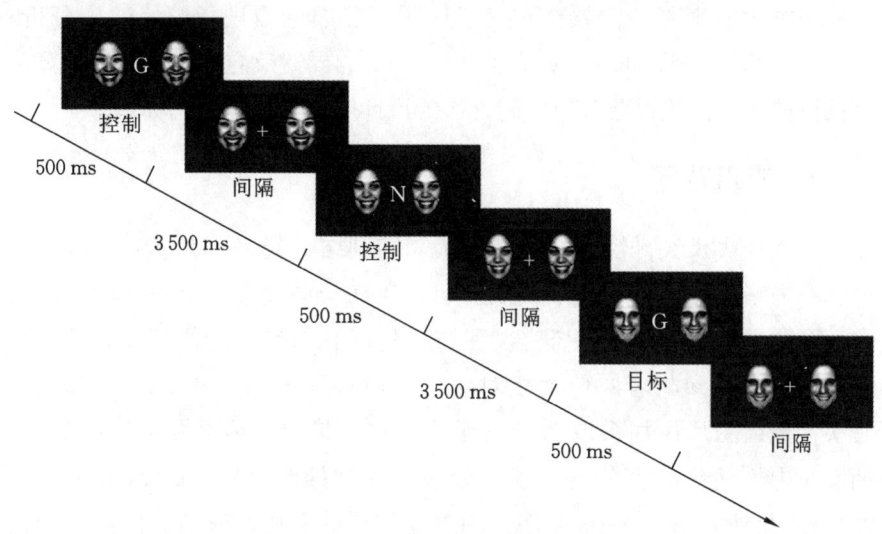

图 1　以快乐面孔 2-Back 条件为例的实验流程（源自：Ladouceur et al.，2009）

行单独测试。他们在一个安静的房间里坐在离电脑屏幕大约 60 cm 的位置来完成任务。一次任务含有 8 个组块，对应 8 个实验条件：2 个记忆负荷条件（0-Back、2-Back）×4 个情绪面孔干扰条件（无面孔、中性、快乐、恐惧表情面孔），每个组块包含 12 个试次。在任务开始前，被试要经过一个练习阶段，在此期间，实验者和被试一起阅读电脑屏幕上的书面指示，实验者在练习过程中给被试反馈。书面指示会告知被试要完成一个计算机任务，他们将会看到一系列的字母，当他们看到字母 M（0-Back 条件）或字母与前两个位置的字母相同（2-Back 条件）时，需尽可能快速准确地按下键盘上的指定按钮。在每个组块之前，被试将收到指示说明接下来的一系列试验是 0-Back 条件还是 2-Back 条件。被试需要重复完成三次任务，每次任务中 8 个组块以伪随机的顺序呈现（即每次都以 0-Back 无面孔条件的组块开始）。

2.3　数据分析

Ladouceur 等人（2009）采用多元协方差分析模型（MANCOVA）对被试的准确性和正确反应时间进行分析。在这两个数据分析中，干扰类型（无图、中性、恐惧和快乐）和记忆负荷（0-Back 和 2-Back）均为被试内变量，年龄为协变量和交互项，多元检验统计量为 Wilks' lambda，必要时采用 Greenhouse-Geisser 和 Bonferonni 校正。采用单因素分析和事后多重比较来跟踪主效应和交互作用,并进一步进行简单效应分析。此外,筛选出小于 100 ms 或大于 3 000 ms 的异常反应时间,然后计算每个被试的平均正确试验反应时间,作为设计中每个因素的指标。

3 应用范围

EFNBACK 突破性地将情绪与认知控制结合起来,有助于了解认知控制和情绪交互作用的发展机制。但也存在一些局限,首先,对情绪化的面孔的界定不够细致,研究发现情绪化面孔与参与者的年龄有关,对于不同年龄段参与者应使用相对应的年龄段面孔(Ladouceur,2009)。其次,情绪图片往往采取随机呈现的方式,其中情绪面孔引发的积极、消极和中性情绪之间的潜在遗留效应不能被控制(Villemonteix et al.,2017)。此外分列式 N-Back 任务的主要特点就是通过颜色、位置等知觉特征提供的外源性线索来代替以时间为知觉特征的内源性线索,也可理解为是对刺激背景进行绑定,从而降低控制加工的需求,使任务更简单,但是其主要的加工机制与标准 N-Back 任务相比没有太大改变。另外,由于加入了位置、颜色等因素,EFNBACK 对刺激的知觉加工产生了特异性,导致在脑科学研究中掺杂因刺激知觉表征差异而产生的脑区激活,使该范式又显得"复杂"了。

首先,EFNBACK 可以应用于我们对认知控制-情绪交互作用的发展机制,并利用神经成像技术进行进一步的研究将有助于阐明潜在的神经系统,并促进我们对发育机制的理解。其次,EFNBACK 还可以用于情商能力(Emotional Intelligence,EI)的研究,可以研究经验性 EI 和策略性 EI 的差异,以及它们与工作记忆的认知过程之间的联系(Ming et al.,2021)。此外,EFNBACK 还能与 fMRI 结合,对正常人以及特殊群体认知控制及情绪的脑区进行研究(Bertocci,2012)。进一步,EFNBACK 也还能应用于记忆广度训练以提高个体工作记忆的容量和中央执行功能。

04 "无名喜悦":情感错误归因程序

假设你现在要写一篇难度很大的论文,正在苦恼如何开始时,忽然得知在上周的考试中,你取得了全班第一的好成绩,在这个时候,如果让你对即将开始的论文写作进行情绪评价,你会如何反应呢?也许你会将考试第一名的好心情带到论文写作中来,但也有可能写论文本身带来的负面情绪过于强烈,很难被改变。那么,如果将论文写作改成一件相对中性的事情呢?你会因为考试取得第一名,而对这件中性事件产生积极情绪吗?研究发现,生活中人们可能会将对某件事物的情绪不自觉地弥散到其他事物上,进而对后者产生错误的归因,认为是后者本身引起的情绪变化。心理学家们提出的情感错误归因程序(Affect Misattribution Procedure,AMP),可以在无关变量都可以得到控制、相对纯净的实验室环境中探索前一刺激给被试带来的情绪体验是如何影响被试对后一中性刺激的情绪评价的。除此之外,AMP 也用来测量被试对某一刺激的内隐情绪或者评价。

1 来源与发展

情感错误归因程序(AMP)是 Payne 等人(2005)将启动实验的精确控制与经典投射测验的模糊分析相结合,以 Murphy 和 Zajonc(1993)的实验程序为基础发展出的一种投射型内隐态度测验。自被发表以来,AMP 已被用于大量研究,成为使用最广泛的内隐测验之一。虽然作为一种内隐测验,相比于其他内隐测验(如内隐联想测验),AMP 只能粗略地测量人们对某一社会对象的态度积极与否,而无法细致地比较目标对象的不同特征。但 AMP 也在不断发展完善,如 Payne 等人(2008)使用了语词作为实验材料并把简单的两级评价拓展为四点评价。并且,由此发展出的语义错误归因程序(Semantic Misattribution Procedure,SMP)也很好地解决了这一问题。AMP 也有其优势,相比于 IAT 及其类似测验,AMP 的实验过程更简洁,便于被试理解操作。此外,只要修改指导语,要求被试评价启动刺激而忽略目标刺激,经典 AMP 就变成了外显测量。这样可以排除干扰因素（如目标呈现方式、反应指标、统计方法等），使得比较同一目标的内隐外显态度变得非常简便直观。加之内隐 AMP 与外显 AMP 排除了测验结构上的差异，从而提高了内隐外显态度的相关性（Payne et al., 2008）。

2 基本知识与原理

AMP 的基本逻辑是要求被试在模糊的判断情境中对目标做出评价性判断。在每次判断过程中，先给被试呈现一个启动刺激以使被试产生积极或消极的评价反应。随后，再呈现一个模糊的目标刺激（如抽象符号）并要求被试尽量避免启动刺激的影响，而只关注于评价该目标刺激。Payne 等人（2005）认为由于情感错误归因机制的作用，启动刺激引发的情感性反应持续至目标刺激中呈现，从而影响了被试对目标刺激的判断。此程序是投射性的，因为在将启动刺激引起的反应错误地归因于目标刺激时，被试将自己的心理状态投射到一个模糊的外部来源上。被试错误地认为其情感反应源于目标刺激。因此，AMP 情感性启动效应发生的关键在于被试不能识别他们的反应来源（即被试的即时情感状态是与启动刺激相关，还是与目标刺激相关）。一项实证研究（Jones et al., 2009）表明，来源混淆性（Source Confusability）可以调节评价性条件反射 (Evaluation Conditioning，EC)，支持了 EC 可通过内隐的错误归因机制来获得这一观点。该机制使得无条件刺激（Unconditioned Stimulus，US）的效价引发的评价性反应被错误地、内隐地归因于条件刺激（Conditioned Stimulus，CS），从而形成和改变被试对条件刺激的态度。

2.1 材料与工具

情感错误归因程序的主要实验材料为启动图片和目标图片。其中，启动图片的作用是使得被试产生特定的情绪反应，例如鲜花的图片引起被试的积极情绪，虫子的图片引起被试的消极情绪，正方形的图片引起被试的中性情绪。积极和消极图片需要在唤醒程度评级上进行匹配，以确保启动条件下的任何差异都由效价而非唤醒引起。而目标图片则为被试需要进行评价的刺激物，需要注意的是，目标图片所呈现出来的信息应该是被试完全陌生的，例如在中国文化环境中进行实验时，目标图片可以使用大部分中国人都不了解的希腊字母，并且应该在实验开始前对被试对目标图片相关信息的掌握程度进行筛查。

2.2 基本程序

根据 Payne 等人（2005）的 AMP 实验流程，被试需要完成 36 个随机顺序试次，其中积极、消极和中性情绪启动项各 12 次。每个试次中，首先向被试呈现一个启动刺激 72 ms，然后是空白屏幕呈现 125 ms，接着再呈现一个目标刺激（中性的汉字，对于未学习过中文的被试相当于模棱两可的刺激），在 100 ms 后该汉字被掩蔽刺激（黑白噪点图片）替换，最后让被试评价这个中性汉字是积极的、令人愉快的还是消极的、令人不愉快的。被试需要尽可能快速作答且被告知尽量不要受汉字之前的图片的干扰。被试做出反应后立马进入下一试次。具体流程见图 1。

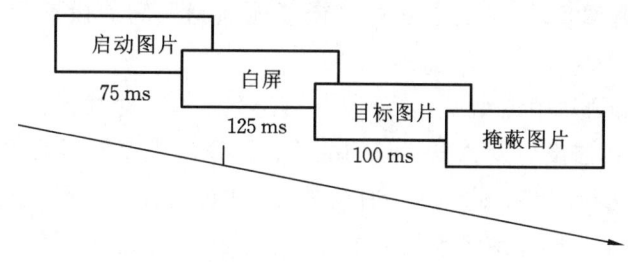

图 1　情感错误归因程序实验流程

2.3 数据分析

情感错误归因范式的主要数据指标是在掩蔽图片阶段被试所给出的积极或消极反馈，以及相应的反应时。除两级评价外，也可以使用 Likert 评分量表使被试可以进行更为细致的评价，这样在数据分析时也可以根据具体的研究设计和变量设置进行多种多样的分析。

3　主要变式

Payne 等人（2008）对 AMP 做了不同修改与完善，例如通过要求被试直接评价启动图片或启动图片后面的象形文字来操纵实验的内隐程度；通过文字与图片启动、两点评价和四点量尺的变换方式操纵 AMP 与外显测量工具结构上的匹配程度。其中要求对启动刺激进行评价的 AMP 可以认为是一种外显测量。此外，Imhoff 等人（2010）提出了语义错误归因程序（Semantic Misattribution Procedure，SMP）使被试从积极/消极之外的角度对目标象形文字进行评价（例如，评价目标文字与"human sphere"有关还是与"animal kingdom"有关）。

4 应用范围

AMP 是一种值得心理学研究人员关注和推广的内隐实验范式，在社会认知领域较为常用，其信效度也得到了较好的检验。在 Payne 的一系列实验中 AMP 的内部一致性系数 α 分布在 0.85 到 0.95 之间（Payne, et al., 2005；Payne et al., 2007）。一项元分析发现，在 18 项研究中 AMP 预测行为的平均效应 $r=0.35$ 优于其他启动任务。它在 Payne 的系列研究以及其他学者所做的相关研究中都得到了显著的情感错误归因效应（Maner et al., 2009；Payne et al., 2010）。另外，也有研究（Greenwald, 2009）证明了它可以很好地预测人们的投票行为和外显态度。

AMP 的适用范围比较广泛。从已有研究来看，对性别、年龄、社会地位等方面的态度以及饮食、道德决策、健康行为等方面的倾向都可以使用 AMP 进行考察。此外，在有关刻板印象的研究中，可以把启动图片设置为代表某个群体或者事物的图片，测量被试对此群体或事物的情绪反应（任娜 等，2012），以此作为刻板印象持有程度和具体内容的指标。

05 "踢猫效应"：竞争反应时任务

踢猫效应是指对弱于自己或者等级低于自己的对象发泄不满情绪，而产生的连锁反应。"踢猫效应"，描绘的是一种典型的坏情绪的传染：人的不满情绪和糟糕心情，一般会沿着等级和强弱组成的社会关系链条依次传递，由金字塔尖一直扩散到最底层，无处发泄的、最弱小的那一个元素，则成为最终的受害者。当自己受到一些挫折，便会表现出一定的攻击性。当然不仅挫折会引起我们的攻击行为，人际间的挑衅往往也会增加愤怒和攻击性冲动。竞争中失败者尽管可能知道有时候失败未必见得一定是件坏事，但他们仍然会感到受挫。经过许多研究者的努力，现在不仅可以通过竞争反应时任务去测量我们受挫后的情绪和攻击行为，还可以对此进行一定干预和控制，从而保持和控制自己的情绪，进而减少攻击行为。

1 来源与发展

挫折-攻击假设的出现，让许多研究者们思考该如何去测量人们受挫折的程度，并且探究了不同的受挫折程度是否会引起不同程度的攻击行为。对于这样的疑问，Taylor（1965）设计了一种高度受控的情境来使人们产生愤怒情绪和攻击性的行为被称为竞争反应时任务（Competitive Reaction Time Task，CRTT）。在这项研究中，因为竞争是攻击性的一个组成部分，所以被试在竞争反应时任务失败后，他们会尖叫、咒骂他们看不见的对手，甚至有些人恳求研究者允许他们与一个对他们不好的对手见面。而这也恰恰表明研究者设计的竞争反应时任务的成功，从而为之后的研究提供了一个适用的范式。

目前的挫折-攻击研究主要分为两个方向：第一个方向是研究什么会引起我们的攻击行为。人们被挑衅激怒时，人们经常会控制不住愤怒，从而导致攻击和暴力事件。有学者指出自我损耗也会影响攻击行为（王星星 等，2021）。研究者也关注与攻击行为有关的情绪以及相应的脑区。在神经学方面，这意味着前额叶皮质对边缘区域活动的自上而下调节受损（Denson et al.，2009），前额叶皮质也是执行控制的所在地（Banfield et al.，2004）。第二个方向是怎么能够减少攻击行为。有研究者设计了一种提高自我控制的方法：让参与者参加为期两周的自我控制训练，主要是让他们进行一些与以前习惯相反的行为（例如，惯用手替换）从而锻炼其自我控制能力，发现这样可以减少个体的冲动性攻击（Denson et al.，2011）。除了通过训练，在自我控制的力量模型（Roy et al.，2007）框架下的研究表明，执行控制能力也可以通过摄入葡萄糖来增强，因此可以推断摄入葡萄糖可以减少人的攻击性，Denson 等人（2010）的研究结果也证明了这一观点。

2 基本知识与原理

竞争反应时任务主要借鉴简单反应时（Simple Reoction Time, SRT）原理，简单反应时是指给被试呈现单一刺激到被试作出单一反应之间的时间间隔，又称 A 反应时，例如要求被试一见到仪器呈现红色信号光就立刻按键。竞争反应时任务主要是根据被试反应时间的长短和设置的电击水平程度去检验人们敌意冲动程度。具体来讲，实验中被试处于相互竞争的背景下，其任务主要是对刺激的出现作出反应：如果被试的反应速度比对方慢，那么被试就是竞争失败的一方，会受到相应的惩罚；如果被试的反应速度比对方快，那么被试就是竞争成功的一方，则不会受到惩罚。通过不断互动，被试有可能在多次失败后，变得更有敌意、更具有攻击性，这便是竞争反应时任务想要测量的内容。

2.1 材料与工具

竞争反应时任务的实验材料是被试为对手设置的不同水平的电击程度（水平 1 至水平 5）。

2.2 基本程序

竞争反应时任务包括 25 个试次。每个试次由五个事件组成：（A）被试设定"对手"要接受的电击程度；（B）当试验开始需要按按钮时，会有一个提醒信号；（C）让被试尽快松开按钮的反馈信号；（D）"对手"在该试次中为被试设定的电击程度的反馈信号；（E）向失败者发出胜利者选择的电击强度。最初的试次是一次无挑衅的试次，因为被试没有感到电击。其余 24 个试次分为 4 个组块，每个组块有 6 个试次。挑衅的程度是通过增加试次过程中的电击水平来操纵的。在 Taylor（1967）称为

"低挑衅"的 6 个试次的第一阶段中，"对手"设定的平均电击水平是 1.5（水平分别为 1、1、1、2、2、2，在试次中随机进行）。在第二组试验中，平均电击水平为 2.5（水平分别为 2、2、2、3、3、3，在所有试次中随机进行）。在第三组试验中，平均电击水平为 3.5（水平分别为 3、3、3、4、4、4，在所有试次中随机进行）。在第四组试验中，平均电击水平为 4.5（水平分别为 4、4、4、5、5、5，在所有试次中随机进行）。在每个组块中，被试会被设定为赢得 3 个试次和输掉 3 个试次。因此，被试总共会输掉 12 个试次。输赢是随机决定的，但在两种条件下例外：（A）如果被试的反应时间"过快"，他就为赢，不会受到电击；（B）如果被试的反应时间"过慢"，他就为输，并受到电击。但研究者没有具体说明什么是"过快"或"过慢"的反应时间。攻击性在操作上被定义为被试选择让对手在不同的试次中接受的电击强度。在进行这些试次的过程中研究者们还会测量被试的皮肤电传导。在挑衅程度实验结束后，用自我报告法测量被试的敌意冲动程度。

2.3 数据分析

根据 Taylor（1967）的研究，攻击性是通过被试向对手设置的电击的大小来衡量的，所以对 4 个组块各 6 个试次设置的电击大小的平均数进行方差分析以检验挑衅增加对攻击性的影响。在生理唤醒方面，为了分析基础电导的变化，有必要在不同时间采样电导水平：计算每个事件后每 20 s 间隔的平均电导分数。取两个电导分数的平均值，即事件开始时引发皮肤电反应之前的电导，以及事件结束时的电导，其对应于下一事件开始时的电导，对采集到的数据做方差分析。

3 主要变式

3.1 Bond 和 Lader 的改编

Bond 和 Lader（1986）用白噪音（听起来像无线电静电）代替电击，修改了 Taylor（1967）的反应时间任务等，使用 8 个噪音级别而不是5 个电击级别：级别 1 为 70 dB，级别 2 为 75 dB，级别 3 为 80 dB，级别 4 为 85 dB，级别 5 为 90 dB，级别 6 为 95 dB，级别 7 为 100 dB，级别 8 为 105 dB。最高的噪音水平（即 105 dB）是让人非常不舒服的。但是，105 dB，远低于人耳的痛阈（即 140 dB）。这项任务包括 25 个试次。每个试次包括 7 个事件：（A）被试设置其"对手"要接收的噪声级别的绿灯信号；(B) 被试在准备好后按下绿色按钮；(C) 亮起对手为被试设置的噪声级别的数字灯（级别1至级别8）；(D) 用琥珀色的灯对反应时间刺激进行提醒；(E) 代表反应时间刺激的红灯亮起；(F) 被试按下红色按钮来响应；(G) 通过耳机向失败者发出指定的强度水平的噪音。在一开始的无挑衅试次之后，其余24个试次被分成4个组块，每个组块6个试次。Bond 和 Lader (1986) 没有说明在每个试次中噪音使用的具体水平，但在第一组中平均水平为1.5，在第二组中平均水平为3.5，在第三组中平均水平为5.5，在第四组中平均水平为7.5。被试在每个组块内，有50%的试次会受到噪音攻击。

3.2 Bushman 的改编

Bushman (1989) 在 Bond 和 Lader (1986) 的竞争反应时任务基础上进行了三方面的修改。第一，使用了9个噪音级别，而不是8个级别，范围从65 dB 到105 dB，级别之间的增量为5 dB。第二，为被试提供了一个非攻击性的反应选择，即噪音强度等级为"0"。第三，被试可以在每次试次中通过按住按钮来控制噪音持续时间。这些修改提供了一致的攻击性衡量标准：噪音次数（0～25）、噪音强度和噪音持续时间。研究者将后两项指标相乘后得出了一个总的攻击性的指标。

在最初的无挑衅试次之后，24个试次被分成3个组块，每个组块8个试次。挑衅程度是通过增加"对手"在试验中设置的噪音的强度和持续时间来操纵的。在第1个组块（低刺激）中，平均噪声水平为3（75 dB；水平数分别为1、2、2、3、3、4、4、5，按随机顺序呈现），平均持续时间为1.5 s；在第2个组块（中度刺激）中，平均噪声水平为5（85 dB；水平数分别为3、4、4、5、5、6、6、7，按随机顺序呈现），平均持续时间为2.0 s。在第3个组块（高刺激）中，平均噪声水平为7（95 dB；水平数分别为5、6、6、7、7、8、8、9，按随机顺序呈现），平均持续时间为2.5 s。被试在每个组块中都会有一半的试次受到噪声刺激。然而，如果被试在任何一个试次中等待超过0.5 s才做出反应，就会自动"输掉"那个试次。

4 应用范围

竞争反应时任务主要适用于测量不同类型的攻击和人们的反应，从研究个体差异和攻击性刺激，到脑成像研究和社会暴力原因的调查都可以进行应用（Warburton et al., 2019）。有趣的是，Bushman 改编的版本也可以用来测量亲社会行为（Whitaker et al., 2012）。当然，在干预和控制攻击性行为的研究中，也可以贡献一份力量。竞争反应时攻击范式的科学效用在于其易用性以及在测量不同类型的攻击（如无端攻击、挑起攻击、完全攻击、胜负后攻击、攻击强度和攻击持续时间）时的灵活性（Warburton et al., 2019）。另外，竞争反应时攻击范式还可以用来分析非侵略性的反应，包括面对挑衅等。但需要注意，无论使用何种竞争反应时任务都会对参与者造成伤害（噪音刺激、电击），所以我们要合理地使用。不同的研究者为竞争反应时任务的结构效度（Giancola et al., 2008）、收敛效度和区分效度（Bernstein et al., 1987）提供了证据。但与其他实验室的攻击测量一样，竞争反应时任务最常见的批评是可能缺乏外部效度，这也有待研究者们进一步的检验和完善。

06 "看图知意":图片故事练习

你是否还记得小学的时候做过的"看图说话"类题目？当和小伙伴们交流后会发现，面对同样的一张图，我们会有不一样的理解。随着心理学的发展，很多时候人们会无意识地将内心的想法投射到对外部世界的解释之中。因此，在"看图说话"的文字描述背后，可能是我们过去的经验与在写作过程中灵光一现的想法相结合的成果。那么是否有一些方法可以帮助我们从语言中抓住那些灵光一现，发掘我们在彼时彼刻的心理动向，从而预测未来一段时间内的行为呢？为了解决这一系列问题，心理学家从图片的语言描述中发现了内隐动机的"灵光"，从而发展出了图片故事练习（Picture Story Exercise，PSE）这一内隐动机的研究范式。

1 来源与发展

内隐动机是引导、选择及激发行为的无意识需要（王其峰，许燕，2010）。内隐动机测量的想法最早由 Atkinson 和 McClelland（1948）提出，他们认为可以使用主题统觉测验（Thematic Apperception Test）的材料进行内隐动机的测量。直到 1989 年，McClelland 等人将这种内隐动机测量的方法与外显动机区分开，并正式提出了图片故事练习这一范式。此后图片故事练习在内隐动机研究中得到了广泛应用。

伴随着图片故事练习的兴起，该范式本身的内部一致性和信度问题也受到了研究者的关注。研究者指出，图片故事练习存在内部一致性低与预测效度高之间的矛盾，即"信度-效度悖论"（Schultheiss et al., 2008；王其峰 等，2010）。具体来说，当研究者使用差异较大的图片测量内隐动机时，测量的内部一致性低，但预测效度高；而当使用相似的图片进行内隐动机测量时，往往会获得较高的测量信度，但预测效度并没有那么理想（Chasiotis, 2015; Schultheiss et al., 2008）。对于内部一致性低的问题，有研究者提出了行为动态理论（Dynamics of Action theory, DOA）（Atkinson et al., 1970），试图解释这一现象。研究者认为信度概念事实上不适用于动机测量，因为动机更多的是动态过程，会时刻受到环境和个体行为的影响（Lang，2014）。也有研究者从改良信度测量方法的角度针对图片故事练习提供了解决方案（Gruber，et al.，2013）。在预测效度方面，研究者指出，可能是由于图片故事练习中使用的不同图片材料激发了多样的动机过程，与人们真实行动背后复杂多样的动机相一致，使其展现出了良好的预测效度（王其峰，许燕，2010）。在信效度的讨论之外，研究者发现图片呈现顺序、指导语说明、被试写作的故事长度等因素都可能影响到内隐动机的编码结果（O'Gorman et al.，2020；Schönbrodt et al.，2020）。最近，在以往研究的争论基础上，研究者进一步完善了图片故事练习的数据库①，并从实验材料选择和数据分析方法等方面为图片故事练习的操作提供了更为系统化的指导（Schönbrodt et al.，2020）。

2　基本知识与原理

图片故事练习是投射测验的一种，发源于投射测验中经典的主题统觉测验。基于图片故事练习测量内隐动机的基本假设与原理是人们会将内心的动机状态无意识地投射到对外在事物的解释之中，而研究者可以从个体自发产生的想象性质的材料中分析出其需要和内在动机。想象性质材料的产生可能基于图片、口头的或者文本等形式，而在图片故事练习中所使用的核心材料就是图片（Chasiotis，2015）。

图片故事练习所测量的是内隐动机中经典的三大动机，即成就动机、亲和动机和权力动机。具体而言，成就动机指改进个人的表现或超越优秀的标准；亲和动机指个体对建立、保持或恢复与他人或其他团体友好关系的关注；权力动机则是个体表达出自身想要对其他个人、团体或外部世界的影响（王其峰 等，2010）。

2.1　材料与工具

图片故事练习中所使用的核心材料即需要参与者描述的图片。图片故事练习可以使用的图片材料库包含 18 张经典图片和 33 张新图片②，研究

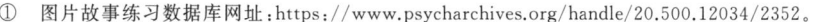

① 图片故事练习数据库网址：https：//www.psycharchives.org/handle/20.500.12034/2352。
② 图片材料可从以下网址下载：https：//osf.io/pqckn/。对于每张图片，数据库中已更新了对应的动机编码得分，研究者可以根据实验目的，选择最能够反映对应内隐动机维度的图片来进行施测。

者可以根据研究主题和内容，从中挑选出 4~8 张图片进行内隐动机的测量，特别推荐的图片数量为 6 张（Pang，2010），图 1 为其中一张图片示例。

图 1 图片故事练习示例图片材料：实验室的女性（引自：https://osf.io/pqckn/）

2.2 基本程序

图片故事练习的基本程序包括两个部分，第一部分是向被试呈现图片刺激，第二部分是要求被试根据图片内容编写对应的故事，时间要求一般在 5 分钟内。研究者可以在每张作答纸上提示被试编写的故事线索，如：图片中的是什么人？他们想做什么？图片中正在发生什么事，故事的结局可能是什么样？

2.3 数据分析

在测验结束后，研究者需要对被试生成的文本材料进行编码，依据 Winter 制定的整合编码系统进行，包括成就动机、亲和动机和权力动机三个方面。具体编码分类见表 1（Chasiotis，2015；王其峰 等，2010；Schönbrodt et al., 2020）。

表 1 图片动机编码类别

动机	类别
亲和动机	亲和 1：对他人积极、友好或亲密的感觉
	亲和 2：对于分离的消极感受
	亲和 3：亲近的、有同伴参与的活动
	亲和 4：友好的抚育行为

续表

动机	类别
成就动机	成就1：积极评价表现或成果的形容词
	成就2：对目标或表现的显示出积极评价的描述
	成就3：获胜或与他人竞争
	成就4：对于失败、表现欠佳等的消极感受
	成就5：独特的成就
权力动机	权力1：对他人有潜在影响的强有力的行为
	权力2：展现控制或规范
	权力3：试图使他人信服、说服、影响、争论、立论等
	权力4：在他人没有明确请求时给予帮助、支持或者建议
	权力5：令他人钦佩，为声名、威望、地位担忧
	权力6：对一个人的蓄意行为表现出强烈的情感反应

在编码过程中有以下注意事项：首先，编码是以句子为单位的，可以对一个句子进行三种不同动机的编码且每个句子中同一动机最多编码一次，即对该句子中存在或不存在某一特定动机进行编码。其次，编码需要遵循"第二句规则"，即当存在包含同一种动机的两个连续句子时，对该动机仅进行一次编码。如果连续的三个句子中都存在同样动机，那么仅需要编码第一句和第三句的内容。然而，这种方式可能会导致相关诊断性信息的丢失，因此许多研究在编码时并未应用此规则。最后，对于不同的编码者在结果上存在争议的情况，可以通过编码者讨论最终得到统一编码的方式，也可以将不同编码者的编码结果取均值，作为最终的编码结果（Schönbrodt et al., 2020）。

完成内隐动机的编码后，为了排除句子数量和字数的影响，研究者还需要对内隐动机得分进行标准化处理。与初始动机编码方式配套的动机记分是采用计算动机密度得分的方式，即计算每一千个单词中的动机数作为最终分析的动机得分（Winter, 1991）。但后来有研究者提出，这种方式并不能够排除故事长度对动机得分的影响，且如果分析的故事长短差异较大，那么动机密度得分会夸大这种差异，影响动机编码结果。因此，研究者推荐了三种回归方法计算动机得分：（1）采用线性回归，研究者可以对故事的字数和原始动机得分进行正态化的转化；（2）可以采用稳健线性回归（Robust Regression）模型；（3）也可以使用贝叶斯回归模型。在具体操作中，对于三种回归方法的计算都可以遵循以下流程：首先，计算每位被试对所有图片给予反应的故事字数之和以及原始动机得分之和；其次，进行回归模型的拟合，使用故事总字数/1000 预测原始动机得分；最后，计算模型拟合的残差即为正式分析中所使用的动机指标（Schönbrodt et al., 2020）。

3 应用范围

尽管图片故事练习存在着内部一致性以及重测信度方面的争议，但依然存在着许多独特的优势，比如有较高的预测效度，能够提供丰富的与被试有关的信息，以及不同于其他的自我报告法，图片故事练习也更少受到被试的反应偏向等影响（Chasiotis, 2015）。因此，在测量内隐动机及行为预测等方面，图片故事练习依然有其重要的应用价值。而该范式本身所存在的争议就要求研究者在使用这一范式时需要以更加严谨认真的态度对待，结合研究目的选择适宜的图片材料（多样化或同质化），并严格控制被试的作答时间，严格遵守动机编码以及动机得分计算的要求和步骤，以最大程度排除无关变量的影响，得到更为准确的内隐动机测量结果（Schönbrodt et al., 2020）。

作为内隐动机测量的重要研究方法，除了有关方法本身的研究之外（如 Schultheiss et al., 2009），图片故事练习在政策制定、组织管理、学校教育、心理咨询、动机的生理机制等领域都得到了广泛应用。此外，针对其编码难度的问题，研究者也提出利用机器学习的方法以协助研究者更好地在研究中应用这一范式（Pang et al., 2020）。

07 "不愿被拒":网络投球范式

排斥行为往往会给被排斥对象带来心理上的消极影响,无论是不懂事的儿童,还是能够熟练处理人际关系的成年人,都不可避免地受到此行为的影响。对于受到严重排斥导致心灵创伤的个体,我们还需要借助社会的力量来支持和帮助他们。一般情况下,排斥行为往往发生在现实生活中,而随着网络信息时代的来临和普及,我们不难想象在网络生活上也会存在排斥这样的行为,那么在网络平台上发生的排斥行为是否也会和现实生活中一样,对被排斥对象造成心理上的消极感受呢?让我们来一起看看网络投球范式是怎么通过网络来模拟日常生活中的排斥行为,又是如何影响人们的心理感受的。

1 来源与发展

Williams 等人(2000)首次提出网络投球范式(Cyberball)。在此之前,有关社会排斥的研究大多关注现实生活中人与人之间面对面发生的排斥行为。然而,有关网络孤独感的研究让研究者坚信社会排斥也能发生在虚拟现实或者说网络环境中,譬如未收到邮件回复、电话,以及在网络上被忽略。因此,他们设计出网络投球范式来探究网络社会排斥对个体造成的消极影响。基于 Williams(2001)提出的模型,排斥行为主要影响个体的四种基本需要:归属感(belonging)、自尊(self-esteem)、控制感(control)和存在意义(meaningful existence),并用网络投球范式来探究社会排斥行为对这四种基本需要的影响。

近年来,研究者针对网络投球范式的改进主要是将该范式与 ERP、EMG 等认知神经科学技术手段相结合,来揭示被排斥过程中的神经生理活动,如 Taishi 等人(2013)将该范式与 EEG、ERP 等技术相结合考察了人们被排斥期间的认知、情感和动机的变化。Mavromihelaki 等人(2014)将该范式与 fMRI 技术相结合,对社会排斥和同情进行了探讨。

2 基本知识与原理

在排斥相关的研究中，我们需要对以下三个概念进行区分：排斥（ostracism）是指被忽略和排除在外，其发生往往不会有过多解释或者外显的消极注意；拒绝（rejection）是指外显地表现出不想要某个体或群体；社会排斥（social exclusion）则是指被排斥在外、孤立或隔离，有时候伴随外显的不喜欢的表现（Williams，2007）。目前大部分研究主要围绕排斥和社会排斥进行。网络投球范式是投球游戏在网络上的复刻，在投球游戏中被忽略的个体会产生消极的心理感受。基于现实投球游戏以及网络孤独感的研究，Williams 设计出的网络投球范式，旨在更高效和少创伤地研究排斥或者社会排斥给个体带来的消极心理影响。通过网络投球范式，被试可以体验到被排斥的心理感受，但不会受到过多的不利影响。

2.1 材料与工具

在屏幕上呈现所有投球者的动画形象，以及他们投球的行为，球身上印有一个希腊字母 Ψ（Psi）。图形采用图形软件 Corel DRAW 和 Corel PHOTO-PAINT 进行绘制，图片格式为 GIF。所有材料均在网站上显示，网站是用超文本标识语言写成的（HTML）。所用软件基于 PERL 编写，可以收集、储存数据以及随机给被试分配不同的颜色和不同的组别。

2.2 基本程序

在游戏开始前需告知被试参与的是一项训练心理想象能力的任务，他们需要与另外两位玩家共同完成这项投球游戏（但实际上另外两位玩家是预先设定好的实验程序），同时需要他们尽量想象接到球和扔出球的情形。被试在游戏中选择 7 种颜色中的一种代表自己，并被告知另外两位玩家选择的颜色。在投球过程中，当被试接到球时，他们可以通过选择另外一名玩家的颜色来将球投给那位玩家。通常情况下，被试被分配到以下两组的一组中：接纳组、排斥组。在整个游戏过程中，被分配到接纳组的被试在投球游戏中有 33% 的概率可以接到其他两名玩家抛过来的球，而被分配到排斥组的被试则只在游戏开始时接到 1～2 次球，之后球只在另外两名玩家之间投掷，直到游戏结束（实验流程见图 1）。一般来说，每轮投球游戏会有 30～50 次的投球试次。

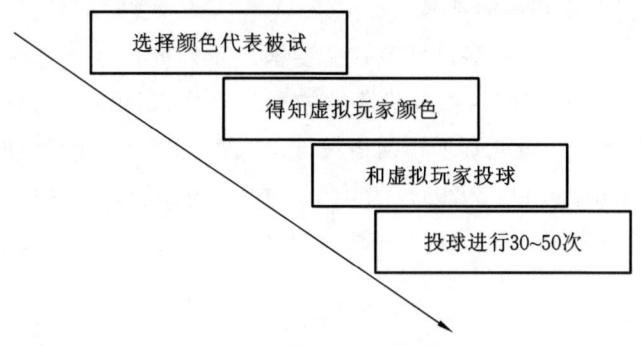

图 1　网络投球范式实验流程

2.3　数据分析

网络投球范式的因变量包括情绪，受威胁的四种基本需要（归属感、自尊、控制感、存在意义），群体凝聚力感知，对游戏的体验、想法和坚持。首先，通过多元回归分析进行操纵性检验，用于确认被试是否准确感知到在游戏过程中他们接到球的比例。其次，采用趋势分析评估排斥影响的性质从属于线性、二次还是三次。分析被试对自身被排斥这一经历的评价，并采用多元回归分析。最后，采用中介分析法分析排斥（自变量）是否通过中介（受威胁的四种基本需要）来影响心理不适（因变量）。

3　应用范围

网络投球范式的优点在于简单易行，方便操作，主试不需要经过专业培训即可掌握，规范性较强，且输出结果较为稳定。有研究者在初次（基线水平）和1个月之后分别进行了两次网络投球范式实验，通过分析发现该范式的重测信度良好，两次实验的内部一致性水平都比较高，且网络投球范式对排斥痛苦的建构有效（Davidson et al., 2019）。然而，网络投球范式中的排斥行为和日常生活中的行为存在出入，参与者只知道自己被排斥，但并不知道原因，难以对此进行归因，因而所产生的情绪体验和真实情景中会有差异。其次，网络投球范式是在网络上进行的，其对个体产生的影响与面对面的排斥行为不同，Williams等人（2002）研究发现，网络排斥行为对个体的控制感和自尊影响效果不如面对面的排斥行为，个体在受到网络排斥时会表现出逞能行为（如保持任务中的参与度），以此来获得控制感。

在心理层面上，网络投球范式主要被用于探究排斥行为对基本心理需要（Williams，2007）和情绪情感的影响（Hühnel et al.，2018）。在神经生理层面上，研究者采用网络投球范式探究了排斥行为对工作记忆的影响（Paolini et al. 2020），在行为层面上，该范式则被用于研究对社会决策（徐四华 等，2019）和消费行为（古典 等，2019）等的影响。

08　"爱近厌远"：趋避范式

个体有趋利避害的本能，日常生活中有很多我们大部分人都喜欢的事物，比如花、钱、可爱的小狗，也有很多我们大都不喜欢的东西，比如蜘蛛、蟑螂。心理学家们一直在研究个体的趋避行为，但在实验室中研究此类问题比生活中要复杂得多，因为这种场景是人为制造出来的。想象一下，如果现在你需要做一个研究来探究个体的趋避行为，你会选择什么样的事物来表现对个体的有害或有利？你将如何呈现这些事物？你又会选择哪些指标来测量？思考几分钟，然后我们来看看心理学家是如何巧妙地解决这个问题的，和他们的实验设计比较，你设计的实验有什么优劣之处？下面我们一起来了解一下趋避范式。

1　来源与发展

Chen 和 Bargh（1999）首次发展出趋避范式（Approach Avoidance Task，AAT）。在此之前态度和行为相关的研究假设在具体情境中态度对行为的影响是受意识控制的。与传统模型倡导的不同，Chen 和 Bargh 认为引导行为的态度可以是无意识、自动发生的，即自动态度激活的一个重要功能是对物体无意识的行为倾向。因此，基于态度和评估会自动引发趋避行为倾向的假设，Chen 和 Bargh 设计出该范式。他们认为对物体的积极评估会使人们表现为趋向该物体的肌肉运动，而消极评估则会使人们表现为回避该物体。

近年来，学者们的研究主要聚焦于探究该范式研究材料的适用性以及将该范式调整后对各种趋避行为进行研究。譬如，Hoofs 等人（2019）发现，效价线索（奖励/惩罚）相较于中性线索总是能提升个体的表现，且和趋避行为本身无关，而与任务无关的效价则会导致趋避行为的偏向。在趋避行为上，Boffo 等人（2018）使用 AAT 范式发现，相对于正常赌徒，中到高风险的赌徒表现出对赌博相关刺激的强烈趋近偏向，而非逃避倾向。Lange 和 Pauli（2019）则研发出了更具生态性的趋避任务来探究高度社交恐惧的个体在经过他人时的躲避行为。

2 基本知识与原理

人们的一些态度在记忆中很容易被提取，仅仅出现相关的态度客体时，个体就能激活相应的态度，同时，个体的这种态度也能显著预测他们对该客体的行为倾向（Fazio et al., 1986）。在某种程度上，态度客体的出现激活了记忆中相应的态度（评价为好或坏）有助于个体对该目标对象做出相同的反应，同时也可能使个体做出相反的反应（Logan, 1980；李红 等，2019）。据此，趋避范式的原理是：当个体看到评估为积极的客体时，会倾向于做趋近反应（拉操纵杆）；而看到评估为消极的客体时，则倾向于做回避反应（推操纵杆）。据此可以分析，"积极客体-拉操纵杆"以及"消极客体-推操纵杆"属于一致反应，其反应时应该快于"积极客体-推操纵杆"和"消极客体-拉操纵杆"的不一致反应。

2.1 材料与工具

将计算机显示屏放置在被试的眼睛高度水平上，距离面孔约 68 cm，且将长度为 91 cm 的操纵杆连接到基座的电气开关。此开关通过串行端口连接到计算机，并收集应答时间和应答方向。92 个态度相关的目标刺激选自先前研究（Bargh et al., 1992；Fazio et al., 1986），采用随机顺序呈现（材料见附录）。

2.2 基本程序

被试坐在显示屏前，在优势手边有一个操纵杆。实验前告知被试本实验考查的是他们能够多迅速地对电脑屏幕上出现的好词或坏词进行分类。被试被随机分到其中一个实验条件中。在不相容条件下，被试在看到好词时需要快速推操纵杆，而看到坏词时需要快速拉操纵杆。在相容条件下，被试则需要做相反的动作，即看到好词拉操纵杆，看到坏词推操纵杆。在正式实验开始前，被试先进行 10 个练习试次。在确保被试了解流程后，主试按下电脑按键开始正式实验，之后离开房间（见图1）。

每个词出现在屏幕中间，并持续呈现，直到被试移动操纵杆关上响应盒开关。电脑会自动记录下从词开始出现在屏幕上到被试移动操纵杆（无论是何方向）10°之间的时间，以及在每个试次中被试推或拉操纵杆的行为。在 4 s 延迟后，下一个试次开始。最后一个试次完毕后电脑会出现哔哔声，提醒主试回到房间，告知被试实验相关情况并感谢他们的参与。

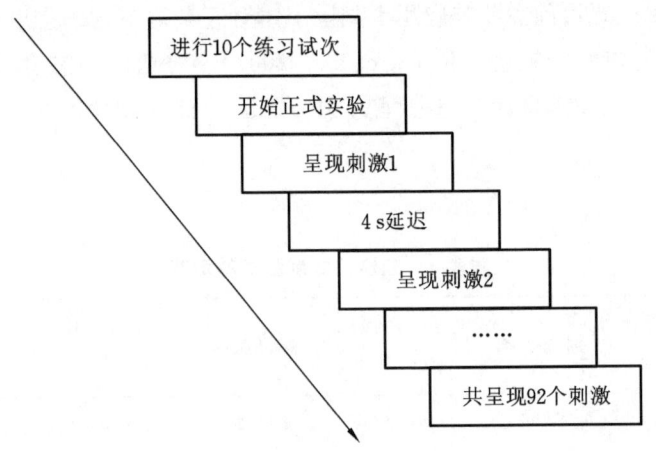

图 1　趋避范式实验流程

2.3　数据分析

首先，延迟超过 4 000 ms（2.0%）的数据延迟小于 300 ms（0.6%）的数据可能存在期望效应，作为异常值被剔除，不进行分析。其次，对数据进行对数转换以消除数据的正偏态分布。对于每个被试，计算每两个相容条件下的反应时得出应答延迟对数转换的均值。之后对数据进行重复测量方差分析，其中相容性（不相容：推积极词和拉消极词 vs 相容：拉积极词和推消极词）为被试间变量，刺激效价（好 vs 坏）为被试内变量。最后，为了评估态度强度是否调节了获得的效应，需基于 Bargh 等人（1992）的态度强度规范性指标（平均评价延迟）进行进一步分析。

3　应用范围

在效度方面，AAT 范式和自我报告的运动行为以及情境决策运动显著相关，表现为初始运动的应答时间和完成推或拉行为的应答时间。并且，AAT 范式是少数和任何一个验证标准都存在意义相关的范式之一（Zenko et al., 2019）。但是，AAT 范式的缺点在于其在实验操纵方面只设计了手部运动，而忽略了全身运动，这和日常生活中的趋避行为有出入，生态效度不高，并且无法从仅有的手部运动对个体的整体趋避行为进行引申和推论（Lange et al., 2019）。另外，指导语不同可能造成趋避反应心理表征的不同，而对趋避表征的再分类可能会引入过大的误差变异和个体差异，降低测量的敏感性（张晓雯 等，2012）。

AAT 范式目前主要被应用于测量个体对某具体事物的态度和行为趋向，譬如对蜘蛛的态度（Rinck et al., 2007）、对赌博的态度（Boffo et al. 2018），以及测量社交焦虑程度（Roelofs et al., 2010）等。

附录：

附表1 趋避范式刺激材料示例

目标刺激（原始版本）	翻译版本	目标刺激（原始版本）	翻译版本	目标刺激（原始版本）	翻译版本
Alcoholism	酗酒	Football	足球	Music	音乐
Anchovies	鳀	Fraternity	友爱互助	Parade	游行
Aquarium	水族馆	Friday	星期五	Party	聚会
Baby	婴儿	Friend	朋友	Pie	馅饼
Basketball	篮球	Funeral	葬礼	Pizza	比萨饼
Beer	啤酒	Garbage	垃圾	Priest	神父
Birthday	生日	Germs	细菌	Radiation	辐射
Bombs	炸弹	Gift	礼物	Rats	老鼠
Butterfly	蝴蝶	Gold	金子	Rattlesnake	响尾蛇
Cake	蛋糕	Grease	油脂	Reagan	里根
Cancer	癌症	Guns	枪	Recession	经济衰退
Cavities	洞	Hangover	宿醉	Russia	辐射
Chocolate	巧克力	Hatred	仇恨	Silk	丝绸
Circus	马戏团	Hawaii	夏威夷	Smoking	抽烟
Clothes	衣服	Hell	地狱	Snow	雪
Clown	小丑	Hitler	希特勒	Spider	蜘蛛
Cockroach	蟑螂	Holiday	假日	Spinach	菠菜
Coffee	咖啡	Hornet	大黄蜂	Sports	运动
Dancing	跳舞	Ice cream	冰激凌	Stereo	立体声音响
Death	死亡	Kitten	小猫	Storms	暴风雨
Dentist	牙医	Knives	刀	Strawberries	草莓

续表

目标刺激（原始版本）	翻译版本	目标刺激（原始版本）	翻译版本	目标刺激（原始版本）	翻译版本
Disco	迪斯科舞厅	Landlords	房东	Summer	夏天
Disease	疾病	Litter	垃圾	Sunshine	阳光
Divorce	离婚	Liver	肝脏	Swimming	游泳
Dormitory	宿舍	Magazine	杂志	Taxes	出租车
Eagle	鹰	Monday	星期一	Television	电视机
Exams	考试	Money	钱	Tequila	龙舌兰酒
Flowers	花	Mosquito	蚊子	Toothache	牙疼
Food	食物	Movies	电影	Virus	病毒
Vodka	杂草	War	战争	Weeds	伏特加酒
Worms	蠕虫				

09 "立分高下":权力-垂直空间隐喻内隐范式

一提到权力,人们很容易联想到"位高权重""高人一等""金字塔顶端"等表达。而这些语言表达有着共同的特点,即具有形象的垂直空间画面。你是否曾经观察到,除了语言上,在一些社会行为以及社会活动中,也存在着"权力"与垂直空间的"上"或"下"相关联的情况。例如:紫禁城中长长的台阶、古代帝王的龙椅位置、冠军领奖台、教师的讲台、会议厅的发言台等都充分体现了高权力在垂直空间中的"上"这个概念。你或许也曾想过,这样的联结仅仅是巧合吗?语言中的抽象概念与真实空间中的具体位置关系之间有联系吗?这个问题的答案是肯定的。接下来,我们将了解到一种基于空间Stroop范式进行的实验变式——权力-垂直空间隐喻内隐范式,该实验范式将从社会认知的角度证明权力概念的垂直空间隐喻的存在。

1 来源与发展

Lakoff 和 Johnson(1980)在 *Metaphors We Live By* 一书中首次提出了概念隐喻理论(Conceptual Metaphor Theory)。概念隐喻通常包含两种认知域:初始域(source domain)和目标域(target domain),而隐喻实际就是将初始域中具体的、简单的概念或事物,映射到目标域中抽象的、复杂的概念或事物。此后,关于概念隐喻理论的实证研究涉及颇广。其中,空间隐喻是概念隐喻中最为常见且最为重要的一种。不同研究者关注不同的空间隐喻关系,并通过一系列实证研究发现其中确有隐喻关联。由于空间隐喻是由人们的自身经验所形成的,个体随时处于空间之中,因而具有相对稳定性。常见的空间隐喻有上-下隐喻、左-右隐喻、远-近隐喻、边框隐喻等。左-右隐喻大多数时候和时间相联系,利用左和右对时间进行空间表征。上-下隐喻,又称垂直空间隐喻,人们存在的空间由于受重力、自身结构等方面的作用,上下空间或者说垂直空间上的隐喻是非常直观且繁多的,可以说垂直空间隐喻是贴近人们日常生活的最重要的一种概念隐喻。研究发现上-下的垂直空间表征可以投射到情绪、道德、好坏、异性吸引、权力等目标域上。关于权力和垂直空间关系的证据最早来自 Schubert 于 2005 年发表的一项研究，该研究结果表明高权力和空间位置的上方相联系，低权力和空间下方相联系（Schubert，2005；Giessner et al.，2007）。

Schubert（2005）发展了权力-空间位置的内隐研究范式，将被试分为隐喻一致组和隐喻不一致组。其中隐喻一致组要求被试当高权词出现时用向上键做出反应，低权词则按向下键反应；隐喻不一致组则要求相反，高权词出现时用向下键做出反应，低权词出现时用向上键做出反应。结果发现当屏幕上方出现高权词时被试按动向上键时反应更快，当屏幕下方出现低权词时被试按向下键反应更快，这表明了隐喻一致的优势性。

2 基本知识与原理

以反应时长为因变量的内隐范式，通常依据被试反应的快慢来推论其背后潜在的心理过程。权力-空间位置的内隐研究范式是通过隐喻一致与不一致两类刺激之间的反应时长，来衡量人们头脑中概念之间自动联想的强度。该范式潜在的假设是人们对心理表征水平上相关联的词汇进行相同反应的速度会更快，准确性会更高。

权力-空间位置的内隐研究范式的理论基础是假设权力概念与垂直空间概念之间存在隐喻联结。该范式是空间 Stroop 范式的变式。Stroop 范式是指 Stroop 于 1935 年所做出的一项实验，该实验发现了字义对字体颜色的干扰效应，反映出两个不同的认知过程之间存在干扰效应。权力-空间位置隐喻的基本假设是，人们倾向于将高权力的词与视觉空间位置的上部相联结，即当高权力词出现在上方时，被试的反应更快；将低权力的词与视觉空间位置的下部相联结，即当低权力词出现在下方时，被试的反应更快。

2.1 材料与工具

第一，需要筛选出具有明显权力差异的词组（例如领导-职员）。为了隐去明显的空间上的暗示，对于例如"皇上""下人""上司""下属"等存在空间暗示的词组不予选用，以免看到词组的同时被试已经开始对空间概念进行加工。第二，需要其他不参与实验的被试对这些词对进行权力感评分，高权力词组得分应显著高于低权力词组得分。确定一部分词对运用于练习实验，剩余部分词对运用于正式实验，正式实验与练习实验所使用材料应不相同，以避免练习效应。第三，需要对所选词汇的情感效价进行评定，高、低权力词组的情感效价差异应不显著。此外，也有研究者为隐藏实验目的，在高权词组和低权词组中，加一组中性词组用来避免被试猜出实验目的。实验材料可根据研究目的选取，但需要保证不同词组之间有显著差异。

2.2 基本程序

本实验程序是 IAT 范式和空间 Stroop 范式的一种演变形式，材料词（包含高权力词和低权力词）与其所在位置有一致和不一致两种关系。在一致条件下，高权力词出现于注视点上方，低权力词出现于注视点下方；在不一致条件下，高权力词出现于注视点下方，低权力词出现于注视点上方。被试的任务是分别对高权力词和低权力词的位置给出相应的按键反应。

实验开始前先进行指导语阐明，在被试理解指导语后，进入练习部分，被试熟练度达到一定水平之后再进入正式实验。需要注意的是，指导语中需要明确告知被试单一任务，即选择高权力词（或者选择低权力词），研究者可根据研究需要将实验设计为被试间设计（被试只进行一种任务）或被试内设计（被试需先后进行两种任务）。实验后可以与被试进行访谈，验证被试是否猜出实验目的。每组词对呈现在屏幕上两次，高权词或低权词分别出现在屏幕上方一次、屏幕下方一次。其中练习阶段有 10 个试次，正式实验共 40 个试次。将被试随机分为两组，即高权力词组和低权力词组，每一组 20 人（如表 1 所示）。

表 1　权力空间内隐测量样例

测验顺序	任务描述	刺激数	反应按键	
			↑	↓
1	选择高权力词（练习）	10	高权力词位于上	高权力词位于下
2	选择高权力词（测验）	40	高权力词位于上	高权力词位于下
3	选择低权力词（练习）	10	低权力词位于上	低权力词位于下
4	选择低权力词（测验）	40	低权力词位于上	低权力词位于下

以下实验程序以被试间设计为例。实验采用 2（目标词：高权词/低权词）×2（空间位置：上/下）的两因素混合实验设计，其中自变量目

标词为被试间变量,另一个自变量空间位置则为被试内变量,因变量为判断高权词/低权词空间位置的反应时。

①进入正式实验后,屏幕上会出现一个"＋"的注视点持续 500 ms。

②屏幕上出现一对词对,两个词分别呈现在屏幕正中纵轴的 75％处和 25％处。

被试要根据自己的指导语中任务要求(分为选择高权词或低权词)对屏幕上的词对进行又快又准的判断,高权词组要求被试分辨两个词中哪个词的权力更高,如果高权词出现在屏幕上方则按"↑键",如果高权词出现在屏幕下方则按"↓键"。低权词组则是判断两个词中哪个词的权力更低,按键同高权组相同(如图1、图2所示)。

③如果反应时超过 1 500 ms 被试仍没有做出反应,则词对自动消失。

④之后呈现一个 500 ms 的空屏,然后进入下一个试次。

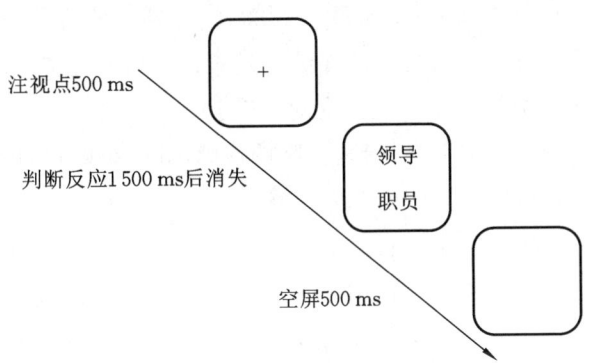

图 1　高权力词在上方显示示意图

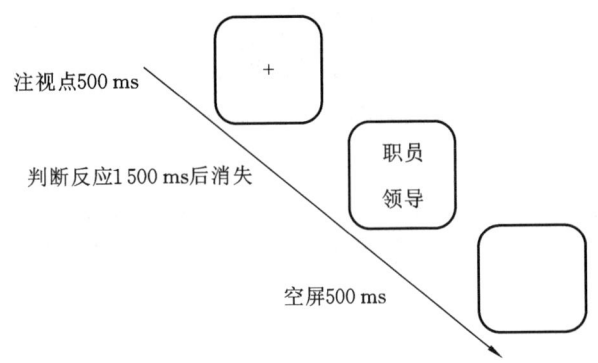

图 2　低权力词在上方显示示意图

2.3 数据分析

先进行实验数据的预处理,为了保证纳入统计处理的被试数据是认真作答的,剔除正确率在80%以下的被试数据;接着剔除各实验条件下反应时在平均数3个标准差以外的数据。然后,根据实验设计对数据的反应时进行相应的方差分析。最后,报告反应时的平均数和标准差以及方差分析的结果。

3 应用范围

权力-垂直空间隐喻内隐范式为语言学中的隐喻概念在认知领域找到了行为实验证据,主要涉及语言学、空间认知、具身认知等领域。例如,有研究者将该范式运用于测量社会权力的性别刻板印象与权力空间隐喻的关系,研究结果表明,性别-权力刻板印象期望与社会分类中的权力空间隐喻相互作用(Zarzeczna et al., 2020)。此外,随着具身认知研究的兴起,空间概念进一步与心理认知结合起来,可以预见空间Stroop范式的变式研究将会更加常见,比如在对"荣誉"这一抽象社会概念的理解中,有学者发现人们使用具体的空间位置(直立的上/右)来隐喻抽象的荣誉概念,并对现实世界中的选择和感知产生影响(Lin et al., 2021)。

该范式只是提供其中一种在垂直空间的测量方法,在涉及探讨除权力外的其他概念与垂直空间隐喻的关系时,也可以在改变实验材料的情况下采用该范式。未来可以将生理学测量方法与该范式相结合,从而进一步为概念隐喻提供更直接的生理学证据。

由于国内对权力的垂直空间隐喻的研究相对较少,实验方法也比较单一,因此在对权力隐喻的垂直空间隐喻研究中也存在一些不足的地方,并且由于时间、空间、被试数量等问题的限制还有很多方面有待进一步的探索。从实验设计来看,虽然对被试隐藏实验目的,但是实验过程中要求被试有意识地对权力词进行理解,对上下空间概念进行理解,因而可能只反映了被试的外显态度,而无法测量出被试实验中的内隐态度。因此对无意识层面和有意识层面的实验进行对比也值得进一步探讨。此外,在研究工具上,还可以使用ERP和fMRI等技术进行研究,探索行为学的实验研究与认知神经加工机制方面是否存在差异性。

第四篇　记忆类

　　记忆类内隐社会认知研究方法与范式主要关注人们对实验刺激记忆或再认的难易程度或错误记忆的偏差值，并以此反映个体对目标对象的内隐态度。例如，在错误再认范式中要求被试对实验材料进行学习和再认，通过被试对不同类型项目的记忆成绩来推测其对目标对象的态度。

01 "口口相传":系列再生法

请想象你的朋友跟你描述了他在社团活动中新认识的同学 A:A 是东北人,他在朋友们面前性格开朗,但在刚刚认识的人面前却有些腼腆,是比较注意生活细节的人。第二天,你的另一位朋友向你询问同学 A 的情况,你要将之前听到的关于 A 的信息转述给他,请闭上眼睛回忆关于同学 A 的信息,并进行口头表达。现在,请将你刚才对 A 的描述与你朋友所给出的信息做对比,你能够保证你的转述内容与最开始朋友的描述是完全一致的吗?在日常生活中,人们传递信息时往往很难做到完全的客观与完整,相反地,人们经常不自觉地根据自己已有的认知与信念对所要传递的信息进行不同程度的修改。当要去传递关于某个体或者群体的相关信息时,影响人们信息传递客观性和准确性的认知与信念就是刻板印象。为了探索沟通情境中刻板印象信息的传递过程,研究者们提出了系列再生法(Serial Reproduction Method),希望可以模拟人际交往中信息传递的情境,并了解刻板印象信息在其中发挥的作用。

1 来源与发展

系列再生法起源于 Bartlett(1932)进行的记忆研究,通过使用两个民间故事《鬼魂的战争》《企图欺瞒父亲的儿子》和其他一系列文字片段和图片,如有关棒球比赛、空袭、如何打网球、笑话等作为实验材料,实验包括两种方法:重复再生和系列再生。其中,系列再生法通过系列再生链实现,系列再生链也叫沟通链。通常一条系列再生链包括4~5人,先把要传递的材料内容给第一位被试阅读,之后第一位被试再以口头或书面的形式传给第二位被试,依此类推传给第三位、第四位被试。随着传递的进行,材料内容会发生不同程度的改变。实验结果显示:首先,经过被试的复述,材料的长度缩短了很多,大部分细节遗失,只保留了整体要点;其次,被试倾向于扭曲材料使其更加连贯一致并与自己已有认知相符合。正因细节的丢失和认知"合理化",Bartlett 认为记忆主要是一个围绕原有认知结构和图式重建的过程。这是系列再生法的开端,但此时的系列再生法没有与定量的统计分析结合，方法的使用也没有统一的标准。之后由于行为主义和认知心理学的兴起，该领域研究普遍忽视社会过程的影响，直到近二十多年该方法才重新受到研究者重视，使得其依靠现代实验心理学的标准而变得更加规范科学，成为揭示文化传播过程中系统偏差的有效工具（管健 等，2010；赵永萍 等，2013）。

2 基本知识与原理

最初 Bangerter（2000）将标准化实验程序和统计方法相结合，利用足够大的样本量探讨性别刻板印象的传递过程。该实验安排了 20 条沟通链，每条沟通链由 4 人组成，实验材料为精子和卵子的故事，研究者以此来模拟性别刻板印象。研究结果显示，在信息传递的最后，故事被描述为精子主要发挥积极作用而卵子处于被动地位。系列再生法的基本假设是当所传递的信息与被试原有的刻板印象一致时，被试的记忆任务表现会更好；而当所传递的信息与被试原有的刻板印象矛盾时，被试较难记住所呈现的信息，甚至将会报告原材料中未呈现的但与被试刻板印象一致的信息。系列再生法从探测记忆的角度出发，揭示了刻板印象通过沟通链的传递结果，推动了刻板印象动态研究的进步。

之后众多研究者使用系列再生法对刻板印象进行研究，试图揭示刻板印象在动态变化中保持固化的原因，他们发现，刻板印象信息传递存在刻板印象一致性偏差（Stereotype Consistency Bias, SCB）（赵永萍 等，2017）和刻板印象不一致性偏差（Stereotype Inconsistency Bias, SIB）。刻板印象一致性偏差是指，在沟通中与刻板印象相一致的信息更容易被传递和保留，不一致的信息则被逐渐忽略或删除（刘旸 等，2006）。但值得注意的是，刻板印象一致性偏差不是在任意条件下都能发生的。

2.1 材料与工具

系列再生法的基本实验材料为关于某个体或者群体的刻板印象内容，例如特质词或典型行为等。在使用系列再生法进行研究时，需要在以往研究中找到目标个体/群体的刻板印象内容材料。例如，如果希望探索有关城市人和农村人的刻板印象，基于仇妙芹和应湘（2008）的研究，城市人具有"善交际的""见多识广"等特质，农村人具有"淳朴""节俭"等特质，将上述特征撰写为完整的语句或故事，可用作实验材料。

2.2 基本程序

按照沟通链的先后位置安排被试,先安排第一个位置的被试,待第一个位置的被试书面复述全部结束后,再安排第二个位置的被试进行实验,依此类推。

实验者以口头的形式讲解实验目的及流程,接着再以书面的形式呈现指导语:"这是一项关于人际沟通的实验,请你以自己的速度将下面的一段故事阅读两遍,接着请你把这段故事讲给下一个人听。为了便于操作,故事的讲述采用书面的形式进行,即请你把要讲述的内容写在准备好的空白纸上,下一个人会以阅读你写好的内容的方式来了解整个故事,并且这个人同样会以书面的形式再把故事讲给后面的人听,后面的人再以书面的形式讲给后一个人,通过这样的方式把故事传递下去。"沟通链第二、三、四个位置被试的指导语略区别于第一个位置的被试,会告知他们拿到的故事是前面的人讲述给他们的,被试阅读完实验材料之后会进行一个 4 分钟的记忆干扰任务,以干扰被试对材料进行记忆,可以难度适中的加减乘除混合运算作为记忆干扰任务。实验过程中被试互相之间不能进行交流,并且未告知被试任何关于听众的信息。前一个被试书面复述的内容转换为打印版后再给下一个被试阅读。

2.3 数据分析

先对实验过程中产生的再生信息进行编码,并对被试书面复述出的信息进行编码,以确定一致信息和不一致信息被复述出的项目数。编码由两位编码者进行,其中一位是主试,另一位则为不知道实验目的的心理学专业人士。两位编码者需要对复述信息是原始信息、修改信息还是新信息进行编码,其中原始信息是最初实验材料中的信息,修改信息是被试根据实验材料信息加工过的信息,新信息是实验材料中没有的信息。为保证两位编码者有较高的评分者信度,对于有分歧的信息编码需通过协商达成一致。

然后对上述两位编码者的编码结果进行一致性检验,可使用 Cohen Kappa 公式进行评分者信度计算。其中,计算结果若在 0.0~0.20 之间代表吻合度极低;若在 0.21~0.40 之间代表吻合度一般;若在 0.41~0.60 之间代表吻合度中等;若在 0.61~0.80 之间代表吻合度很高;若在 0.81~1 之间代表几乎完全吻合。需要注意的是,如果新信息和修改信息的数目很少,则需要把新信息的数目与修改信息的数目合并为非再生信息计算。

根据具体的实验目的，将新信息、修改信息以及原始信息之间的一致程度作为因变量，做相应的数据分析。

3 应用范围

学习和记忆是根据我们过去经验中形成的信息分类方式而进行的。当原有图式和新的学习记忆冲突的时候，人们便会歪曲新的学习记忆，使之更符合我们头脑中的原有观念和原有图式。当然，Bartlett 早期的研究也有一些不足之处，如大部分材料并非有意义的材料或是日常生活情境中的材料，也没有注意记忆材料的文化背景因素等，这些在新近的研究中都有所改进。事实上，系列再生法的最大贡献在于，研究对象不再局限于单一个体，而是将记忆置于动态的信息传递过程中，通过社会群体成员的共同表现来推断个体记忆的情况，为记忆的研究指明了新方向。

系列再生法的使用突破了传统的个体认知实验局限，有效地将社会因素引入刻板印象测量领域，在有利于研究者控制变量的前提下，更好地模拟了现实生活情境，提升了实验室研究结果的外部推广效度。系列再生法的串联式信息传递过程重点在于人际互动环节，主试可以自由控制该环节的各种因素，比如是否存在互动、互动对象特征、互动形式等，从而考察刻板印象在不同情况下的表征。因此，系列再生法在减少实验室与社会现实情境差异的前提下，能同时兼顾研究个体和社会两类刻板印象以及它们之间的相互作用。

02 "样由心生":刻板印象激活任务

请想象你是一家大型公司的人力资源顾问,负责公司的招聘工作,现有两个岗位面向社会进行招聘:岗位 A 属于软件开发部门,要求应聘者具有较高的程序编写能力;岗位 B 属于市场营销部门,工作职责是在微信、微博等新媒体上对公司产品进行宣传,要求应聘者具有较高的文案书写能力。现在有"刘志飞""陈丽婷"两位应聘者投递了简历,在没有仔细了解两位应聘者相关能力的阶段,如果让你对两人做岗位分配,你会怎么选择呢?也许,你会将"刘志飞"分配到属于软件开发部门的要求具有程序编写能力的岗位 A,而将"陈丽婷"分配到属于市场营销部门的要求具有文案书写能力的岗位 B。这是因为大多数时候,人们对男性和女性擅长的领域和具有的能力持有较为稳定的刻板印象,例如男性擅长程序编写,女性擅长文案书写,仅仅是一个偏向男性化或女性化的名字,就可以激活人们关于性别的刻板印象,从而做出维护刻板印象的行为。除了典型的性别刻板印象,为了解人们所持有的多个方面的刻板印象是如何被激活的,研究者们设计了刻板印象激活任务(Stereotype Activation Task),在实验室环境中探索什么因素能够激活人们的刻板印象,以及此心理过程的内在机制等。

1 来源与发展

刻板印象一直都是社会心理学家们探讨的核心问题之一。作为对社会群体属性的心理表征,刻板印象通常以休眠的状态存储在长时记忆中。由于社会认知过程中往往要面对复杂繁多的信息,而可用的时间和认知资源有限,因此人们会迅速激活刻板印象以帮助其完成诸如形成他人印象、做出判断等社会认知任务(Hamilton et al., 1994)。所谓刻板印象激活(Stereotype Activation)是指知觉者通过相关线索(如面孔、肤色或社会类别标签等)在头脑中获得靶子所在群体的刻板印象(如特质构念、行为特征等)的认知过程(Kunda et al., 2003)。根据刻板印象加工过程模型,刻板印象激活是刻板印象加工过程的关键环节——它既是分类（categorization）的必然结果，也是刻板印象应用（stereotype application）的必要前提（Krieglmeyer et al., 2012），考察并揭示其加工特点与机制对于理解刻板印象整个加工过程以及基于刻板印象激活的诸多社会认知现象（如刻板印象威胁、印象形成、偏见和歧视等）具有重要的理论和现实意义（杨亚平 等，2019）。

2 基本知识与原理

如何考察知觉者头脑中关于某一社会群体的刻板印象激活呢？以往研究通常采用序列启动范式（sequential priming）来考察刻板印象是否激活（Kidder et al., 2018）。具体来说，在该范式中刺激由启动-靶子对构成，先呈现一个启动刺激——其通常为社会类别线索（如面孔、社会类别标签词）；紧接着呈现一个靶刺激，在实验设计上往往使其与启动刺激构成一致和冲突两种条件：一致即靶子词与启动所激活的刻板印象一致（如启动刺激为"女性"，靶刺激为"温柔"），冲突即靶子词与启动所激活的刻板印象不一致（如启动刺激为"男性"，靶刺激为"温柔"）。自20世纪80年代末开始，研究者们就开始采用这一经典范式，并借助反应时技术来考察刻板印象的激活。尽管所探讨的刻板印象不尽相同（如性别、种族、年龄、职业刻板印象等），但大量行为研究一致发现刻板印象激活效应的基本模式为：当靶子词与之前启动所激活的刻板印象一致时，与冲突条件相比，被试的反应时更快、正确率往往更高（王沛 等，2010）。这一模式在以反应时和正确率（尤其是反应时）为指标的研究中得到无一例外的证实，因此在反应时上一致条件快于冲突条件已被社会认知领域研究者们视为判定刻板印象激活效应发生的标准（杨亚平 等，2019）。

2.1 材料与工具

刻板印象激活任务的材料是关于某一群体或者事物的刻板化信息。以城乡刻板印象为例（仇妙芹 等，2008），在学习阶段，制作48张卡片，每张卡片上分别有一个编号、一个城乡标签与一个属性词。其中16张为"城市人/农村人"标签，分别与8个典型的城市人属性词联系在一起，另外16张"城市人/农村人"标签，分别与8个典型的农村人属性词联系在一起，剩余16张"城市人/农村人"标签，分别与8个中性词联系在一起（见表1）。所有的卡片顺序均随机排列。

表1 刻板印象激活任务材料示例

项目	材料词							
城乡标签	城市居民	城市人	市区人	城里人	农村村民	农民	农村人	乡村农民
城市人属性词	善交际的	见多识广	自信	精明	健谈	老练	自大	势利
农村人属性词	淳朴	节俭	勤劳	自卑	拘谨	刻苦	老实	落伍
中性词	蓝色	前面	窗户	重叠	语言	消息	习惯	字母

测验阶段卡片同样是48张，卡片格式与学习阶段卡片完全一样，但卡片上标签与属性词的配对与学习阶段卡片完全不同，目的是避免被试长时记忆对测验阶段卡片的相关结果产生影响。

2.2 基本程序

刻板印象激活任务通常由学习阶段、延迟阶段以及测验阶段三个部分组成。学习阶段主要是让被试对所呈现的刻板印象材料进行学习和记忆，指导语应依据具体的研究目的来撰写，体现研究所涉及的自变量。延迟阶段的目的则主要是阻止被试复述学习内容而产生长时记忆，可以进行数学测验等活动。测验阶段中，给被试依次呈现一系列卡片，卡片中信息的呈现模式与学习阶段相同，其中一半卡片是学习阶段中出现过的，另一半则是全新的，被试需要完成的任务是判断他们看到的卡片是否学习阶段中出现过的。

2.3 数据分析

刻板印象激活任务的基本程序为学习再认范式，因此数据分析的主要指标就是被试的记忆成绩。一般而言，即为被试的虚报率，指实际上只有噪音而观察者却认为是信号出现的不正确报告，在具体的研究中，应根据研究思路和变量设计来对此数据分析指标进行分析。

3 应用范围

刻板印象激活任务是刻板印象研究领域中较为常见的研究范式之一，应用相对成熟，可以适用于多种研究目的。在实际应用中，研究者基于所在的文化环境，给被试呈现针对某个群体或者事物的刻板印象信息，被试通过学习阶段、延迟阶段以及测验阶段来对上述信息进行识记和复述，通过分析被试的记忆任务表现来考察其本身所持有的刻板印象对其认知表现的影响。在具有易操作等优点的同时，该范式也在很大程度上依赖研究者给出的刻板印象信息是否合理和真实，因此研究者在应用该范式时要保证刻板印象信息的合理可靠。

刻板印象激活任务适用范围广泛，在有关刻板印象持有程度、内隐刻板印象测量等领域都可以使用。在有关刻板印象的社会认知领域研究中，刻板印象激活任务大有用处，可根据研究者的具体研究目的和研究材料进行修改，对于刻板印象在何种社会情境中产生，被试对某类群体的刻板印象持有程度及具体内容问题的探索都具有重要意义。

03 "能记多少": 变化觉察任务

工作记忆是一个临时的心理"工作平台",在这个工作平台上,我们要对信息进行操作处理和组装,以帮助我们理解语言、进行决策以及解决问题。此时我们也许会好奇:既然工作记忆这么重要,那么我们工作记忆的容量有多大呢?为了测量工作记忆的容量,研究者也提出了许多方法,比如呈现如下的算式和单词:(4×2)－1=1? SNOW、(3×1)＋4=7? TABLE,要求被试先进行口算并验证结果,然后读单词,最后回忆所有的单词;再比如阅读广度任务。在本文中,我们主要介绍一种内隐测量范式——变化觉察任务(Change Setection Task,CDT)。

1 来源与发展

工作记忆是一种对信息进行暂时加工和贮存的容量有限的记忆系统,在许多复杂的认知活动中起重要作用。视觉工作记忆(Visual Working Memory,VWM)指的是当视觉刺激消失之后,个体仍然能够在较短的时间内保存和处理这些视觉信息(Luck,2008)。视觉工作记忆能够作为一个连接人类视觉感知与深层次认知加工的桥梁,并促进个体对视觉场景形成连贯的理解。尝试去理解视觉工作容量有限机制一直被视为视觉工作记忆领域的核心议题。有研究表明视觉工作记忆的容量(Working Memory Capacity)一般限制在3~4个简单的物体以内(Luck et al.,1997),并且具有稳定且实质性的差异。测量视觉工作记忆容量的范式有很多,比如O span任务,它主要关注的是工作记忆中的中央执行成分(Engle,2002);变化觉察任务,它主要关注的是视觉短期记忆(Cowan,2001);位置追踪任务,它主要关注视觉短期记忆和中央执行成分。Luck和Vogel(1997)最早使用变化觉察任务来测量视觉工作记忆容量。

近年来,Ngiam等人(2019)将CDT中的实验材料改变为多种类型的字母,并加入了掩蔽刺激来测量视觉工作记忆容量的影响因素。Starr等人(2020)在其研究中将实验材料改成了真实存在的物体来进行测量。还有研究改变了实验材料呈现的数量(Shields et al.,2020)。总体上,研究者们基于不同的研究目的和研究领域在Luck等人（1997）的基础上改进和丰富了变化觉察任务的实验材料和程序。

2 基本知识与原理

变化觉察主要是指观察者对变化的首次觉察，不仅涉及正确地觉察（报告变化是什么时候发生的），还包括识别（报告变化是什么）以及定位（报告变化在哪里）。变化觉察指的是观察者能否正确地觉察到某一项目的变化，主要原理是呈现一个记忆界面和一个测试界面。两个界面中间有短暂的间隔，然后需要被试指出这两个界面在单一特征方面是相同还是不同，进而得到被试判断的准确性。这里被试判断的准确性是记忆界面项目（方块）数量的函数，从而可以确定有多少项目可以保留在工作记忆中。在变化觉察任务中，会涉及排列水平和 K 分数这两个概念，排列水平具体是指在记忆界面中项目（方块）的数量，分为三种，即4个、6个和8个；K 分数是指工作记忆的容量，通过公式可以求得不同排列水平的工作记忆容量。

2.1 材料与工具

根据 Harris 等人（2020）使用的研究方法，CDT 的实验材料是7种不同颜色的方块，分别是白色、黑色、紫色、绿色、红色、蓝色和黄色，宽和高均为 0.65°。

2.2 基本程序

CDT 的基本流程如图1所示，首先在灰色背景（宽 9.8°、高 7.3°）上呈现一系列颜色方块（持续 150 ms），被试需要记住方块的颜色及位置，接着呈现灰色背景 900 ms，之后在原来呈现方块的其中某一个位置上呈现单独的探测刺激方块，被试判断探测刺激方块与先前在同一位置上方块的颜色相同或不同，并快速地做出按键反应。

在第一个界面中，分为3个排列水平，分别是4个、6个和8个方块。在4个和6个方块的阵列中，方块的颜色是从7种颜色中随机选择的，颜色不重复；在8个方块的阵列中，也是从7种颜色中随机选择，其中一个颜色出现两次。在呈现不同水平的方块时，要保证每个方块的中心离其他方块的中心至少 0.2°。在第三个界面中，有的探测刺激方块和原来位置上方块的颜色是相同的，有的是不同的，它所呈现的位置和颜色都是随机确定的。被试需要按照4、6、8三种排列水平的顺序完成整个

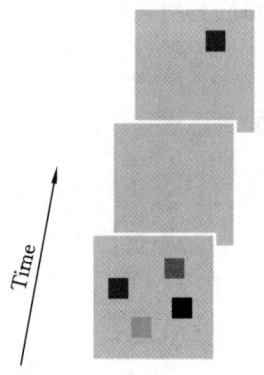

图 1　变化觉察任务的基本流程（源自：Harris et al., 2020）

实验，并且每一个方块的位置和颜色对于每个被试都是一样的，以减少在工作记忆容量估计中可能产生的误差。

CDT 包括两个阶段，分别为练习阶段和正式实验阶段。在练习阶段，每一个排列水平都有 6 个试次，一半试次的探测刺激方块和原来位置上方块的颜色相同，另一半试次则不同。在正式实验阶段，每一个排列水平都有 60 个试次，一半试次的探测刺激方块和原来位置上方块的颜色相同，另一半试次则不同。在两个阶段中每一个试次结束后，都会向被试提供反馈（持续 500 ms），当被试反应正确时，会听到一个高音调的声音；反应错误时，会听到一个低音调的声音。每一试次中被试做出反应 500 ms 之后再呈现下一试次。

2.3　数据分析

分析该范式的数据时，从被试的按键反应可以看出不同排列水平下被试的击中率和正确拒绝率，然后按照标准公式 $[K=(H+CR-1)N]$ 计算每一个排列水平的 K 分数，其中 H 是击中率，CR 是正确拒绝率，N 是排列水平。由于通常会将变化觉察任务和其他任务中的一些其他指标放在一起来分析，所以具体数据分析方法需要依据具体研究问题而定。

3　应用范围

变化觉察任务可以运用到临床、注意、记忆、认知功能等领域。在临床方面，已有研究发现精神分裂症患者的注意捕获能力较差，从而导致工作记忆容量下降（Mayer et al., 2012），因此可以利用该范式对有生理或心理障碍的个体提供必要的改良方案。在注意方面，Fukuda 和 Vogel（2011）将其与视觉搜索任务结合起来，考察了工作记忆容量和注意力各方面的关系。在记忆方面，可以结合该范式来研究影响工作记忆容量的因素，从而为提高工作记忆效果提供理论上的见解。Brady 等人（2016）的研究发现，随着编码时间的增加，对于彩色方块的记忆趋于平坦，而对现实世界物体的记忆却不断增强；Starr 等人（2020）发现对于成年人和4～9岁的儿童来说，熟悉的物体比不熟悉的物体更有助于记忆，语义知识会影响到视觉工作记忆容量，也有另一项研究发现对字母的视觉工作记忆随熟悉度而异，但不随复杂性而异（Ngiam et al., 2019）；回忆压力事件对工作记忆不会造成影响（Shields et al., 2020）。在认知功能上方面，变化觉察任务可以探索不同年龄群体之间的差异及工作记忆与认知功能（如推理、问题解决、信息处理等）的关系。Greene 等人（2020）将视觉与听觉信息结合在一起，来比较年轻人和老年人的工作记忆容量；Guo 等人（2020）加入了情绪诱导，发现消极情绪对工作记忆容量有负面影响。除此之外，该范式还可以和认知神经科学等方法结合，通过注视时间等指标来探讨相关问题。

变化觉察任务是应用较为广泛的一种测量工作记忆容量的方法，分为识记、间隔和觉察三个阶段（李鹏 等，2007），通常有单探测和整体探测两种方法（Wheeler et al., 2002）。单探测法是指觉察项目只呈现一个刺激，要求被试判断这一刺激是否与识记项目中的某一个刺激相同；而整体探测法是指觉察项目的刺激数与识记项目的刺激数相同，但只有其中某一个刺激的特征或特征联结方式发生了变化。相比于阅读广度测试或结合算式与单词来测量工作记忆容量的方法，变化觉察任务使用了按键的正确率这一指标，为工作记忆容量提供了更加科学的测量方法。

04 "分类偏见":谁说了什么范式

在社会认知领域,社会分类加工是对他人进行个体化建构的首要环节。正如 Allport(1954)所言:"人类必须在分类的基础上进行思维,分类加工是形成判断的前提,我们无法避免这个过程。"当你想要进行与不同分类群体有关的研究时,你可能会思考这样一个问题,如何观察到被试最真实的反应,因为被试可能存在群体偏见,但是在实验过程中很好地隐藏了这种想法。那么,或许你可以使用"谁说了什么"(Who said what)范式,一种在社会分类中可以观察被试自发反应的研究范式。

1 来源与发展

对于混血儿这样的多种族主义分类,存在两种解释,一种解释是次血统原则(Principle of Hypodescent),即由于美国历史上的一些原因,在法律上对于含有黑人血统的混血儿都归类为次血统种族黑人而非主流种族白人;另一种解释是少数偏见(Minority Bias),即人们会倾向于将混血儿归类为社会少数群体非白人群体。许多研究者试图使用一种不指导被试进行种族分类的方式来进行实验,在实验过程中,被试甚至不需要为每一张脸说出一个类别。经典的"谁说了什么"范式(Taylor et al.,1978)恰好可以测量被试对多种族个体的内隐分类。进一步而言,被试往往依据陌生个体面孔所有的性别、年龄、种族等多重社会范畴信息对其进行加工,以快速识别和了解他人。在基于面孔识别的多重社会分类加工过程中,亚类别间存在着复杂的交互作用。因此,Taylor 和 Fiske 等人(1978)提出"谁说了什么"范式,来确定社会类别在社会认知中自发使用的程度。

研究者利用"谁说了什么"范式来按亲属关系、道德、能力、职位和口音进行分类。研究发现,按种族分类是我们强烈的、与生俱来的分类倾向的产物,当种族成为不能很好地预测同盟的因素时,这种倾向可能会减弱(Pietraszewski,2016)。在多种族分类中存在少数人偏见,即

多种族面孔最常被归类为少数种族群体（Chen et al., 2018）。

2 基础知识与原理

社会分类是影响印象形成和刻板印象形成的重要认知工具（Fiske & Neuberg, 1990; Taylor et al., 1978）。人们自发地将他人进行归类（通常是无意识的），这是人们形成印象和决定适当行为时所依赖的社会类别。因此，社会分类是人们所感兴趣的，并且在相当长的一段时间里一直是社会科学关注的焦点。Taylor等人（1978）提出了一种最有效的实验方法来揭示自发的社会分类，即"谁说了什么"范式。"谁说了什么"范式认为，对分类进行加工后，群体内成员的差异会被缩小，而群体外成员的差异会被夸大。如果在进行配对任务时，类别内的错误率大于类别间的错误率，这就表明分类加工已然发生。通俗点来讲，人们更容易把属于同一类别的人所说的话归类在一起，而不会错误地归类为另一类别的人所说过的话，这一结果给编码时分类提供证据，也是"谁说了什么"范式的核心。若在某种条件下，类别内与类别间错误率的差异大于另一条件下的这一差异，则那么前一条件下该类别的加工程度要大于后一条件下的加工程度。

2.1 材料与工具

实验材料主要是两类：陈述句子和中性面孔图片。陈述句子与性别、民族以及种族等（具体实验所用分类类别）无关，通常描述的是个人喜好和兴趣（例如，"我喜欢在天气好的时候去公园"，"我真的很喜欢看好的喜剧和冒险片"）。中性面孔图片根据具体实验目的和实验设计，选择合适的材料，并且没有显示毛发线索。比如，如果研究目的是黑人和白人，男性和女性的两种类别的交叉分类，则可以选择四类图片：黑人男性面孔图片、黑人女性面孔图片、白人男性面孔图片以及白人女性面孔图片。

2.2 基本程序

以对白人、黑人和黑白混血儿的分类实验举例。招募被试，随机分入A组或者B组，实验设计是2（组别：A/B）×3（种族：黑人/白人/黑白混血儿）。在实验开始前，由主试给被试解释实验指导语。告知被试他们将参与一项记忆测试相关实验，分为学习阶段和记忆测试阶段。在学习阶段（见图1），将呈现三类人的面孔照片以及这些人所说的话（陈述句），要求被试将面孔和陈述句进行配对记忆，共有9张照片（白人、黑人和黑白混血儿的照片各三张），每张呈现3次，每个人有3段不一样的陈述，共27段陈述，出现顺序随机。在记忆测试阶段（见图2），随机呈现27段陈述，每呈现一个陈述句，则要求被试判断在学习阶段是否呈现过这段陈述。如果被试回答是，则向他们呈现第一阶段出现的9张有编号的面孔图片，让被试选择说出该段陈述的相应面孔图片；如果被试回答否，那么向被试呈现下一个陈述句。然后，被试需要完成个体差异测量和人口学信息问卷。A组和B组重复同样的实验流程，但B组中每个面孔照片匹配的三段陈述句均不同于A组中该照片匹配的陈述，这是为了确保实验结果并非与特定面孔和特定句子配对相关。

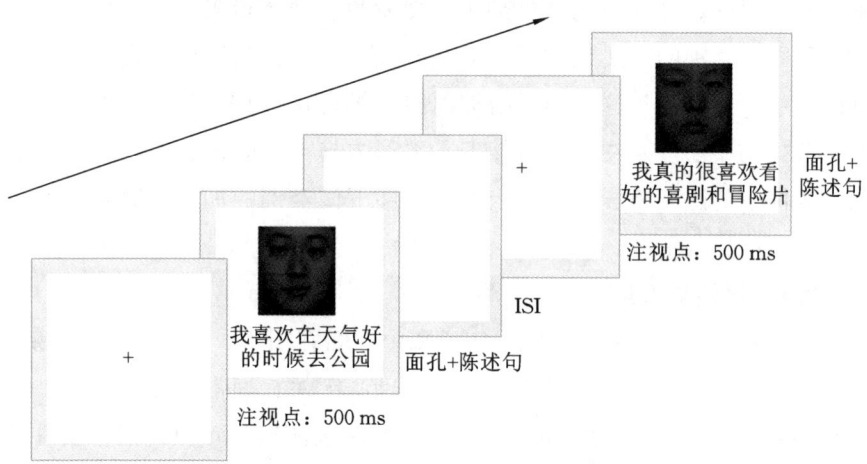

图1 "谁说了什么"范式学习阶段基本流程

最基本的"谁说了什么"范式，只涉及一种类别，比如男性和女性。上述作为程序介绍的举例，则是在一种类别的两个水平的基础上增加为三个水平，并设计了两个组别，使得实验更加严谨。"谁说了什么"范式还可以在上述基本程序的基础上进行完善，例如：（1）学习阶段和面孔同时呈现的陈述句，可以使用音频的形式；（2）记忆测试阶段中除了呈现学习阶段的陈述句，还可以加入一半的干扰句。

2.3 数据分析

以上述对白人、黑人和黑白混血儿的分类实验为例。由于实验设计

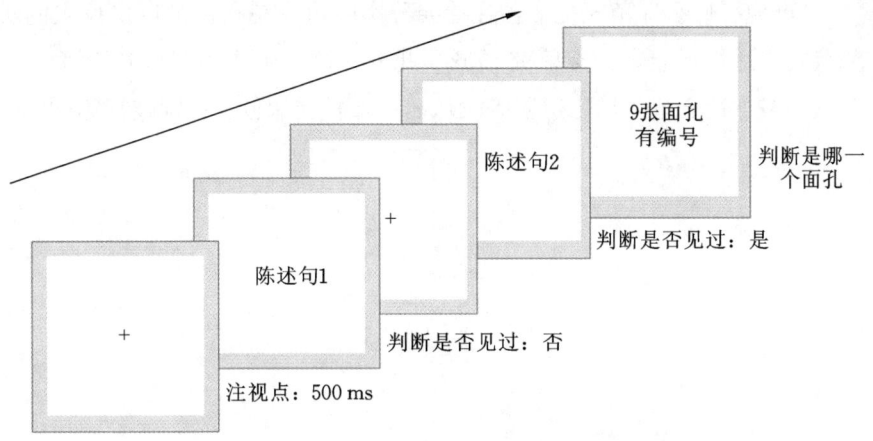

图 2　"谁说了什么"范式记忆测试阶段基本流程

是 2（组别：A/B）×3（种族：黑人/白人/黑白混血儿），组别是被试间变量，种族是被试内变量，那么可以对记忆测试阶段的识别正确率或者错误率，使用 SPSS 进行混合设计重复测量方差分析。被试将黑人说的话错误地识别为另一个黑人，犯错类型是类别内错误；将黑人说的话错误识别为白人，则犯错类型是类别间错误。被试在记忆测试阶段犯错误的性质支持了编码时的分类。具体地说，被试更有可能将黑人面孔的陈述错误归类于另一个黑人个体，而不是白人个体（Taylor et al., 1978）。

3　应用范围

"谁说了什么"范式的一个明显优点是，它是一种内隐的分类操作，因为它没有明确提到某类别或指示按某类别进行分类。相反的是，被试对不同类别的编码是从记忆测试阶段产生的错误类型推断出来的。因此，"谁说了什么"范式使得研究者可以发现个体如何自发地看待这个社会。但是该实验范式的数据分析，存在一个误差。以最基本的一维分类为例，假如有 4 张男性面孔和 4 张女性面孔，那么把其中一张女性面孔所说的话识别为其他三张女性面孔所说的话，存在三个类别内错误，但是把这张女性面孔所说的话识别为其他男性面孔所说的话，却有四种可能的类别间错误。那么，在数据分析时，仅根据记忆测试阶段的两类错误率进行分析，似乎存在不合理的地方。

"谁说了什么"范式是一种在社会分类中可以观察被试自发反应的研究范式，适用于社会分类研究领域。此外，这一范式也可以在交叉分类领域、多重社会分类加工过程等领域研究如种族偏见、性别歧视等问题。

05 "记忆犹新"：延时匹配样本任务

你在认识了一个陌生人之后，隔了一段时间，是否还能在一群陌生人中认出这个人呢？我们在生活中可能会遇到这样的情况：第一次使用一把新买的伞之后将其放在伞堆里，过了一会儿再去找的时候就不记得自己新买的伞是什么样的。而一些记忆力好的人，在观察完一杯水之后，能在500多杯水中认出自己最开始辨认的那一杯。这是由于人们对于事物的编码、储存以及再认的过程会有差别，那么要如何去测量人们在记忆过程中的差别呢？本篇将介绍一种测量个体编码、储存、提取记忆过程差异的范式——延时匹配样本任务。

1 来源与发展

延迟匹配样本任务（Delayed Matching to Sample Task，DMTS）是用来研究人类和非人类动物记忆过程的一种范式。这一范式最早用于鸽子的延迟匹配记忆研究中（Blough，1959），研究者随机将两个样本刺激之一显示在中央键上，鸽子啄下该键，然后移除样本刺激，紧接着出现一段时间间隔，之后在左、右两个按键上呈现出两个比较刺激。当鸽子选择与样本刺激相匹配的比较刺激时，偶尔会获得强化物（如食物），如果鸽子选择了错误的比较刺激，会导致短暂的停电。后来，D'Esposito（1999）在研究中首次使用了字母、数字的延迟匹配任务，通过该任务来分离工作记忆的保持和操作功能。

研究者们根据各自的研究领域和目的，在 D'Esposito（1999）的延迟匹配任务基础之上进行了修改与完善。在不同的研究中，该任务的阶段和基本流程是固定的，但是根据实验目的的不同，人们所使用的刺激材料类型、刺激量、刺激呈现时间与延迟间隔等方面存在差异（Gobin et al.，2020）。新近，有研究者运用元分析来探索延迟匹配样本任务在工作记忆测量中的表现，支持了工作记忆中前额叶皮层的作用，以及由其他皮质区域（如运动前皮质和眶额皮质）和皮质下结构所组成的回路的作用（Daniel et al.，2016），同时，也发现了以文字或非文字为刺激材料的延迟匹配样本任务会激活不同的工作记忆网络。

2 基本知识与原理

由于延迟匹配样本任务设计之初被用来进行记忆研究，因此，该任务的实验流程和原理也分别与工作记忆的编码、存储、提取三个过程一一对应，共包括三个固定实验阶段，分别为目标、延迟和探测阶段。在目标阶段，通常是向被试呈现一定项目数的刺激，对应工作记忆的编码阶段；在延迟阶段，先前呈现的刺激消失，对应工作记忆的存储阶段；在探测阶段，呈现一个刺激，要求被试判断是否是目标阶段出现过的刺激，对应工作记忆的提取阶段（Alsop et al., 2008）。

在延迟匹配样本任务中包括两类刺激材料，分别为目标刺激与干扰刺激，目标刺激即为在编码阶段需要学习的刺激；而干扰刺激不在编码阶段出现，只在探测阶段呈现，作为与目标刺激不匹配的新刺激。

2.1 材料与工具

延迟匹配样本任务所使用的刺激材料类型与实验目的相关，通常为视觉刺激的字母、数字或形状等（Alsop et al., 2008；Reed, 2012），此外，还有一些研究想测量跨通道的记忆过程，因此也会使用听觉刺激作为研究材料（郑志伟 等，2013）。还有一些研究使用空间位置记忆任务，在目标阶段，在屏幕上 8 个可能的二维空间位置中随机选择几个位置呈现方框；在探测阶段，要求被试探测某位置是否出现过（D'Esposito, 2000；王益文 等，2004）。

2.2 基本程序

延迟匹配样本任务一般有两种形式，即"多对一"与"一对多"。在"多对一"任务中，被试先学习一定数量的目标刺激，然后对某一靶刺激进行反应；而在"一对多"任务中则先学习一个标准刺激，在后续的反应阶段则依次对多个匹配或不匹配的刺激进行反应。下列程序为"多对一"任务程序示例，包括目标、延迟和探测三个阶段。在目标阶段，首先会呈现 1 000 ms 的注视点"+"，紧接着，会在屏幕中同时呈现（900 ms）或依次呈现一定项目数的目标刺激（每个刺激呈现 300 ms），让被试尽量记住这些项目；在延迟阶段，先前呈现的刺激消失，呈现一段时间的白屏（3 000 ms）；在探测阶段，在屏幕中呈现一个刺激，要求被试判断是否是目标阶段出现过的刺激，如果是则按"F 键"，如果不是则按"J 键"（如图 1）。

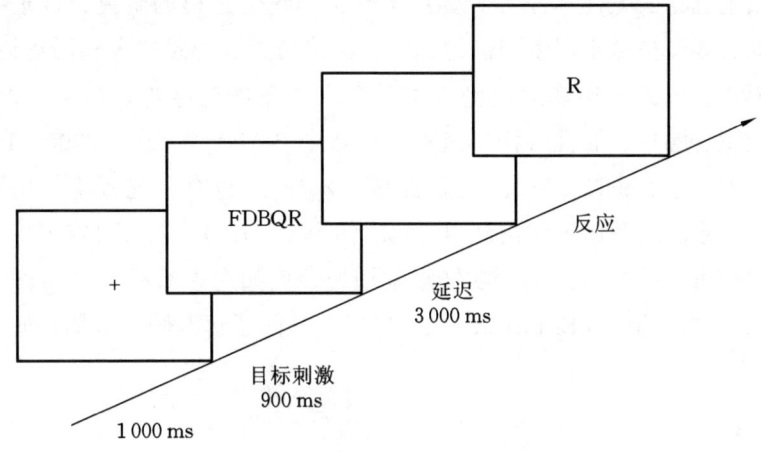

图 1　标准延时匹配样本任务基本流程

2.3　数据分析

在实验过程中统计探测阶段的击中次数、漏报次数、虚报次数和正确否定次数，计算击中率、漏报率、虚报率、正确否定率以及反应时。击中即被试正确再认了之前出现过的刺激；漏报即被试未能再认之前出现过的刺激；虚报即被试错误报告了之前未出现过的刺激；正确否定即被试正确判断了之前未出现过的刺激。其中反应时的计算方式是从探测刺激呈现至被试给出按键反应为止。正式数据的方差分析关注不同类型行为结果的正确率与反应时。

3　应用范围

延迟匹配样本任务可以研究工作记忆不同阶段的加工过程，该范式可以通过控制所呈现样本刺激容量的多少来控制记忆负荷这一自变量，也可运用于测量多种刺激类型的记忆过程，还可进行跨通道记忆过程的探索。此外，也可以通过调整延迟时间以控制任务的难度，从而改变工作记忆容量（Gobin et al., 2020）。延迟匹配样本任务具有较好的时效性，这一范式将记忆的编码、存储和提取阶段区分开，能够很好地与事件相关电位技术或核磁功能成像技术相结合，进而了解被试在记忆各阶段的大脑活动情况。然而，由于该范式只分为目标、延迟与探测阶段，在进行跨通道的工作记忆研究时，无法准确了解对应通道刺激提取过程的时间。

目前延迟匹配样本任务主要用于对工作记忆过程的研究，通过结合核磁共振成像技术来探索记忆的编码、存储与提取阶段的大脑活动情况。具体而言，研究者将其运用到人类与非人类动物对字母、数字、形状、空间位置、图片、面孔等记忆过程的探索中（Alsop et al., 2005；Paule et al., 1998；Reed, 2012；刘英杰 等, 2014）。也有研究者将其用于对词汇与声音的跨通道工作记忆中（郑志伟 等, 2013），还有研究者用该范式来比较不同被试群体的脑功能缺陷情况，例如对患有精神障碍群体的记忆水平进行测试（Elliott et al., 1998），从而了解他们的认知功能受损情况。

06　"印象他人"：错误再认范式

当看到一位年轻人在火车上帮助一位老年人卸行李，你会对这位年轻人产生什么样的印象？当在一家餐馆就餐时，旁边桌的客人因为服务员的无心之失而大发脾气，你会对这位客人产生什么印象呢？当在公共课上与陌生同学组队完成任务时，你的一位队员快速且优质地完成了小组任务，此时，你会对这位同学产生什么印象呢？或许你会分别对这三个人形成乐于助人的、咄咄逼人的和能干的等印象。换言之，当我们看到一个人背着沉重的包裹帮助陌生人时，我们不仅将其行为本身理解为乐于助人，而且还推断这个人实际上是位乐于助人的人。在这样做的过程中，我们不仅理解了行为（有益或无益）的含义，而且形成了对行为者的印象。我们为什么要做出这样的推理呢？社交生活中充满了对其他个体形成印象的机会。有时，人们会有意留下好印象，比如，在工作面试时，与新同事的会议中，或者碰到新朋友的社交聚会上，但是更多的时候，人们对他人的印象形成或推断是自发的，毕竟了解他人的性格有助于我们预测他人未来的行为，在复杂的社会环境中具有很重要的社会适应功能。

1　来源与发展

早期研究者（Carlston et al., 1994）常使用重学节省范式（The Savings and Relearning Paradigm）研究自发特质推理（Spontaneous Trait Inferences, STIs），但是 Todorov 和 Uleman（2002）指出，重学节省范式存在一个不足，即不能有效分离有意图加工过程和自发特质推理过程。在典型的自发特质推理研究中，例如，让被试尝试记住每个行为者的行为和相应句子，特质线索促进句子回忆（Winter et al., 1984）。但是，当把行为回忆考虑在内时，这些研究中没有一致的证据表明行为者和特质之间存在联系。错误再认范式（the False Recognition Paradigm）既利用了特质-行为者联系，又利用了行为者-特质联系，于 2002 年被 Todorov 和 Uleman 用于研究自发特质推理。

随着研究的开展，在使用错误再认范式研究自发特质推理时，研究者开始将该范式与认知技术手段相结合来考察自发特质推理的神经机制，如 Van Duynslaeger 等人（2008）的研究使用 ERP 技术与错误再认实验相结合，对自发特质推理开展研究。

2 基本知识与原理

自发地、快速地、无意识地因他人的举动对他人形成印象的行为称为自发特质推理。通过自发特质推理，人们可以很好地预测他人的后续行为，社会互动便依赖于每个人预测他人行为的能力，以有效地协调人际互动行为。特质是观察者在编码行为信息的过程中自发推断出来的，实际上超出了观察者捕捉其行为意义的能力，这些特质成为行为者的属性。错误再认范式能够揭示在面对明确任务需求时发生的自发特质推理，能够揭示长时记忆中的自发特质推理，以及能够产生较大影响的自发特质推理。由于自发推理是在无意识中发生的，感知者甚至可能没有意识到他们正在做出这些推理。因此，基于自发特质推理的群体印象将构成无意中形成的刻板印象的基础。

2.1 材料与工具

错误再认范式的主要实验材料有三种：特质句子、填充句子和中性面孔材料。特质句子需要根据具体的实验目的来设计。具体来说，根据实验所需特质，针对每种特质生成 2～4 个描述该特质相关行为的句子，这一过程产生了潜在特质句子。然后，让被试对每个潜在特质句子进行三次评分，分别对该句子与暗示特质、无关特质、相反特质的相关程度进行 11 点评分。理想结果为，句子与暗示特质相关度的评分显著高于无关特质，与相反特质相关度的评分显著低于无关特质。特质句子举例："Worked hard to finish an assignment before a deadline—ambitious"，"Provided food and clothing for the flood victims—kind"，"Heckled a woman speaking on human rights—rude"。填充句子则是在特质句子的基础上直接把此句暗示的特质词添加入其中，如，"Andrew was so aggressive that he threatened to hit her unless she took back what she said"。中性面孔材料则是选择表情为中性的、色彩饱和度相同的男性面孔和女性面孔。

2.2 基本程序

错误再认范式包括两个阶段，即学习阶段和测验阶段。实验开始之前被试都被告知，这是一项关于人们如何记忆信息的研究。

在学习阶段，电脑屏幕上随机呈现一系列面孔图片，每张面孔图片下方都有一个行为句子，构成面孔-行为句子的配对，行为句子分为特质句子和填充句子两类，前者不直接包含特质词（如，"×××主动地帮妈妈做家务活并给妈妈按摩肩膀"，隐含的特质词"孝顺的"），后者直接包含特质词（如，"×××是个勇敢的人，每当别人遇到危险时总是挺身而出"，包含特质词"勇敢的"）。要求被试尽可能记住每一个面孔-行为句子配对，以便稍后进行记忆测试。

在测验阶段，电脑屏幕上随机呈现一系列在学习阶段出现过的面孔图片，每个面孔图片下面都有一个特质词，构成面孔-特质词的配对。要求被试尽可能快速地判断与某一面孔配对的特质词是否出现在学习阶段与该面孔配对的行为句子中，并按键作答。面孔图片和特质词的配对分为三种：如果特质词包含在学习阶段的行为句子中，那么该配对为填充配对；如果特质词隐含在学习阶段的行为句子中，并且与该特质词配对的面孔和与隐含该特质词的行为句子配对的面孔是同一个，那么该配对为系统配对；如果特质词隐含在学习阶段的行为句子中，但是与该特质词配对的面孔在学习阶段是与隐含其他特质词的行为句子进行配对，那么该配对为随机配对。

错误再认范式的基本假设为：在学习阶段，如果被试将激活的特质与行为者或者信息提供者建立联结，那么，在测验阶段，对于系统配对，被试对行为者-特质词或者信息提供者-特质词将会更熟悉，因此会错误地认为与该面孔配对的特质词出现在学习阶段与该面孔配对的行为句子中，即进行"是"的反应。也就是说，与随机配对相比，被试系统配对的错误率更高。

以证明个体自发特质存在为例。在学习阶段，一共有 24 个试次，12 个试次是"面孔＋暗示特质的句子"，另外 12 个试次是"面孔＋填充句子"。每个刺激（面孔＋句子）呈现时间为 10 s，刺激之间的时间间隔 2 s。在 24 个试次后，被试被告知，在测验阶段中他们将看到学习阶段中的面孔，每个面孔都伴随着一个形容词（呈现 5 s），他们的任务是以最快的速度判断，与该面孔图片配对的特质词是否出现在学习阶段与该面孔图片配对的行为句子中,"是"则按"M 键","否"则按"X 键"。为了让被试熟悉这项任务,可先进行两次练习。

2.3 数据分析

首先对收集到的原始数据进行处理,剔除在 3 个标准差之外的反应时数据。然后再统计每个被试在特质句子下和填充句子下的错误再认率。最后可根据具体实验设计选择合适的数据分析方法。例如,以情绪(积极,消极)为被试间变量,以面孔图片-特质词的配对类型(系统配对,随机配对)为被试内变量,对再认错误率进行 2×2 的重复测量方差分析。

3 应用范围

错误再认范式的明显优势在于能够有效地分离有意图加工过程和自发特质推理过程,得到更为精细的结果。但这一范式也存在一些不足:首先,错误再认范式通过文字呈现刺激行为,导致个体的特质推理容易受其语言理解能力的影响,比如以语言理解能力较差的群体或者儿童为研究对象时,难以进行探究。其次,错误再认范式中学习阶段和测试阶段的间隔时间,可能会使得被试的测试成绩受其记忆能力的影响。最后,错误再认范式是基于个体记忆能力的一个心理学范式,现实中个体记忆水平的差异可能对实验结果产生影响。

错误再认范式可以用于测量个体和群体层面的自发特质推理(Hamilton et al., 2015)。此外,使用该范式还可以用于考察中西方文化的差异,例如,Shimizu 等人(2017)使用该范式发现西方人在有意的和自发的印象形成中更多地依赖于特质,更容易产生自发特质推理,这可能反映了自动化过程中的文化差异。

07 "一叶知秋"：补笔测验

试想一下，如果我们在一间小学教室里看见了墙上的一个斑点，我们可能会联想这是顽皮的小孩子拿铅笔在墙上的涂鸦；如果这个斑点出现在酒店的厨房墙上，那么我们可能会认为这是不小心溅上去的油污；如果这个斑点出现在某部悬疑电影的特写镜头中，我们可能会猜想这也许是破案的关键线索……由一个小小的斑点，我们能根据以往的经验和所处的情境做出一系列猜测。同样，如果你得知班上新来了一位女生李某，但是花名册上她名字的一半被污迹遮住了，只能看见右边一半为"开"，你可能会猜测她的名字是李妍，而不是李研。看见不完整的信息，我们能根据已有的经验对信息做出判断，对信息进行完型，那么换一个思路，我们对不完形信息的完形反应也间接表露了我们已有的观念和认知图式。

1 来源与发展

补笔测验主要有两种形式，即词干补笔测验（Word Stem Completion）（Graf et al., 1984）和残词补全测验（Word Fragment Completion）（Tulving et al., 1982），它们都属于内隐记忆测验。内隐记忆测验是指先前经验在无意识的情况下影响当前任务，从而表现了记忆效果的测验。内隐记忆测验又可以分为数据驱动测验（基于心理加工的感知方面）和概念驱动测验（基于事件的意义）。补笔测验属于数据驱动测验，通过碎片化项目或快速呈现的项目来启动记忆信息，即让被试事先学习一系列刺激材料，一段时间后快速呈现刺激或呈现碎片化刺激，让被试对刺激进行辨认，被试的先验知识将对辨认结果产生间接的影响。词干补笔任务呈现单词的前半段让被试进行补充，例如，ele ____（elephant）；残词补全任务则要求被试补全一个缺字母的残词，例如 e_e_ h __ t（elephant）。除了以英文单词为刺激材料的补笔测验外，朱滢等人（1989）发展了以汉字为刺激材料的补笔测验。补笔测验被提出后多用于内隐记忆的认知研究，Gilbert 和 Hixon（1991）时首次将补笔测验用于内隐社会认知研究，用残词补全任务测量了对亚洲女性的内隐刻板印象。

2 基本知识与原理

在测验中，被试首先在编码阶段学习一系列实验刺激（例如单词），一段时间后，在回忆阶段给他们呈现一系列词干或残缺的单词，要求被试用想到的第一个词来补充完整单词。若被试在补充完整这些单词时采用先前学习过的词的概率高于随机水平（即表现出了启动效应），则认为在完成这一任务时有无意识加工（内隐记忆）的作用，并且在这种内隐测验中的表现通常与有意识回忆的外显记忆测验分离。

研究者在将补笔测验用于社会认知领域时，通常没有内隐记忆测验中的编码阶段，而以被试已存在的内隐认知（例如内隐刻板印象）作为先验知识和认知图式，潜在的假设是在进行补笔任务时，被试会无意识地应用已存在的先验知识，如刻板印象，被试完成的词汇内容间接揭示了其内隐认知。

2.1 材料与工具

在测量刻板印象时，首先请不参与正式实验的 20 名被试列出想到某群体时脑海中迅速浮现的所有词，列出超过 33% 的被试提名的词作为实验材料，控制这些词的熟悉度、理解性、长度（笔画数）等保持一致。在词干补笔任务中，保留词的词干部分，如 SHO ＿＿＿＿（SHORT）；在残词补全任务中，保留残缺的单词部分，如 S ＿＿ RT（SHORT），两个任务最大的区别就是保留的词部分不同。

例如，在 Gilbert 和 Hixon (1991) 使用残词补全任务测量对亚洲女性的刻板印象时，词汇材料为 14 个填充词和 5 个刻板印象词，其中刻板印象词为：S_Y (SHY)、S_ORT (SHORT)、RI_E (RICE)、POLI_E (POLITE) 和 N_P (NIP)。

2.2 基本程序

以测量对亚洲女性的刻板印象为例，把被试分为两组，实验的基本程序为给被试呈现录像，其中一组的录像会呈现一位亚洲女性举一块牌子，牌子中呈现残缺的词（如 POLI_E）；另外一组的录像是一位非亚洲女性举牌子，牌子中呈现残缺的词，两组录像除了举牌的女性不同之外其他的细节都相同。被试的任务是读取残缺的词，并且快速读出或写出脑海中首先呈现的词。实验总共呈现 19 个词，其中 14 个为填充词，5 个为关键的刻板印象词。

2.3 数据分析

计算每种实验条件下每个被试补全的词属于目标词（例如亚洲女性的刻板印象词）的个数，汇报平均数和补出了目标词的被试比例。以目标词的数量为因变量，群体为自变量（例如，亚洲女性组和非亚洲女性组），进行独立样本 t 检验。如果两组被试列出的目标词数量有显著差异，则表明被试的确对某群体存在某种稳定的内隐刻板印象。

3 应用范围

词干补笔任务和残词补全任务多用于认知研究领域，用来研究影响认知能力和内隐记忆的因素等。例如，Soler 等人（2015）使用词干补笔任务和残词补全任务的实验结果表明，精神分裂症患者的内隐记忆功能没有受到损害，但 Cim 等人（2020）利用词干补笔任务的实验结果表明，随着强迫症严重程度的增加，内隐记忆表现会受到负面影响。除此之外，在社会认知领域也可以利用补笔测验测量内隐态度、内隐刻板印象和内隐社会联系等。例如，Diekfuss 等人（2018）利用残词补全任务的实验结果表明，对痴呆患者的刻板印象会因痴呆诊断的类型和据称的痴呆原因而异；Kardos 等人（2018）的研究表明，手机和社交关系之间存在内隐的联结。值得一提的是，以上用于测量内隐态度的研究使用的词均为英文。由于英文为字符串类文字，而中文为方块字，以中文为实验材料应用于补笔测验中测量内隐态度的研究较少。借鉴补笔研究的思想，未来研究可以使用中文，以补充汉字的偏旁、短语或句子的形式进行内隐态度的测量。

需要注意的是，尽管词干补笔任务和残词补全任务的基本实验操作相似，都包含对词的感知，并且两种测试都要求被试说出脑海中出现的第一个单词，但它们由不同线索引发的过程类型不同。Clarys 等人（2000）发现，减少注意力时会降低词干补笔任务的成绩，但不会降低残词补全任务的成绩，这一结果支持了词干补笔任务和残词补全任务涉及不同过程的观点。注意力或执行资源的需求是词干补笔启动的一个因素，因此，在编码时的加工深度会对词干补笔任务产生影响。

第五篇　归因与决策类

　　归因与决策是重要的认知过程。当个体面对与自己期望不一致的情境时，会做出更多的解释行为，以合理化真实情境与个人期望之间的冲突。归因的数量和类型都可以作为人们内隐态度的反映。同时，人们的决策背后往往受很多因素的影响，控制相关因素后可以通过被试的决策行为间接反映其心理过程。例如，仿真气球冒险任务可以通过被试戳破气球的个数测量被试的冒险倾向。

01 "心理天平"：延迟折扣范式

当你参与一些任务，对方并不会即时给你奖品，而是延期一段时间再给你时，你是否会觉得这些奖励的价值没有那么大了？你是否会觉得如果需要延期一段时间再给你奖励，需要更加丰厚的奖励才会让你感觉到心理平衡？这种情况似乎我们经常遇到，有的时候我们并不能即时得到奖励，而是需要等待一段时间才能获得，这个时候我们会如何去看待这些延时的奖励呢？延时的奖励需要有多大的客观价值才会让人觉得和立刻得到的奖励是对等的呢？接下来会介绍一种测量与即时奖励等价的延时奖励的范式——延迟折扣范式（Delay Discounting Task，DDT），你的选择将显示你的心理天平。

1 来源与发展

延迟折扣最初在行为经济学领域被用于描述人类行为决策过程，是指随着时间的延迟，人们会对奖赏的实际价值打折扣。因此，对延迟奖赏的主观价值判断低于其实际价值就是延迟折扣（Mazur，1987）。Mazur（1987）首次提出了利用 $V = A/(1+kD)$ 的函数来描述延迟折扣，其中，V 是奖励实际价值 A 在延迟 D 时间后的折扣主观价值，它与个体对延迟 D 的敏感性 k 成反比，也就是说，k 值越大，折扣的主观价值越小。延迟折扣范式则运用了这一原理，广泛地应用于对个体的冲动性决策（Impulsive Decision-making）进行测量的研究中。研究者主要通过三种方式来呈现 DDT，分别为计算机编程法、卡片呈现法以及问卷法。

近些年来，研究者们根据自己的研究目的，对 DDT 进行了不断的修正与改进。Yu，Sonugabarke 和 Liu（2018）对几种不同的延迟折扣范式进行了比较，发现平均延迟时间较长的范式能对注意缺陷与多动障碍（Attention-Deficit/Hyperactivity Disorder，ADHD）儿童的延迟折扣进行更好的测量。Rosch 等人（2016）则发现采用不同的延迟范式可能会产生不同的结果，如果实验情境不够真实，被试可能不会认真完成回答，而只想尽快结束实验。

2 基本知识与原理

延迟折扣的经济学模型旨在采用定量分析的手段描述人们对延迟强化物的折扣速度与延迟持续时间的函数关系。早期的经济学模型假定，当行为选择中的选项只在一个维度上变化时，选择的结果较易被预测。当几个备选项在多个维度（如数量、发生时间、不确定性程度等）上不同时，选择就会复杂起来，此时决策者就需要对这些维度进行权衡，因而就会表现出不同的选择倾向。例如，在发生时间早与迟和数量大小多与少两个维度上不同的奖励，或者是在不确定性程度大或小和数量大小多与少两个维度上不同的奖励之间选择，个体会在这几个维度上将做出怎样的权衡？一般来说，奖励的主观价值会随着得到奖励的延迟时间的增长而逐渐下降，这就是延迟折扣。研究通常会基于行为经济学的延迟折扣原理，通过对未来强化物价值的选择偏向的定量分析，探讨冲动性行为特征，深入探讨高折扣倾向者的潜在认知加工机制，这些研究对探讨成瘾的内在机制有重要的意义。

2.1 材料与工具

延迟折扣范式所用的实验材料即为给定的一系列强化物，例如即时强化物可以是一系列连续变化金钱的数额，而延迟强化物则为一个特定的金钱数额，表 1 呈现的是获得情境具体标准刺激程序。

表 1 标准 DDT 刺激程序样例

测验顺序	即时强化物	延迟强化物	
		价值	延迟时间
1	1 200	1 200	一周
2	1 160	1 200	一周
3	1 120	1 200	一周
4	1 080	1 200	一周
5	1 040	1 200	一周
……	……	1 200	一周

2.2 基本程序

延迟折扣任务的实验程序通常让被试在给定的两个强化物之间做出

选择，其中一个是即刻可以获得的价值较小的，另一个是延迟一段时间但价值较大的。实验中根据被试的选择进而调整即时强化物的大小，如果被试选择即时强化物，则在下次给出的选择中减小即时强化物，之后让被试再次选择，重复这个过程，直到被试选择延迟强化物。研究者的目的也是希望通过被试出现偏好逆转现象来获得无差别点（indifference point），从而得到被试对延迟强化物在某个延迟时间点的当前主观价值，即折扣率。之后，可改变延迟强化物的延迟时间，再重复先前所述任务，可得到其他延迟时间下的折扣率。此外，延迟折扣任务可以分为获得与损失两种情境，在获得任务中被试从即时强化物与延迟强化物中选择得到哪种，而在损失情境中被试则需要在即时损失与延迟损失中选择损失哪种。

2.3 数据分析

随着人们对延迟折扣领域研究的深入，人们逐渐发展出了不同的延迟折扣的数学模型，从而精确测量回报价值大小和延迟时间的关系，这些数学模型都有一定的试用范围。Samuelson（1937）从古典经济学角度提出折扣指数模型（the exponential model），即 $V = Ae^{-kD}$，其中 V 指发生折扣之后延时奖励的主观价值，A 指奖励的实际价值，k 指延迟折扣率，D 指延迟时间，e 指自然常数，此模型能较好预测个体时间一致性偏好，却无法解释偏好逆转效应（Kirby et al., 1999）。Mazur（1987）提出了双曲线消退模型（the hyperbolic decay model），即 $V = A/(1+kD)$，其中 V、A、D 的含义与折扣指数模型相同，但这里的 k 会随着延迟金额大小而变化。之后，Myerson 等人（2003）提出了类双曲线模型（the hyperbola-like model），公式为 $V = A/(1+kD)^s$，其中 s 指个体差异变量，用来表示不同个体对变化的延迟时间和延迟金额敏感度的差异，其余参数同双曲线消退模型。接着，Rachlin（2006）提出了幂函数（the power function model），表示为 $V = A/(1+kD^s)$，其中参数 s 代表个体的主观价值随时间变化的敏感程度，其余参数同折扣指数模型。

2.3.1 延迟折扣率

延迟折扣率 k（the discounting rate）表示个体延迟强化物的主观价值随时间的延长而减少的程度。延迟折扣率 k 越大，表示随着时间的延迟，延迟奖励的主观价值折扣得越快，个体行为更为冲动，更有可能选择小而即时的奖励。以类双曲线模型为例，在实际的研究中，实验者设计不同量级的强化物和不同的延迟时间，可以得到被试对延迟强化物 (A) 在某个延迟时间点 (D) 的当前主观价值 (V)，s 指个体差异变量，进而使用公式 $V=A/(1+kD)s$ 可以计算出折扣率 (Myerson et al., 2003)，折扣率越高说明被试做决策时的冲动性 (impulsivity) 越强 (Kirby et al., 1999)。

2.3.2 曲线下的面积

Myerson 等人 (2003) 提出用曲线下的面积 (Area-under-the-curve, AUC) 对延迟折扣行为进行解释，将延迟时间和主观价值的各个数据正态化，即求得各个延迟时间占最大延迟量的比例 (x 坐标)，主观价值占延时金额的比例 (y 坐标)，做延迟时间-主观价值的曲线，并利用梯形公式计算曲线下的面积。x 坐标、y 坐标把曲线分为多个梯形，一个梯形的面积是 $(x_2-x_1)[(y_1+y_2)/2]$，在计算第一个梯形时，取 $x_1=0$，$y_1=1$，将所有梯形面积加和即为总面积，即 $\mathrm{AUC}=\sum(x_2-x_1)[(y_1+y_2)/2]$。因为 x 轴、y 轴的数据都为正态，总面积为 1，所以 AUC 的范围为 [0, 1]。当 $\mathrm{AUC}=1$ 时，说明未发生折扣。曲线越陡，AUC 越小，说明折扣程度越大。

2.3.3 半数有效量

如果将延迟折扣的实验结果运用于临床实践，k 值和 AUC 都过于专业化，所代表的含义比较晦涩。为了解决这个问题，Yoon 和 Higgins 将药理学中的半数有效量引入延迟折扣研究领域 (Richards et al., 1999)。半数有效量 (50% effective dose, ED50) 指的是能引起 50% 最大效应的剂量。在延迟折扣中，ED50 指个体主观价值等于延时奖励发 50% 折扣时的延迟时间，用有效延迟时间取代有效剂量，可以更好地避免天花板效应和地板效应的影响。根据此处 ED50 的定义，取 $A/2=V$，代入方程得：$A/2=A/(1+k\mathrm{ED}50)$，由此推出：$\mathrm{ED}50=1/k$。ED50 高说明延时奖励的主观价值会在较长时间后打折 50%，即个体的折扣率低，个体更倾于选择延时奖励而非即时奖励。

3 应用范围

目前延迟折扣范式 (DDT) 被广泛用来测量个体冲动性选择或者认知冲动性，这可以与优势反应抑制或运动冲动区分开来。具体而言，当前成瘾人群决策障碍的研究中多用 DDT 来测量冲动性决策行为，一些研究运用DDT来测量酒精、可卡因、海洛因等成瘾者对于金钱、食物以及成瘾药物的冲动性决策行为。

　　DDT是一种比较稳定的测量工具，因为延迟折扣曲线在几个月内保持稳定，并且具有很高的重测信度。然而，当前的延迟折扣行为的测量方法仍然存在一定的问题。由于当前DDT是依据一定的数学模型来进行测量指标计算的，但不同的模型会有各自不同的优缺点，因此模型的选择可能会影响相应的实验结果。此外，不同的测量指标也有不同的利弊，不同测量指标的适用范围也需要进一步确定，当前延迟折扣任务的测量方法与指标都较为复杂，对于研究者来说需要充分掌握其原理与施测过程才能更好地加以运用。

02 "公平分配"：独裁者博弈

"公平"现象是心理学、经济学以及社会学等众多学科共同关心的问题。《三字经》中有"融四岁，能让梨"，这就是一种典型的公平利他分配行为，也成为中国家长教育低龄儿童的常见范本。在更加重视儿童道德教育的社会氛围中，中国的孩子们从小听着孔融让梨的故事长大，这样的道德教育会让儿童在分配过程中表现得更加公平吗？如果道德教育使得儿童更加愿意公平分配，那么对于成年人来说，又是否会在分配博弈中表现出利他性的公平分配呢？又或者，成年人会按照亚当·斯密的"经济人假设"，追求自身利益或效用的最大化，从而做出更多的不公平行为呢？所谓"利己本性"是人的自然本性，还是一定经济关系中必然表现出来的经济行为并无定论。显然，完全自私行为不利于关系的发展，是一种不可持续的行为现象，也不利于和谐社会的建设。那么，如何测量"公平分配"这样一个抽象概念就显得尤为重要，本文将会介绍一种测量公平分配的经典范式——独裁者博弈（Dictator Game，DG）。

1 来源与发展

独裁者博弈作为一种博弈，最初是被用来质疑经济学中的理性假设，即个体总是追求利益最大化。早在1986年，Kahneman等人就提出了最初的独裁者博弈实验，用来帮助确定最后通牒博弈（Ultimatum Game，UG）中慷慨出价的发生程度。研究者想要探究慷慨出价发生是因为提议者本身所具有的公平观念，还是因为提议者害怕更低的出价被拒绝。该研究的结论是：这两个因素都很重要。Forsythe等人（1994）对比了两种博弈方法（最后通牒和独裁者）在付费或不付费实验条件下的差异，实验结果表明单独的公平观念并不能解释提议者的行为。Mccabe等人（1999）通过改变指导语的方式，进行了一系列独裁者博弈实验，结果发现，随着提议者和接受者之间"社会距离"的增加，提议者的报价会降低。此后，独裁者博弈实验不仅局限于经济领域的分配行为，逐渐成为心理学研究利他行为以及公平现象的重要范式。

近些年来，独裁者博弈范式在心理学中得到广泛关注。Fehr 和 Fischbacher（2004）在独裁者博弈的基础上添加一个拥有惩罚权的第三方，发现第三方存在强烈的社会规范遵从倾向：大约有 60% 的第三方会付出成本去惩罚做出不公平分配的独裁者，即便这些独裁者没有直接损害第三方的利益。朱莉琪（2008）在中国运用独裁者博弈范式探查儿童的决策行为，结果发现 8 岁到 13 岁的儿童，在博弈中出价呈下降趋势，并逐步接近成人组的出价方案。这一结果与国外研究有显著差异，揭示出文化对儿童经济决策发挥着重要影响。Wu 等人（2011）采用 ERP 方法探究在独裁者博弈中社会距离（朋友或陌生人）是否会影响人们的公平考虑和其他相关行为。最近，有研究者关注禁食诱导和自评饥饿程度是否影响独裁者博弈中的分配，试图揭示出人们的分配行为考虑到了接受者的需求，这表明人们会出于分配正义的考虑而进行分享（Lotte van Dillen，2021）。

2 基本知识与原理

独裁者博弈背后的逻辑非常简单，该实验包含两名玩家，一名玩家被称为提议者（也称分配者或独裁者），对分配方案做出单方面的决定；另一名玩家被称为接受者，只能接受结果而没有拒绝的权力（Forsythe，1994）。由于接受者没有拒绝的权力，只能接受提议者（独裁者）的分配方案，理性经济人假设下的方案应是提议者分给接受者的钱数为零。但研究发现，独裁者博弈中，提议者给接受者的钱数绝大多数情况下均大于理性经济人假设预期（大于零），因而有悖于古典经济学中的理性人假设。

但不同研究结果常出现差异，接受者数量、接受者是否值得、是否匿名、实验重复次数、实验基本流程顺序等因素都会影响到独裁者博弈的实验结果，这既反映出独裁者博弈结果的不稳定性，也反映出人们做出决策的情境敏感性。此外，提议者的内部因素也可能对实验结果产生影响，如年龄、是否为学生或儿童、社会偏好、公正敏感性、公正世界信念等（Grech et al.，2020）。

2.1 材料与工具

在独裁者博弈中，实验材料和指导语常常视研究者的研究目的而定。实验材料一般为可供分配的资源种类，最常见的实验材料为一定数量的钱（或游戏代币等）。此外，也有研究者针对儿童被试进行研究，所采用实验材料为糖果、饼干、文具等（朱莉琪，2008）。

2.2 基本程序

根据 Ben-Ner 等人（2004）的研究，其将独裁者游戏分为两个阶段，第一阶段的接受者在第二阶段成为独裁者。第一轮是分配任务是完全按照传统分配 10 美元，第一轮的独裁者不知道第二轮将会发生，因此，第一轮的给予可以被视为无条件（Unconditional，UC）给予。第二轮的独裁者被分为两个实验组。大约一半的人与他们在第一轮中的独裁者配对。剩下的独裁者与参与过上一轮的其他独裁者匹配。所有的研究对象都是匿名的，独裁者和接受者坐在不同的房间里。研究者详细分析了第二轮实验目的是确定个体是否会回报第一轮独裁者的"慷慨"，在相同的伙伴（"特定互惠"）和不同的伙伴（"一般互惠"）条件下，他们的反应是否会不同(见表1)。

表 1　两阶段独裁者游戏实验流程（Ben-Ner et al., 2004）

轮次	被试	实验身份	实验任务
第一轮	A 组	独裁者	分配 10 美元
第一轮	B 组	接受者	接受 A 的提议
第二轮	B 组（一半被告知接受者为上一次游戏中与自己配对的独裁者）	独裁者	分配 10 美元
第二轮	B 组（一半被告知接受者为参与过上一轮游戏的其他独裁者）	独裁者	分配 10 美元
第二轮	A 组	接受者	接受 B 的提议

2.3 数据分析

根据研究目的，有研究者从独裁者视角进行研究，分析不同条件下的分配方案和分配金额，进而反映出被试在不同场景中的利他分配意愿。也有研究者从接受者视角展开研究，关注面对不同比例的分配方案以及面对来自不同身份独裁者的分配结果时，接受者的情绪反应、行为倾向以及生理证据。

3 主要变式

3.1 第三方惩罚

Fehr 和 Fischbacher（2004）提出通过第三方对独裁者的惩罚值考察其对社会规范的维护力度。实验方法是在独裁者玩家 A 和接受者玩家 B 之间添加一个具有惩罚选项的第三方玩家，该实验称为独裁者游戏中的第三方惩罚。具体操作如下：

（1）玩家 A 拥有 100 点游戏代币，可以将任意点数分配给没有初始代币的玩家 B。

（2）第三方玩家 C 拥有 50 点游戏代币，在观察到玩家 A 将游戏代币分配给玩家 B 后可以选择惩罚玩家 A。玩家 C 每分配给玩家 A 一个惩罚点，玩家 A 的收益就会减少 3 点游戏代币。

原则上，玩家 C 最多可以用 50 点游戏代币（C 的全部代币）来惩罚 A，实验结束时，以一定汇率将游戏点兑换成被试费。玩家 B 不能影响游戏中任何其他人的收益，他（她）只是玩家 A 分配行为的被动接受者。

3.2 独裁者游戏的计算机程序

在独裁者游戏的计算机程序中，被试通常扮演接受者。被试将被告知，在每一轮游戏中，他（她）的一个朋友或一个陌生人将获得人民币 10 元，并决定如何在独裁者和接受者之间分配这笔钱。其中，接受者为真实被试，独裁者为虚拟被试（分配金额为研究者所设定，而被试并不知情）。在每一个试次开始时，被试（接受者）被明确告知独裁者是朋友还是陌生人（但没有给出分配者的名字），看到独裁者所给出的分配金额后，在刻度上选择－50 和 50 之间的一个整数表示对分配结果的满意程度，－50 表示"非常不满意"，50 表示"非常满意"。被试被告知他（她）对每个分配金额的评价不会被独裁者知道，从而鼓励被试通过评分自由表达对每次分配结果的感受。实验最后，被试被要求在 7 点计分量表中指出他（她）在多大程度上认为这些提议是来自他（她）的朋友或陌生人，1 表示"完全不相信"，7 表示"真的相信"。

具体实验流程如下：首先会在屏幕中央呈现"＋"注视点，随后呈现刺激图片，即对应分配总量的人民币图片；接下来会呈现分配者的身份（"好朋友"或"陌生人"）；再呈现"给你"二字；再呈现分配金额，如"2元";最后,呈现一个500 ms的空屏,之后呈现满意度评分量表。被试需要移动鼠标在刻度上表示他(她)对这个分配的满意程度。评分量表一直呈现在屏幕上,直到被试做出回应(见图1)。

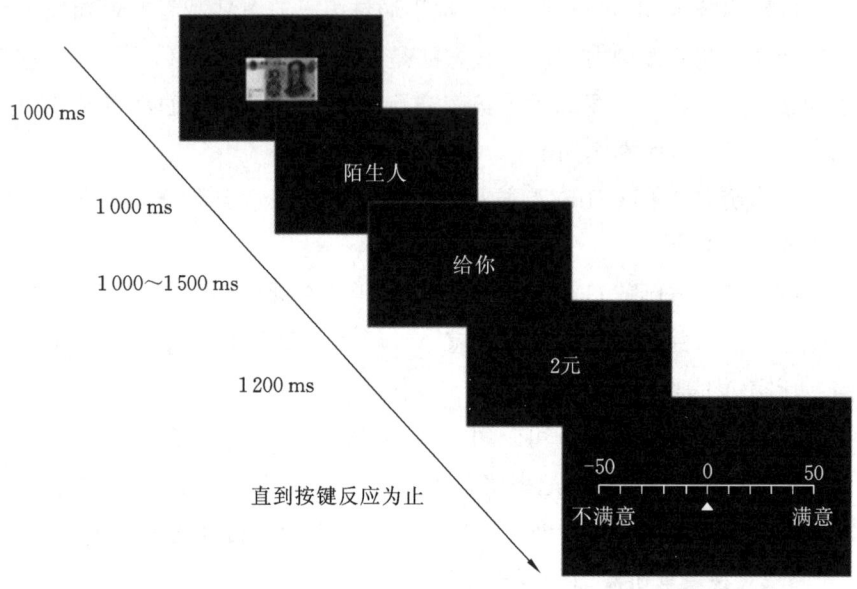

图1 独裁者博弈流程图(引自:Wu et al., 2011)

4 应用范围

独裁者博弈范式从经济学中诞生,近年来其适用范围不断拓宽至心理学、社会学、管理学、组织行为学等众多学科领域之中。目前独裁者博弈较多应用于研究组织行为管理、利他行为、分配决策公平、儿童的道德发展等众多研究课题之中。使用独裁者博弈不仅可以从独裁者视角研究分配、决策、利他行为,也可以从接受者视角研究不公平现象的影响,还可以从第三方惩罚中研究如何对社会规范进行维护。由于该实验范式对实验材料及实验设计的敏感性,稍有改动可能就会得出不同结果,可以想见,未来该范式仍具有强大的生命力和延展性。

独裁者博弈是一种较为成熟、操作简单并且有一定生态效度的衡量共享行为的方法。在最后通牒博弈中,接受者可以接受提议,之后商品将按提议者的方案进行分配;也可以拒绝提议,之后提议者和接受者都将一无所获。然而,在独裁者博弈中,接受者不能拒绝提议,只能接受他们收到的提议。使用独裁者博弈的一个优点是，可以帮助研究者探究博弈者和接受者需求状态的影响，而不受战略动机（例如，参与者不需要考虑低报价是否会被拒绝）或互惠期望的干扰（Dillen，2021）。

03 "理情抉择":最后通牒博弈

在两人工作小组中,有一天你们共同因为以往的工作成绩获得了一笔奖金,而且在过去的绩效考评中,你和对方都获得了相同的考评成绩,然而,你的工作同伴却决定把你们的奖金以他获得 90%、你获得 10% 的方式进行分配。在这种情境下你会有怎样的感受?是会忍气吞声,拿到 10% 的奖金,还是忍无可忍地把这件事告诉上级,宁可不要钱也要让不公平的人得到教训?在真实生活中,不公平的分配广泛存在,为了研究和测量人们在主动的公平分配或被动的不公平待遇下的生理和心理反应,研究者常常需要在实验室中模拟真实的资产或利益分配的情境,从而发展出了一系列社会决策任务,最后通牒博弈(Ultimatum Game,UG)就是其中的重要研究范式之一。

1 来源与发展

最后通牒博弈的情境最早由诺贝尔获奖者 John Harsanyi 在 1961 年提出构想。在这一博弈情境中存在提议者和响应者两个角色,由提议者决定二人资源分配,响应者可以接受或拒绝提议者的分配方案。Güth 等人(1982)在科隆大学对这一情境下人们的行为选择进行了实验研究,发现不同于理性人假设中的利益最大化原则,在面对不公平分配时,绝大多数响应者宁愿选择拒绝不公平分配方案以惩罚提议者,也不愿意接受不公平方案使提议者获得远超比例的利益。

近些年来,有研究者试图在最后通牒博弈中加入更多视角,从而发展出了如第三方最后通牒博弈范式(Third-Party Ultimatum Game,TPUG),以了解在更复杂的社会情境中,人们公平感知和行为模式如何随着社会决策情境中视角的改变而发生变化。同时,由于实验涉及对真实社会中的利益和资源分配的模拟,许多研究在使用金钱作为利益分配的媒介之外,也会随着研究内容、研究对象的需要,而构建不同的获益/损失框架,或选用不同形态的分配物,以及改变分配物数量(韩小丽 等,2020)。

2 基本知识与原理

最后通牒博弈的基本原理是通过该实验范式简化在真实社会互动中可能存在的与公平相关的具体情境，通过人们在实验室中的资源分配过程及心理状态，探索影响公平感知和决策的具体因素。

最后通牒博弈范式的特殊之处在于其情境中存在两个角色：提议者和响应者，提议者即对资源提出分配方案的一方，响应者即在提议者提议的基础上决定是否接受资源分配方案的一方。由此可以看出，在最后通牒情境中，不论是提议者还是响应者都需要面临决策：对于提议者而言，需要对响应者面对分配方案的反应进行预估，从而决定自身资源分配的比例，给出"最后通牒"；对于响应者而言，需要通过接受或拒绝提议者的方案，选择是接受提议者分配的金额，还是拒绝提议者提出的不公平方案进而也一同受到惩罚。因此，提议者和响应者的互动性可以为公平领域的研究提供新的视角，从社会关系和人际互动的角度讨论提议者和响应者的身份或关系如何影响到人们的公平分配行为和不公平惩罚行为。

2.1 材料与工具

对于最后通牒博弈来说，其实验材料一般为需要分配的资源种类，会使用对应资源的图片进行展示或刺激启动，其中最常使用的就是金钱的实验刺激（谭玲 等，2015）。此外，结合不同被试群体的特点，研究者也会将实验刺激材料改为香烟、饼干、糖果、贴纸等，其中香烟作为刺激材料被用于物质成瘾研究（Fecteau et al., 2014; Taiki, 2007），而饼干、糖果、贴纸等被广泛用于儿童的公平感知研究中（苏彦捷 等，2014）。

2.2 基本程序

根据 Güth 等人（1982）的研究，最后通牒博弈范式主要包括两个阶段，分别为简单博弈和复杂博弈阶段。在两个阶段中，每轮都会有 $2k$ 个参与者参与实验，k 个参与者分别被随机选取到提议者和响应者的角色，且不论作为哪种角色，参与者都知晓存在另外一个与他进行资源分配的对象，且这一对象是随机挑选出来的。k 的数目一般为 9～12，以确保每轮博弈的两名参与者并不完全相同。

在简单博弈阶段，每位提议者会首先获得一张表格（见表1），表格中说明了两人需要共同分配的资源数量（c），随后提议者需要做出决策，即他想要给自己留下多少资源（a_1）并填写在表格的对应位置。随后实验者收集所有提议者的表格，随机分发给响应者（Güth et al., 1982）。响应者就可以从表格中获知二人所分配的资源总量以及自己将会得到的资源数量（$c-a_1$），随即响应者需要决定是否接受提议者的资源分配提议，如果接受，那么资源分配结果就会与提议者的提议相同；如果不接受，那么二人都不会获得任何资源。

表 1　简单博弈阶段参与者作答表格

此次分配的资源总量（c）为：$c=$［资源总量］
提议者可以给自己留下的最高资源上限为 $c=$［资源总量］
提议者标记：［参与者编号-轮次］
提议者方案：我想要给自己留下的资源数量（a_1）为：［需填写］
响应者标记：［参与者编号-轮次］
・我接受提议者的方案。　　□ 　　・我拒绝提议者的方案。　　□
（请选择您是否接受提议者的方案，并在对应的方框中画"×"）

注：提议者和响应者标记由实验者标记好后会随表格一同发给参与者，下同。

在复杂博弈阶段，实验的基本流程与简单博弈相同，都是由提议者先决定分配方案，随后响应者决定是否接受分配方案。但与之不同的是，在所分配的资源上进行了权重的区分。具体来说，提议者需要分配的资源包括 5 个黑色筹码和 9 个白色筹码。在每次分配中，提议者需要把所有筹码分成两份，每份中黑色筹码和白色筹码的数量完全由提议者决定。而响应者需要做出的决定是从两份筹码中选择自己想要的一份，余下的另一份就会被归还给提议者。但是参与者最终分到的资源数量还会受到参与者身份的影响：对于提议者来说，他们获得的资源数量为所有筹码数量的两倍；而对于响应者来说，他们获得的资源数量为两倍的黑色筹码数和一倍的白色筹码数的总额（参与者作答表格见表 2）（Güth et al., 1982）。

表 2　复杂博弈阶段参与者作答表格

提议者标记：［参与者编号-轮次］

提议者方案：响应者需要在以下两种分配结果中选择

（Ⅰ）黑色筹码数量（小于 5 个）：［需填写］；

　　　白色筹码数量（小于 9 个）：［需填写］。

（Ⅱ）余下的筹码。

响应者标记：［参与者编号-轮次］

　　　　• 我选择方案（Ⅰ），获得对应数量的黑色和白色筹码。　□

　　　　• 我选择方案（Ⅱ），获得余下的筹码。　　　　　　　　□

（请在以上两个选项中进行选择，并在对应的方框中画"×"）

2.3　数据分析

从提议者视角，人们一般会分析不同条件下提议者的分配方案和数量，从而反映个体公平分配意愿。而更多的统计分析则关注在提议者不同比例的分配方案下响应者接受或拒绝方案的频次，采用方差分析和不同分配方案下的配对比较，来反映响应者在何时更倾向于惩罚不公平的提议者。

3　主要变式

随着公平感知与决策领域研究的发展和计算机在心理学研究中的广泛应用，如今大多数最后通牒博弈都会采用指导语结合电脑编程的形式创设资源分配的情境。此外，也有研究者在最后通牒博弈中将原本的获益框架改为损失框架，或者引入第三方的新视角，从而更好地了解人们在更为复杂的社会情境中的公平感知变化。下面将对三种主要的研究变式进行介绍。

3.1　最后通牒博弈的计算机程序

在使用计算机程序进行最后通牒博弈时，参与者一般扮演的是响应者的角色，由实验者事先设定总体分配资源数，通常为一定金额的金钱，同时操纵分配金额的比例，要求参与者对其给予接受或拒绝的反应。具体实验流程（见图 1）（谭玲 等，2015）为：首先会在屏幕中央呈现"＋"注视点，随后呈现刺激图片，即对应分配总量的人民币图片；接下来会为被试呈现分配方案，分配方案会以文字或示意图的形式呈现（示意图形式呈现的实验材料见王益文等，2014），并要求参与者尽快对分配方案给予按键反应，即是否接受提议者所提议的方案；最后向被试呈现此次博弈的自身获益结果。需要注意的是，每种分配比例在实验任务中出现的试次数会受到实验目的的影响，对于行为实验来说，每种分配比的试次数量往往在 10 次及以下；而对于认知神经方面的研究，其试次数量需要达到 25 次及以上。

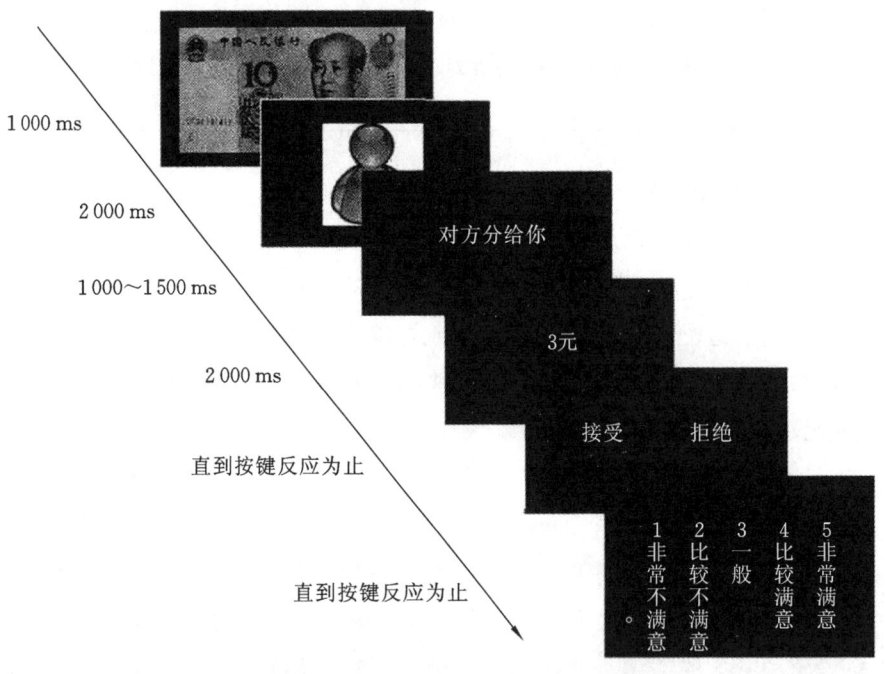

图 1　最后通牒博弈的计算机程序流程图

3.2　损失框架下的最后通牒博弈

以往有研究者发现，人们在面对获益和损失时会产生不同的决策或行为反应，表现为框架效应（framing effect）（Kahneman et al., 1979）。在最后通牒博弈中引入损失框架，一方面是基于损失的协商在真实社会情境中普遍存在，另一方面是因为在损失框架上讨论公平感知有助于发展出更为系统的公平理论（Buchan et al., 2005）。

损失框架下的最后通牒博弈大致流程与获益框架下的相似。研究者仍然采取了传统的实验室情境下的最后通牒博弈范式，只是加入了被试内设计，即被试在两个试次中分别扮演了提议者和响应者的角色。但在具体的实验任务中，参与者所需要进行的决策由原本的获得资源的分配变为损失资源的分配。也就是说，提议者和响应者作为同组成员，需要共同承担一定额度的损失（如 100 元）。其中，提议者和响应者都需要提出自身最大能够承担的损失额度，如果二者的损失额度之和大于总的损失额度，那么损失方案将按照提议者的提议来实施，否则，两人都需要赔付总的损失额度（即每人各赔付 100 元）。获益框架和损失框架的最后通牒博弈示意图见图 2。

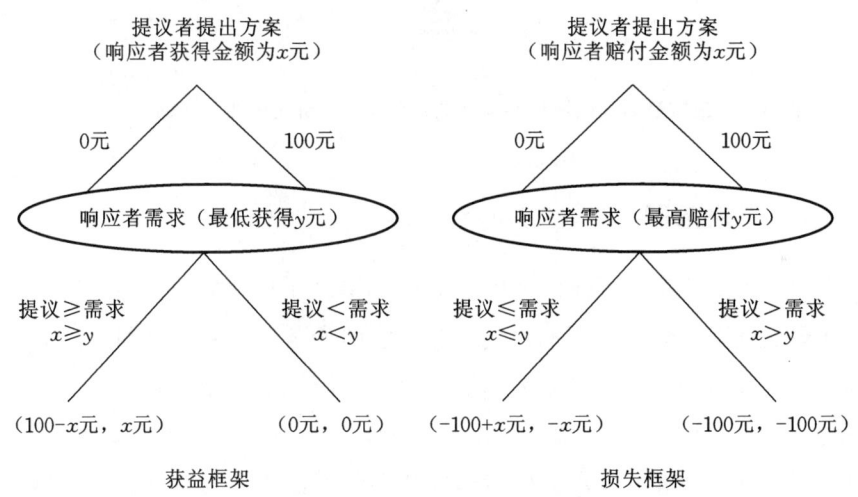

图 2　获益框架和损失框架的最后通牒博弈示意图

3.3　第三方最后通牒博弈

第三方最后通牒博弈在传统两人参与的决策情境之外，加入了新的第三方，即研究的真正参与者，且第三方在这一研究过程中并不参与利益的分配，以更好地区分第三方的不公平厌恶与个人利益最大化原则对决策结果的共同影响 (Biella et al., 2018)。

在具体的实验任务中，依然是由提议者首先提供分配方案，原本的响应者并不需要做出反应，而是由第三方替响应者决定是否接受对方的分配方案（示意见图 3）。如果第三方接受提议者的提议，那么提议者与响应者二人获得对应数量的资源；而当第三方拒绝提议者的提议，则博弈双方均无获益，同时会损耗第三方的一部分金钱（Jordan et al., 2014）。事实上，当第三方选择拒绝提议时，也就是选择了通过损耗自身金钱的方式对违背公平原则的提议者进行惩罚，因此这一范式常被用于对第三方惩罚行为的研究（Chavez et al., 2012）。

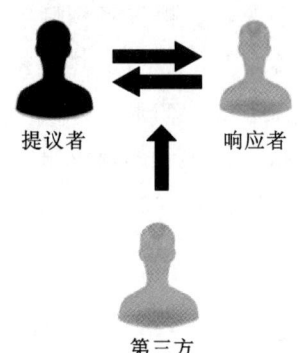

图 3　第三方最后通牒博弈参与者关系示意图（引自 Biella & Sacchi, 2018）

4　应用范围

尽管最后通牒博弈在公平感知等领域得到了广泛应用，但研究者在使用最后通牒博弈进行研究时，需要注意博弈范式本身的材料选择和操纵方式可能给研究结果带来的影响，比如分配资源总量的设定、分配比例的选择、呈现提议者信息和分配方案的方式等（韩小丽 等，2020）。另外，最后通牒博弈的应用在样本选择和实验方法上依然存在着外部效度上的局限性。在样本选择方面，当前有关最后通牒博弈的研究大多聚焦于西方的大学生群体，缺少更多样化的年龄和文化群体下的检验。因此，在研究推论时需要注意结果的适用范围。在实验方法方面，大多数研究中所采用的实验室方法一般在金额数目上存在限制，难以模拟真实的社会情境中人们在面对额度较大的经济博弈决策和公平感知中的确切感受，未来的研究也需要在研究方法和操作上加以改进，以进一步提高研究的生态效度（韩小丽 等，2020）。

在情境因素中，研究者主要关注的主题包括个体与群体情境、自我决策与他人决策（包括第三方最后通牒博弈情境）（Biella et al., 2018）、提议者身份信息的呈现方式（如真人照片、人物剪影和文字等）（Ma et al., 2015；吴燕 等, 2012) 等。而对博弈双方关系的研究讨论了社会距离 (Biella et al., 2018)、权力差距以及分配意图 (吴燕 等, 2012) 在其中的可能影响。

04 "小心爆炸"：仿真气球冒险任务

我们偶尔会做出冒险行为，有时是出于对事件的错误评估，还有时是相信自己会一直被幸运女神眷顾。那么，在什么时候我们可能在面临财富增加时选择放手来保住自己现有的财富？又是什么决定了人们在面临风险情境时如何作出选择？假设现在需要设计出一个研究方案来探究人们日常生活中的风险行为，你会选择什么样的场景在实验室中拟合日常情境？你会选择什么样的变量来测量这样的风险行为？你会选择什么样的测量方式？在脑海中思考几分钟，然后来看看学者们是怎么做的，和你的实验设计相比有什么优缺点。

1 来源与发展

Lejuez等人（2002）最早设计出仿真气球冒险任务（Balloon Analogue Risk Task，BART）。以往研究冒险行为的范式主要存在以下三个问题：第一，以往有关风险行为的建构不能完全反映出风险行为的多维性质，并且在风险行为的测量上尚未有统一的标准。第二，风险行为的测量大多采用自我报告法，但对于这种自我报告的真实性尚存在疑问，且报告人通常无法对自身行为进行准确报告，同时与风险行为相关建构的自我报告法的聚合效度较低。第三，这些任务的外部效度较低，不适用于日常生活情境。因此，研究者开发出仿真气球冒险任务来模拟日常生活中的风险行为。

研究者们基于不同的应用领域和研究目的对BART进行了不断地修正和改进，发展出了适用于儿童的BART变式（Lejuez et al.，2007）。近年来，研究者们对BART的材料进行了改进。例如，Xu等人（2019）使用真钱作为实验中的报酬，结果发现，与使用概念钱相比，在使用真钱作为报酬时，前一个气球的爆炸与被试表现出的后悔感和风险厌恶感相关。也有研究者将BART与认知神经方法结合起来探讨冒险行为的神经机制，如Rao等人（2018）使用该范式与fMRI技术相结合来考察风险承担变异中遗传的贡献率。

2 基本知识与原理

风险行为是指那些可能会涉及危险或伤害，但同时又可能会提供一些奖赏机会的行为（Leigh，1999）。BART 是在实验室里用计算机完成的实验范式，其涉及的真实风险行为和现实中的情景非常相似：起初做风险行为时会得到奖赏，但到某一点后更进一步的风险行为则会导致坏结果。在该范式中，起初按压气球可以获得一定的奖赏。根据个体的风险行为不同，他们后续的按压行为也会存在差异：谨慎的个体会及时将奖赏转入存储银行，而爱冒险的个体则更可能继续按压气球以获得更多奖赏，但最终导致一无所获。这也和现实生活中我们所看到的风险行为非常相似。由于此范式并不是以自我报告的形式来开展，故实验者需要检验任务中的风险、自我报告的风险相关建构以及自我报告的现实生活风险行为发生之间的相关性。

2.1 材料与工具

主试通过单向的镜子或摄像监控观察被试完成 BART 任务的情况。在实验室的计算机上呈现 BART。计算机屏幕上会显示一个小的模拟气球、一个气球泵、一个重置按键标识"收集＄＄＄"、一个永久的赚钱显示屏标识"总赚取"，以及展现最后一只气球赚取的钱，标识"最后一只气球"。每一次按压气球都会使气球在所有方向上膨胀 1°（约等于 0.3 厘米）。随着每次按压，在临时银行中会累积金钱（这里的钱不会给到被试）。当气球被按压到超过它的爆炸点，计算机中会展现气球爆炸并伴有一声"砰"的音效。当气球爆炸，所有存储在临时银行的钱都会消失，下一个未膨胀的气球会出现在屏幕上。被试可以自行选择按压几次气球。爆炸的气球不会影响已经在永久银行中赚取的钱。

每只气球爆炸或者停止按压收集钱后，就不会再给被试呈现那只气球，一只新的气球则会出现，直到所有的 90 只气球（即 90 个试次）都呈现完毕。这 90 个试次由 3 种不同类型的气球（气球颜色有蓝色、黄色、橘黄色）组成。不同颜色的气球有不同的爆炸概率。被试并不知道每次爆炸概率的具体信息，并且也不知道不同颜色的气球有不同的爆炸概率。被试被告知气球可能会在某一点爆炸，爆炸在第一次按压直到充满整个电脑屏幕之间的任何点都有可能会发生（不同颜色气球的概率计算详见 Lejuez et al.，2002）。给被试呈现的前 30 试次由不同颜色的气球组成，而后的 60 个试次，气球按照 3 组、每组 20 个同样颜色的气球呈现，爆炸点的选择方式和前 30 个试次相同。

2.2 基本程序

在 BART 开始之前，向被试用视觉呈现的方式描述整个任务，并给出以下指导语：

"在整个任务中，你将会看到 90 只气球，一次一只。你可以对每只气球按下标识有'按下这个键来给气球充气'的按键来增加气球的体积。每次按压你会在暂时存储银行中累积 5 美分，但是你无法看见在暂时银行中累积的钱。在任意时刻，你都可以停止按压气球，并按下标识有'收集＄＄＄'的按钮。按下这个按钮后将会出现下一只气球，并且会将你存储在临时银行里的钱转移到标识有'总赚取'的永久银行中。你可以决定对气球的按压程度，但是需谨慎，因为在某一个点气球会爆炸。不同的气球爆炸点不同，从第一次按压到整个气球充满屏幕之间都有可能。如果气球在你按下'收集＄＄＄'按钮之前爆炸了，那么屏幕中会呈现下一只气球，所有存储在临时银行的钱都会消失。爆炸的气球不会影响你累积在永久银行中的钱。在实验结束后，你将会收到和永久银行里钱的价值相当的礼券。"（实验流程见图 1）

一旦被试按下按键，则表明了解了该流程，任务即刻开始。在任务结束之后，被试会收到和永久银行中累积的钱相当的礼品券。

2.3 数据分析

因变量 BART 采用调整值，即未爆炸气球的按压平均次数（因为按压次数受到爆炸了的气球的限制，由此限制了物体间绝对平均值中的变异）。为了降低分析的数量和 I 类错误的可能，只将调整过后的按压次数作为风险指标。其他潜在的因变量，例如爆炸次数和未调整的按压次数都能得出几乎相同的结果。

首先，计算调整值和年龄、IQ 和性别等的相关。其次，计算调整值和风险相关建构、个人风险行为的相关（如感觉追寻分数、艾森克冲动子量表分数），考虑到性别和一些变量相关，将性别变量控制后计算偏相关。最后，使用回归分析来检验 BART 在解释风险行为方差方面的增量有效性（除了可以被性别和自我报告风险相关特质的解释之外）。

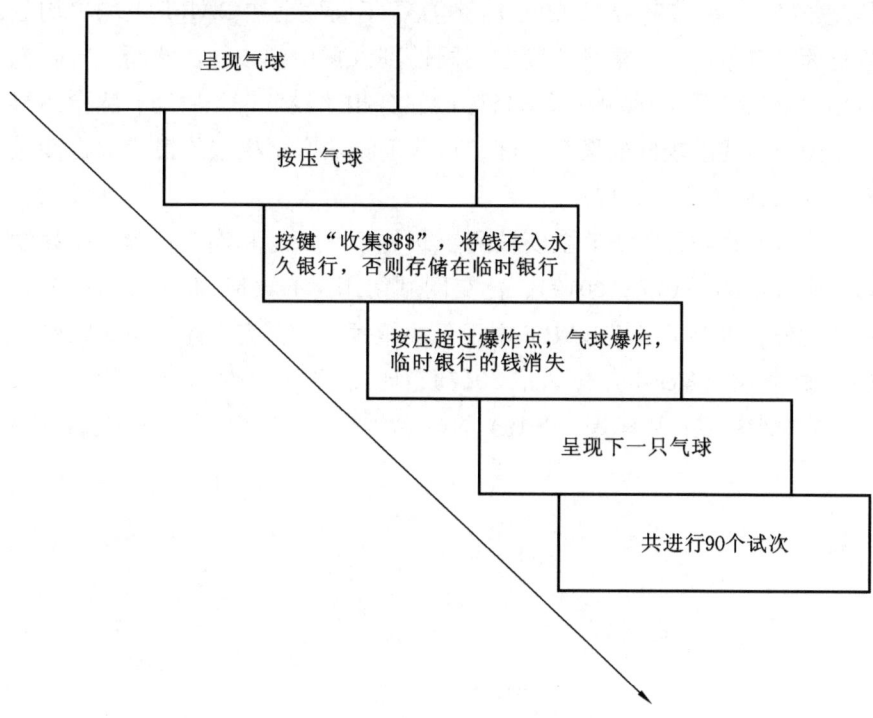

图 1　仿真气球冒险任务实验流程

3　主要变式

Lejuez 等人（2007）改进了原始版本的 BART，开发出了测量儿童风险行为的儿童版本仿真气球冒险任务 BART-Y。在该版本任务中，每次气球的按压不再代表数字形式的金钱，而改为了形象的计量点，这些点可以在任务结束后兑换成相应的奖品。儿童每按压一次气球泵就价值 1 个点，如果气球爆炸了，则在该气球上积累的点消失。气球爆炸或者将点收集到永久奖品计量器中后，新的气球会出现。整个实验由 30 个气球试次组成，奖品计量器中的点数情况决定了最终的奖赏，分数包括小、中、大和额外奖励。小奖励为 \$5 的当地餐厅礼品券，中等奖励为 2 张电影票，大奖励为 1 张电影票，额外奖励则为 \$5 的礼品券和 2 张电影票。

4　应用范围

White 等人（2008）比较了 BART 相隔两周前后的结果，发现重测信度较好（$r=0.77$，$p<0.001$），其次，不同性别在 BART 上的平均危险行为没有差异，且重测信度在不同性别人群中都较好。然而，有研究者指出 BART 和其他测量风险行为的任务相关较低，和冲动、感觉追寻等相比也表现出较低的聚合效度，且其重测效度比相应的自我报告测量要低（Frey et al., 2017）。

在行为领域，BART 主要被用于研究不良行为和疾病行为，比如饮食障碍（Leslie et al., 2019）、社交网站使用障碍（Meshi et al., 2020）等。此外，也有学者将 BART 应用于决策领域，探究个体决策策略受何种因素影响（Kessler et al., 2017），比如奖赏的性质（徐四华 等，2013）、情绪（徐四华 等，2019）等。

05 "思维惰性"：需求选择任务

在日常生活中，小到购买衣服的选择，大到在风险投资中的选择，当我们需要在两者之间作出选择的时候，我们往往希望能够获知全部的信息，能够对两者进行比较，最终挑选到较好的那一个。但事实上，我们很少有机会能够获知全部的信息，因此，我们作出的选择往往存在不确定性，在这种情况下，我们往往希望在有限的信息中尽可能高效、有利地作出选择。站在经济学的角度上来看，就是我们往往希望用最小的成本获最大的利益。本篇我们将要了解到的实验范式——需求选择任务，就是研究人们在问题解决中如何试图"偷懒"，用最小的力气去做最好的决定。想一想，如果现在你需要做一个决定，你是会更看重付出力气的大小，还是问题最终能够完美解决？

1　来源与发展

气力不仅仅指肢体气力，在进行各种决策之前，决策者往往需要付诸认知资源。决策成本，是指个体在作出决策之前所需求付出的认知或者计算努力导致的成本（Smith et al., 1993）。决策者评估计算密集型策略时需要在努力相关成本和准确性相关收益之间进行权衡。据此，当需要考虑付出内部努力成本时，采用简单的但是不那么准确的决定策略是主观上收益最大的（Anderson, 1990）。Kool等人（2010）设计出了需求选择任务（Demand Selection Task, DST）用于检验该定律的适用性。在需求选择任务范式中，被试需要不断在两个可替换的任务中进行选择，不同任务对认知需求水平的要求不同。

近年来，研究者们将DST与其他范式和技术手段相结合，对DST做出了改进，扩展了它的应用范围。例如，López（2019）将干扰范式Flanker嵌入到需求选择任务中，并使用多变量模式分析技术处理实验数据，对干扰效应进行了考察。

2 基本知识与原理

需求选择任务假设个体在完成决策时往往付诸最少的认知努力。具体而言，被试需要在两副牌之间来回切换，但被试事先不知道的是，这两副牌之间有一个很重要的区别：其中一副牌（又称为低认知需求牌）中，每个数字的颜色和之前试次中出现的颜色匹配程度达到 90%，需要付诸的认知努力较少；而在另一副牌（高认知需求牌）中，这种颜色匹配程度仅为 10%，需要付诸更多的认知努力，导致被试需要更经常地在两个任务中进行切换。

2.1 材料与工具

需求选择任务的过程通过电脑操纵，采用 E-Prime 进行编程。在 500 个试次中，每次显示屏上会呈现两张卡片（卡片均为面朝下的扑克牌的数字图像），卡片被对称地置于屏幕中央的左侧和右侧，一张是黄色，另一张是绿色。被试使用键盘来选择一张卡片，按下"F 键"表示选择左边的卡，按下"J 键"则表示选择右边的卡。随后卡片的正面会出现在卡片原始位置的上方。在白色的区域中呈现一个单独的阿拉伯数字（在 1 和 9 之间，且包含这两个数字，但是排除 5）。该数字的颜色呈现为紫色或蓝色。如果该数字的颜色为蓝色，被试需要对其进行数量判断，如果数字小于 5，被试需要说"是"，否则说"否"。如果出现的是紫色数字，被试需要对其做一个奇偶性判断，如果是偶数，被试需要说"是"，否则说"否"。对被试的所有语音回答用相应的语音键记录下来，随后很快会给被试呈现下一个试次，所有卡片恢复到面朝下的初始状态。

2.2 基本程序

实验开始后被试首先用单独呈现的数字（不呈现卡牌）进行分类任务的练习。被试需要进行 10 个试次区块的练习，直到区块内准确性达到 90% 以上之后则开始正式实验。正式实验前，主试向被试介绍卡牌任务，并解释所有的牌上都会呈现一个有颜色的数字，两种颜色在每副牌中都会出现，被试只需和练习任务中一样做即可。随后，告知被试他们可以在任意试次中自由选择任意一副牌，且他们可以自由在两副牌之间切换，但是如果被试对某一副牌更偏好，则可以更经常性地选择那一副牌。在所有试次中，主试对不同被试之间的高认知需求和低认知需求牌出现的相对位置进行平衡。在每一个试次中，记录下被试对牌的选择，同时，也以同样的方式记录下被试选择的反应时间和口头应答的反应时间（见图1）。

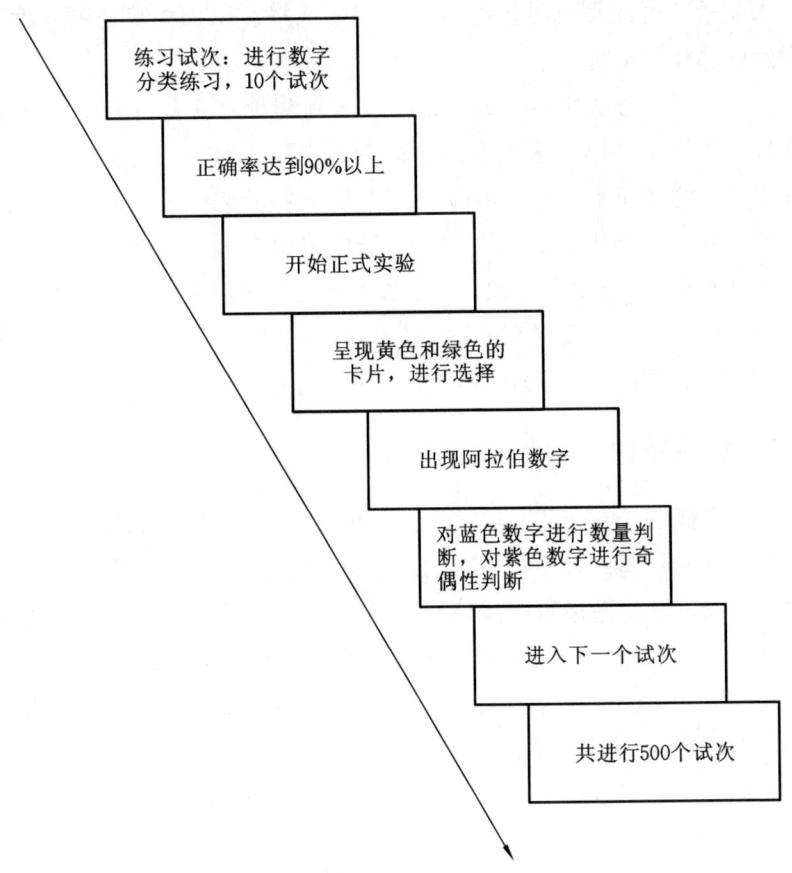

图1 需求选择任务实验流程

在整个实验过程中，主试采用以下方式来避免3种可能导致被试对低认知需求牌的选择偏好：第一，被试可能会选择低认知需求牌来减少实验时间，因此需要告知被试在该任务上的进行时间为固定的1小时。他们可以按照自己的节奏进行任务（尽管该任务在500个试次结束时间总是短于1小时）。第二，由于在高认知需求牌上更易出错误，被试因此会倾向于选择低认知需求牌以提高正确率。据此，记录下被试的回答正确率，并且对那些最终在高认知需求牌上错误率较低的被试子群体进行进一步分析。第三，被试也许会对实验的目的进行推断，由此调整选择行为来和期望相匹配。因此，让被试完成一份后续的问卷来评估其是否意识到了两副牌之间的差别。

2.3 数据分析

因变量：语音反应时、错误率、牌类选择、错误对牌选择的影响、意识对牌选择的影响。

为了验证任务切换的操纵，先通过重复测量方差分析来比较试次类型变量（重复 vs 切换）和牌之间的语音反应时。另外，高认知需求和低认知需求牌的错误率通过 Wilcoxon 符号秩和检验来比较。为了检验被试对牌的偏好，在 Wilcoxon 符号秩和检验中将单个被试对低认知需求牌的选择率和 0.5 机会率进行比较。对于那些在低认知需求牌上犯的错误比高认知需求牌上犯的错误更高的被试，以及对那些否认在两种牌类中察觉到任何差别的被试进行额外分析。

3 应用范围

需求选择任务（DST）实验设计较为巧妙，尤其是该范式试图控制了两个选择的时间，因为对认知需求更高的任务往往会需要更多时间来完成，因而被试的选择也许反映出的只是为了省时间，而非减少认知需求的减少（Dunn et al., 2016）。该任务操作简单，易于掌握，主试不需要事先花费时间进行专门训练。尽管如此，DST 范式是一个非结构性的任务，也就是说，任务的完成过程并不是标准化的，被试需要自己决定如何完成任务，这会导致不同被试之间的表现存在较高变异性（Gold et al., 2015）。

DST 可以用于研究认知回避效应的神经机制，譬如元认知评估（Dunn et al., 2016）以及探测执行任务中被试的脑活动情况（López-García et al., 2019），结果发现相容效应的情境依赖比例也许取决于 δ 和 θ 波段频率的神经过程。此外，DST 还可以应用在临床方面，譬如，Lin 等人（2020）采用该任务研究了精神分裂病人的无动机特质，结果证实了关联性负变确实是探测无动机的标准，且存在高认知回避的病人表现出严重的无动机特质。

06 "保持理智"：开放式决策平衡量表

决策是人生的基石。在心理学中也有不少研究者在决策领域做了很多探索。决策平衡（Decision Balance，DB）为我们的决策提供了一个动机框架（Janis et al.，1979），后续研究者设计了一些关于饮酒的决策平衡措施——饮酒决策平衡量表（Alcohol Decision Balance Scale，ADBS），通过42项Likert量表（King et al.，1993）来评估一个人维持目前的酒精使用的利弊；还有研究者为大学生开发了过度饮酒的决策平衡（DBID）（Migneault et al.，1999）等。但是，这些措施只关注目前饮酒的利弊，或减少或改变饮酒的利弊，而忽视了从整体去评估和决策。在决策理论中，研究者认为不完全的决策是有问题的，因为在做出决定后，可能会产生一些被我们所忽视掉的后果，从而产生新的矛盾心理（Janis et al.，1979）。幸运的是，随着研究的不断完善，开放式决策平衡量表逐渐走入我们的视野，它在一定程度上能帮助我们做出完整的、完全的决策。

1 来源与发展

Janis 和 Mann（1979）概述了决策过程中通常涉及的四个内容领域：(A) 自己的得失、(B) 重要他人的得失、(C) 自我赞同或反对以及（D）重要他人的赞同或反对。决策平衡通常被简化为两类利弊，利弊不仅提供了关于对一种行为的正面和负面态度的信息，而且综合这两种信息后，就有可能成为行为改变的标志和前奏。具体地说，在改变过程中，个人倾向于报告更多的优点和更少的缺点，并且只有行为改变方面的优缺点，而这些都并不是综合的、完整的决策。鉴于对不完全的决策平衡担忧，Collins 和 Carey（2005）认为开放式的、被试自己产生的决策能提供一个更准确的衡量被试动机改变的方法，并可以更好地预测各种行为如大学生的饮酒结果。之所以改进之前的决策平衡是因为当研究者在向被试提供饮酒的一些利弊材料时，研究者可能是在人为地构建，而被试只是被动回应。那么这种决策过程与方法可能会产生一些我们不想看到的副作用，那就是让被试没有认真考虑过该行为的利弊，而只是一味地考虑研究者给定的利弊。这可能不代表被试其自己独特的决策过程。相反，开放式的反应形式可以让被试表达其实际的、真实的动机状态，而不是对研究者的观点和价值观做出反应（Fischoff et al., 1991）。在一项探索性分析中，Collins 和 Carey（2005）发现，在决策平衡练习中，由被试自身产生的一些决策（而不是实验者规定的某因素的利弊）成功预测了饮酒结果。这也表明了决策平衡矩阵的有效性，随后，这种研究方法也越来越受到研究者的喜爱，并且应用也越来越广泛。

Collins 等人（2009）的研究旨在扩展这些初步发现，去检验一个扩展的、开放式的涉及四个内容领域的决策平衡工作表，并将其作为衡量动机改变和行为保持的一种方法，他们做了一个决策平衡工作表让被试报告保持目前饮酒量与改变目前饮酒量的利弊。除了研究饮酒方面，数十年来，决策平衡量表一直用于临床环境中评估与健康有关的行为改变和药物滥用的动机，就像研究超重儿童（李幸 等，2019）、糖尿病患者的一些决策平衡（江莲 等，2021）。在其他方面，有研究者关注非裔美国人的决策平衡和捐赠意愿（Shauna et al., 2020）；也有研究将决策平衡理论应用于成年罪犯，例如根据决策平衡框架（Janis et al., 1979）生成的青少年罪犯决策平衡量表项目库等（Mandy et al., 2013）。

2 基本知识与原理

之前的一些决策量表只是由研究人员来组织和构建的，量表的内容有很强的主观性和人为性，而被试只是被动回应。这并不是一种全面的、完整的量表，它不能完整展现我们的决策过程也不能测量出我们想要测量的变量，因此使用一个由被试自己按照行为改变和保持的优缺点而生成一个量表会更加全面、更能反映出被试真实的心理加工过程，效度也会更高。

2.1 材料与工具

实验材料主要是两个表，分别是行为保持的决策平衡表、行为改变的决策平衡表。一个是测量行为保持，关注的是不改变当前行为的优缺点，例如保持喝酒的优缺点；另一个是测量行为改变，关注的是改变当前行为的优缺点，例如改变喝酒的优缺点。

2.2 基本程序

请被试填表即可（不必填满每一行）。

在行为保持的决策平衡表中，请被试在左列写出某行为保持的优点，例如"请写下你认为保持当前行为不变的优点"；在右侧缺点一栏写出某行为保持的缺点："请写下你认为保持当前行为不变的缺点。"请每一行只记录一个优点或缺点。

相应地，在行为改变的决策平衡表中，也请被试在左栏中写出改变当前行为的优点，在右栏中写出改变当前行为的缺点。

2.3 数据分析

当被试把行为改变和行为保持的优缺点记录在开放式决策平衡量表上后，将被试填写的行数相加得到正、反两方面的计数，形成本研究的主要解释变量决策平衡比例（DBP），具体计算方式如下所示。

$$DBP=\frac{行为改变的优点+行为保持的缺点}{行为改变的优点+行为保持的缺点+行为保持的优点+行为改变的缺点}$$

当计算完成后，得出的 DBP 得分为 0.5，代表了行为改变和行为保持的利弊之间的平衡。在 0.5 和 1.0 之间的分数表明平衡倾向于行为改变，而 DBP 在 0 和 0.5 之间的分数表明平衡倾向于行为保持。计算出分数后，在将分数和其他研究的因素之间做一个结合，用来解释研究者所关注的研究问题。

3 应用范围

数十年来，决策平衡量表一直用于临床环境中评估改变与健康有关的行为和药物滥用的动机。只要研究问题涉及参与者的决策平衡，我们就可以适当地应用它。比如测量老年人与驾驶相关的态度，可以应用决策平衡量表来测量老年人的一些驾驶动机、态度（Sukhawathanakul et al.，2015）。相比之前的把优劣都呈现给被试的决策任务，这种开放式的、由被试产生的决策平衡是一种更准确的衡量方法。因为之前的决策方法是把研究者认为的优劣同时摆出来让被试选择，但开放式决策平衡量表是由被试自己列举出某行为的优劣，则不受给定项目的干扰。但是 Collins 等人（2009）认识到，DBP 关注的是生成的项的数量比，而不是具体内容，可能以后要考虑项目内容能获得潜在的信息。有研究结果证实，DBP 与人口统计指标（即性别、种族/民族、大学年限、年龄）或社会期望不存在显著相关性（Collins et al., 2009）。因此，与经验和理论一致，DBP 似乎是一个独立的结构，但是总的来说，通过这几年的应用和发展，经研究者检验，该范式具有良好的收敛效度，并且在各项研究中开放式决策平衡量表的应用都具有良好的信度（Collins et al., 2009）。

07 "数学天赋":平面坐标任务

请回想一下你曾经是否有过被数学支配的恐惧?我们知道数学能力包括很多种能力,其中很重要的一点就是代数能力。代数能力是学习科学、技术、工程和数学(STEM)领域知识所需的数学基础能力。因此,提高学生的代数学习能力就成为教育中的一个优先事项。但实际情况并不乐观,因为对于许多学生来说,学好数学是很困难的(Stein et al.,2011)。为了提高我们的代数能力,研究者们已经做了一些探索,如为具有不同代数水平的学生开发不同的教学方法(Rittle-Johnson et al.,2009),以及为具有不同代数专长的学生开发不同的教学方法(Rittle-Johnson et al.,2009)。后者可能会受到更基本的认知系统的个体差异的影响,这些认知系统直接影响个体代数学习或算术学习的技能的高低。干预这些系统可能会为特定代数内容的干预提供一个有用的辅助工具(Park et al.,2013,2014)。有研究已经朝这个方向迈出了第一步,研究了代数认知的具体方面与基本认知系统之间的关系,特别是在学习基本算术时涉及的近似数字系统(approximate number system)和语义记忆系统,这些系统一般和个体在算术学习中的差异有关。而在此,我们来介绍与近似数字系统相关的一种代数能力——对平面坐标进行估计的能力,以及相应的测量、分析方式——平面坐标任务。

1 来源与发展

近年来,关于儿童如何在心理上表征平面的一维分量这条线存在着激烈的争论(Ashcraft et al.,2012),但无论争论结果如何,在这条线上放置数字的准确性或者说我们对这条线性质的准确把握程度,可以预测儿童当前和未来的数学成绩(Booth et al.,2006)。其中一种解释是坐标平面的知识是通向有效求解代数方程的关键一步(Walczyk et al.,2006),所以它可能会有助于我们去学习和理解数学,从而可以去预测数学成绩。这种坐标平面知识的能力在生活中也有体现,正如 De Groot(1966)检验了国际象棋的专业知识和相应能力的训练可以增强记忆,使人们回忆起在实际的国际象棋游戏中可能出现的棋子的配置，从而提升他们的棋艺。鉴于此，为了更好地探究它们之间的关系，有研究人员设计了一个坐标平面任务来测量学生的代数能力和尝试解释学生的代数能力与这条线的关系（Geary et al., 2015）。

Geary 等人（2015）首先测量了学生在坐标平面任务上的表现，并且获得了个体差异的衡量标准。然后，他们转向了九年级学生在三个代数认知能力上的个体差异之间的关系的研究，控制了其他影响数学学习或与数学学习相关的因素，特别是父母教育、性别、阅读能力、数字处理速度、智力和工作记忆的中央执行成分，表明代数任务的成绩确实有助于提高整体代数成绩，在控制协变量的情况下，Geary 等人检验了近似数量系统敏锐度和算术事实记忆能力与任务的成绩有不同的关系。

2 基本知识与原理

平面坐标任务主要借助一个平面坐标，在该平面内随机呈现某坐标点的数值，让被试在平面内选出他认为坐标点的数值所在的平面位置，最后通过实际位置与选定位置之间的差值来测试被试的判断能力。这种判断能力的背后其实也反映了被试一定的坐标的记忆力和代数能力。因为坐标平面的知识是通向有效求解代数方程的关键一步，所以它可能会有助于我们去学习和理解数学，从而可以去预测数学成绩。

2.1 材料与工具

材料为计算机屏幕上的一个坐标平面，每条垂直轴都有 15 厘米长，并标有 -50 到 50 的端点，实验刺激是该范围内的坐标点。具体为以下坐标点随机出现作为实验刺激：(25, 30) (2, 4)，(14, 17)，(16, 10)，(31, 32)，(32, 20)，(39, 40)，(48, 43)，(-11, 12)，(-16, 4)，(-23, 27)，(-32, 20)，(-35, 37)，(-43, 35)，(-3, -1)，(-6, -16)，(-22, -29)，(-32, -27)，(-36, -32)，(-41, -48)，(7, -2)，(21, -22)，(41, -40)，(41, -44)，(33, 25)。

2.2 基本程序

研究人员在计算机屏幕上向被试呈现一个坐标平面，每一次实验都会有一个坐标对出现在平面坐标的右边框外（实验刺激），计算机屏幕的右下角有一个"继续"的提交按钮。首先是一个练习项目，假设为(25, 30)，之后是 24 个随机排序的项目（范围不会超过端点）。具体为呈现一个练习项目：(25，30)，你认为25会在横轴（x 轴）上的什么位置？你认为30会在纵轴（y 轴）上的哪里？当被试综合判断后，把光标放在最终位置。对于呈现的每个坐标对，被试应该将光标放在自己判断的位置上并单击鼠标。被试在点击"继续"按钮之前可以改变光标位置，之后点击"继续"按钮来确认、记录最终答案的位置。

2.3 数据分析

经过 Geary 等人（2015）的测试，x 值和 y 值的绝对误差百分比（percentage absolute error，PAE）是衡量个体差异的最佳度量。结果衡量标准是基于四个象限的 PAE 总和的总体表现，使用 R 语言中的分段程序，绘制所有 24 个试次的 x，y 位置。如图 1 所示，大的圆圈表示刺激出现的位置，小的圆圈表示学生确认的实际位置。基于这些模式，创建五个坐标平面变量：误差距离、正确象限中的误差距离（被试将 x 值或 y 值放置在正确象限时，它的欧几里得距离）、单次转置（x 值或 y 值的符号被转置）、双重转置（x，y 两个值都被转置）以及 x 值或 y 值放置在正确象限的百分比。求它们之间的相关系数，看它们之间的相关关系。之后，计算每个 x 轴值和 y 轴值的平均 PAE。然后将这些数据做 2（轴）×4（象限）重复测量方差分析。

3 应用范围

平面坐标任务主要适用于测量人们的代数能力中的平面坐标的估计能力。代数是一个复杂的领域，该领域在主题和认知任务方面都不断发展和完善。该范式的探索有助于我们理解代数能力的个体差异的来源，并为可能产生影响的基本认知系统提供了有用的见解。对高中代数的有效掌握是学好更复杂数学的基础，而这也是通往 STEM 领域的入场券。平面坐标任务的研究是第一个关于影响高中生代数成绩的、个体差异的组成代数技能的研究，并且表明这些技能与数字和算术能力相关的更基本的认知能力存在差异。但代数是一个复杂的领域，研究者并不是在评估所有潜在的技能（如分解因式、方程组）。研究者认为他们研究任务是测量特定能力和确定相应的衡量标准的一个重要开端，但绝不是为代数研究开发的唯一或最后的任务。该范式的优点是有助于我们理解代数能力的个体差异的根源，并为可能影响代数能力的基本认知系统提供有益的见解。Geary 等人（2015）的研究证明了代数认知测量在控制协变量的

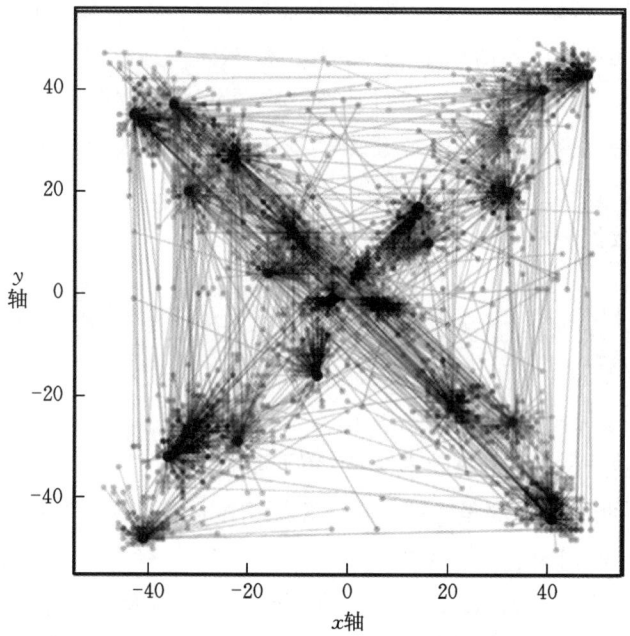

图 1　大圆圈代表实验刺激的位置，小圆圈是参与者实际反应的位置

同时能够预测数学成绩，这说明该范式具有良好的外部效度。但是该范式只是从相关性角度来测量，这意味着不能从结果中推断因果关系。总的来说，这些发现为未来的实验和干预以及脑成像研究提供了方向。

08 "由分定能"：远距离联想测验

你是否会为儿童画展上孩子们天马行空的想象而感慨其真有创造力。不论是日常生活，还是先进科技活动，都离不开创造，创造力是促进社会和谐、人类可持续发展、技术发明和科学革命的关键动力。目前创造力测量面临的主要困难之一是现行创造力行为测量（如托兰斯创造思维测验）的主观评价标准多元、过程复杂，难以适应大规模施测的要求。中文版远距离联想测验正是一种可以进行客观评分的创造力行为测量工具。其测量标准的客观性基础是语言词汇使用的统计规律，由于词汇使用的地域分布特征，该测验的编制方法也明显区别于普通创造力测验（朱腊梅 等，2000）。

1 来源与发展

远距离联想测验（Remote Association Test，RAT）是研究创造力问题的一种测验方法，最早由 Mednick（1962）设计的一种测验。该测验要求受测者找出一个能与所给出的三个字组成关联字对的词语。如给出的三个字为"盐、深、沫"时，它们的关联词是"海"。远距离联想测验是一种以语料库语言学中词频统计规律为基础的创造力测量工具，它的测量评分标准具有统计意义上的客观性，因此具有其他创造力测量技术所不具备的突出特点。其他常见创造力测验必须由受过专门训练的评分者根据主观判断评分，效率低、误差大，而远距离联想测验题目标准答案具有范围限定的唯一性，可进行客观评分。

近些年来，研究者们基于不同的应用领域和研究目的对 RAT 进行了不断的修正和改进，发展出了多种语言版本的 RAT（王烨 等，2005），如中文版、日语版、牙买加版本等。

2 基本知识与原理

Mednick 的语义联想理论认为，创造力是一种将不同概念通过远距离联想联系在一起的能力。在此基础上，Mednick 编制了不依赖于特定知识领域的远距离联想测验。语义联想理论认为，创造性思维是将联想得来的元素重新整合的一个过程。新结合元素相互之间联想的距离越远，就表明该个体更具有创造性思维或问题解决方面的创造力更强。同时该理论认为，有创造力的人的联想不同于一般人，他们通常有更加广泛的联想，可以使一个元素与更多其他元素连接；而一般人的元素连接则比较少。广泛的联想往往支持原创的、令人意外的和遥远的元素整合。远距离联想测验通过测量人们将不同范畴的事物联系在一起的能力来考察个体的创造性思维能力，从而判断个体与个体间创造性思维发展的差异程度。

2.1 材料与工具

由于语言和文化背景的差异，国外编制的远距离联想测验无法通过直接翻译后使用，且其题目数量较少，难以满足需要大量实验试次的认知神经科学实验的需求。

中文复合远距离联想测试为国内相关领域研究者进一步探索远距离联想测验的认知神经机制提供标准化数据。中文复合远距离联想测试题目由三个汉字组成，这三个汉字（如：板、洞、色）能够组成有且只有一个能够与前面三个字组成合法双字词的字作为答案字（如：黑）。其中，所有词语均来源于《现代汉语词频词典》中的高频词，以排除语言水平干扰。使用 E-prime 程序在计算机上呈现指导语和题目并收集被试的答案和答题时间，计算正确率和反应时。经过预测验筛选，选出 135 道中文复合远距离测验题目。

2.2 基本程序

请被试先填写个人基本资料，并且要求被试在填完个人基本资料之后不要马上翻页，确定所有被试皆填写完毕之后，开始说明作答方式。主试朗读以下指导语并要求被试一起阅读：

具有创造力的人会产生更不同于其他人的联想，越是有创造力的人越能够将看似不相关的事物联结在一起，也就是进行远距离联想，而本量表最主要是为测量各位的中文远距离联想能力。接下来你会看到三十道中文联想题目，每道题目均由三个中文线索字所组成，你的任务就是试着找出一个中文目标字，使得该目标字可以与前面三个线索各自组合成为一个合法的中文双字词。例如：线索字为"毯、眉、发"时，"毛"字可以与三个线索字分别形成"毛毯""眉毛"以及"毛发"三个合法的中文双字词，故"毛"字便是该题目的目标字。请注意，目标字既可以是组合双字词的第一个字（如毛毯、毛发），也可能是接在线索字后而形成合法双字词（如眉毛）。这些题目有的很简单，但有的却很复杂，请不要在单一题目上花过多的时间而没时间回答后面的题目。测验时间为25分钟。

示例：毯、眉、发；毛。

如果你有问题，请随时举手问主试。如果没有，请在填完个人资料后，翻页开始作答。

主试朗读完指导语后询问被试是否有问题，确定所有被试都了解作答方式后，便可以开始测验。主试宣布开始之后，被试开始翻页作答，主试同时开始计时。在测试实施期间应避免被试之间进行交谈，若在测试时间结束前已经有被试作答完毕，则请该被试安静地坐在座位上等待，测试时间一到则要求所有被试停笔，收回量表并清点份数。

2.3 数据分析

以中文复合远距离联想测验量表所提供的答案为标准答案，每答对一题即得一分。若被试以拼音标注答案或者是出现错别字也可酌情计算分数。记录被试的反应时和正确率，导入SPSS软件，计算每道题的平均反应时和正确率、内部一致性系数以及总分和各个分测验的相关系数。

3 应用范围

作为一种可进行客观评分的创造力行为测量方法，中文复合远距离联想测验除了具有如信度、效度较高，评分便捷等优点以外，其最大优势还在于可扩展性，即可以建立拥有大量试题的题库，并根据《汉语常用词词频表》加以扩充，这样就可以满足各类选拔考试的需要。尽管中文远距联想测验具有很好的发展前景，但仍存在一定局限：

第一，理论基础尚不稳固。目前，创造力研究还处在经验性研究阶段，有关中文远距离联想测验理论上的不成熟，决定了建立在这个理论基础上的测量工具也不成熟。诚如吉尔福特所指出："创造性的能力和创造性准则的种种测验的信度，一般来说也许是低的，不过，我们可以用种种方式来解决这类困难，我们不应该因这些困难而使自己不敢涉及这一领域。"第二，评定对象与评定工具在结构上不对称，创造力测评研究难以深入。目前，创造力理论的薄弱和创造力概念的混乱，使创造力测评的研究也难以深入。事实上,创造性才能的结构十分复杂,中文远距离联想测验很可能只是接触到这个结构的个别方面。此外,由于国内并没有以词汇联想为主要测量方式的创造力测验,通过新编创造思考测验来建立中文远距离联想测验,但两个测验测量创造力的方式不同,因此测量到的可能是创造力的不同维度。第三,中文远距离联想测验为言语性的创造力测验,适用于具备基本读写能力的被试。资料显示:RAT和言语智力的水平呈显著相关($r=0.49$),表明RAT可能和言语智力测验之间不具有区别效度,这个问题在中文远距离联想测验中也可能存在。第四,语言使用的习惯是会随着时代的变化而改变的,因此中文远距离联想测验必须每隔一段时间进行修订,以期能够正确地测量出个体的远距联想能力及创造力。

RAT可以应用于人才选拔领域,如在选拔科学家、工程师等对创造力的要求较高的职业人才时可以使用RAT作为辅助评价依据。

09 "问为什么":刻板解释偏差

你是否认为男孩就应该玩变形金刚、打篮球,如果他们玩洋娃娃、爱化妆,那么肯定有很多原因促使他们如此?人们通常会对一些群体有一些固有的印象与预期,如果他人的行为符合自己对他人的印象与预期,人们会觉得这是很正常的事情,不会想太多理由去解释这种行为。有的时候他人做出的行为不符合我们心目中的预期,出于人道主义或印象管理等因素,我们有时不会直接贬低他人那些不符合预期的行为,我们可能会为他人找各种理由来解释这些行为,这样我们就可以避免对自己原有的群体印象模式产生怀疑。其实人们做的很多行为都有着自己各种各样的理由,观察者对这些行为的解释方式反映的就是他们内心对行为者的刻板预期,那么怎样去测量这种刻板预期呢?接下来你将了解一种通过行为解释数量与归因倾向来衡量刻板预期的内隐范式——刻板印象解释偏差(Stereotypic Explanatory Bias,SEB),你的解释将投射出你的真实预期。

1 来源与发展

1983 年,Kulik 在一项研究中发现,当个体行为与人们对该行为的预期不相符的时候,人们倾向于将该行为的发生归因于环境而非个体自身。随后的研究者在此基础上进行了进一步的探索,证实了"刻板解释偏差"现象的存在,并正式提出了"刻板解释偏差"的概念。在后续研究的进一步发展中,基于刻板解释偏差的效应特性——即人们对自身认为与预期不相符的行为会给予更多的环境归因,这一范式在刻板印象研究领域得到了广泛的应用。在实际应用中"刻板解释偏差范式"多作为质性的研究方法,用于对刻板/反刻板印象的内隐研究。当被试对所呈现材料中个体某一行为的外部归因较多时,可以据此判定其内隐刻板印象与其呈现的形象相反。研究者认为,在编制 SEB 问卷时,针对所研究的群体及参照群体编制其典型行为且符合生活情境的句子,就会有较好的效度(Sekaquaptewa,2003)。近些年来,在 Sekaquaptewa(2003)等人的基础上，研究者们基于不同的研究目的和领域，对 SEB 的材料进行编制，但研究程序与分析方法几乎未做修改（Guo et al., 2015；柳心怡, 2019）。

2 基本知识与原理

Kulik 在 1983 年研究时发现，当个体的行为与对该行为的预期不相符时，归因者倾向于将该行为的发生归因于环境而非个体自身，这一发现为刻板解释偏差的提出提供了最初的理论基础。而后一些研究者的研究发现也进一步证明了刻板解释偏差的存在。例如，Hastie（1984）提出了解释偏差（explanatory bias）的概念，它指人们会对与自己期望不一致的情境做出更多的解释行为，从而合理化不一致的情境，这也反映了归因偏向的存在；Jackson（1993）的研究证明当个体遇到与刻板印象一致的事件时会更多归因于内部的稳定因素，而当遇到与刻板印象不一致的事件时则更多归因于内部的不稳定因素或者外部因素。Sekaquaptewa、Espinaza 与 Thompson（2003）正式提出了刻板解释偏差，指个体在面对与自己期望不一致的情境时，会作出更多的解释行为，以使不一致得到合理化解释。

2.1 材料与工具

实验材料共需要 25 个行为句子，其中 16 个句子是与该研究目标对象的刻板印象相关联的句子（SEB 项目），另外 9 个句子是与研究主题无关的句子或中性句子。这 16 个 SEB 项目的主语是成对的与刻板印象相关的对象，一半句子为与刻板印象一致的积极和消极行为，另一半为与刻板印象不一致的积极与消极行为（如表 1）。

表 1 标准刻板解释偏差材料样例

	积极		消极	
	与刻板印象一致＋积极	与刻板印象不一致＋积极	与刻板印象一致＋消极	与刻板印象不一致＋消极
穷人	勤俭节约、吃苦耐劳	捐学校、有经商头脑	乞讨、拾荒	住豪宅、生活奢靡
富人	做慈善、住别墅	生活节俭、衣着简朴	特权、为富不仁	卖血、住蜗居

续表

	积极	消极
中性	端午节吃粽子、地球绕着太阳转、冬天穿厚衣服、小明和小红结婚了、中国有 56 个民族、人们用杯子喝水、某人上班乘地铁、中国和俄罗斯邻国、世界有七大洲	

2.2 基本程序

SEB 通过计算个体归因后提出解释的数量以及确定解释本身的性质，即内归因或外归因、个人归因或环境归因来计算 SEB 值。编制问卷时，先编写出需要用到的 25 个行为句子，然后在正式问卷中，只向被试呈现句子的前半句，来显示事件的结果，而后半句则让被试根据前半句所描述事件的结果而进行归因。

2.3 数据分析

在计算 SEB 分值之前，由两位裁判进行评分标准的统一，规范内外因分类并对每份问卷的 SEB 项目后半句中被试填写的原因进行独立分类编码，判断被试填写的内容是简单重复了前半句的意思，还是对前半句的解释。若两位裁判的编码呈高相关，则说明被试提供的理由具有归因价值，并可将两位主试的评分取平均值作为 SEB 得分，进一步计算 SEB 分值。

在归因数量上，每个被试的问卷中共需计算出两类解释的数量：行为与目标群体刻板印象一致句子的解释数量记为 XX，行为与目标群体刻板印象不一致句子的解释数量记为 XY。用每个被试与刻板印象不一致的解释数目（XX）减去与刻板印象一致的解释数目（XY）即得到 SEB 分值，记为 SEB1。而后对 SEB 分值进行单样本 t 检验，若 SEB 值与 0 存在显著差异，则说明被试对主语行为的归因受刻板印象的影响显著。SEB 值越大，即被试对与刻板印象不一致的行为进行的归因解释越多，表明刻板印象对被试归因的影响越显著，对被试的信息加工影响越大；相反，若 SEB 值与 0 不存在显著差异，则说明被试对事件结果的归因几乎不受刻板印象的影响，刻板印象对被试的信息加工影响也就越小。

在归因性质上，分别计算每个被试所做的内、外归因数量，对主语与刻板印象不一致的行为进行的内归因数目记作 DN，对主语与刻板印象不一致的行为结果进行的外归因数目记作 DM，不一致情境下内外因解释数目之差记为 SEB2，即 SEB2＝DN－DM。对主语与刻板印象一致行为进行的内归因数目记作 FN，对主语与刻板印象一致的行为结果进行的外归因记作 FM，一致情境下内外因解释数目之差记为 SEB3，SEB3＝FN－FM。根据上述操作，共获得 2 个 SEB 分值。若被试倾向对主语与刻板印象不一致的行为进行外归因，则说明归因受刻板印象影响显著。

3 应用范围

传统的内隐联想测验脱离了社会情境，然而人的态度只有在相关的社会情境中才能发挥作用，刻板解释偏差将归因结果作为重要对象进行分析，实验操作上引进了实际生活场景，自然激发个体的内隐态度，弥补了传统 IAT 等测量方法的缺憾，具有较高的生态效度，施测上也更加便捷（Guo et al., 2015；俞海运 等，2005），在有关刻板印象的社会认知领域，其应用前景更加乐观（佐斌 等，2006），能够较好地预测刻板印象影响下的相关行为（邹庆宇 等，2006）。此外，刻板解释偏差从个体归因表现出的解释性偏差来反映人的内隐刻板印象，巧妙结合了人的归因与态度（沈潘艳 等，2013）。

然而，首先，由于 SEB 没有结构问卷那样严格按照一定原则进行编制，题目灵活性较大，需要被试充分发挥主动性与创造性，因此 SEB 方法得出的结果可能存在不稳定的现象。其次，SEB 的项目是与目标群体刻板印象相关的行为句子，这就需要问卷编制者能找到该目标群体最核心的刻板印象，编制的行为句子需要能很好地代表该群体，否则 SEB 问卷的效度就会受到较大影响。最后，SEB 问卷的评分较为复杂，评分者需要有统一的判断标准，且具备专业知识，在问卷评分过程中也需十分细致，否则数据分析的结果会有较大的出入（徐曼 等，2010）。基于存在的这些问题，可以发现，虽然 SEB 相比于 IAT 来说具有更高的生态效度，但是 SEB 操作起来更加复杂，评分标准不像 IAT 那样统一，因此对于研究者而言有更大的挑战，未来也许可以通过进一步规范和改进 SEB 方法，从而使该范式得到更广泛的推广与应用。

目前，刻板解释偏差在心理与行为健康、发展与教育、职业、疾病污名、政治等领域得到了充分的应用。在心理与行为健康领域，SEB 主要用于测量运动—性别刻板印象（张宝菁 等，2010），也有研究者用 SEB 来测量马基雅维利主义者的刻板印象（柳心怡，2019）；在发展与教育和职业领域，SEB 主要用于测量女性的 STEM 刻板印象（Sekaquaptewa，2011）以及职业性别刻板印象（Guo et al., 2015；胡志海，2005）；在疾病污名领域，有研究者利用 SEB 来测量被试对艾滋病的污名（杨金花等，2011）；在政治领域，SEB 主要用于测量种族歧视（Todd et al., 2012）与社会地位方面的刻板印象（Sekaquaptewa et al., 2004）。

后　记

此刻，坐在安静的办公室来书写，回忆涌现，心潮澎湃。

清晰记得自己写的第一篇心理学学术论文是《评价单一态度对象的内隐社会认知测验方法》，很幸运能够在《心理科学进展》上发表。导师认真用心批阅的密密麻麻的字迹有些泛黄，师兄师姐师弟师妹们在例会上的讨论声仍回响在耳旁，眼前浮现从精读文献到选题搭框架、撰写的认真模样……正是这些亲切而熟悉的人、事、物将我领进了美妙而神奇的社会心理学殿堂，从此，社会认知也引起我极大的兴趣。

日常生活中，同样一句话，有的人解读为好心，而有的人解读为敌意；同样一幅图，有的看到了鸭子，有的则说是兔子；同样的挫折，有的将其当作成长路上需要翻越的山峰，有的则被打击得抑郁不振，这些背后都和我们的社会认知息息相关。当我们了解人们认知的方式不同时，我们看待问题时会更多元；当我们理解人与人是存在差异的，我们对人性的解读会深刻；当我们懂得从他人立场来思考问题时，我们会对他人更包容。社会认知让我们更清晰地看见自己，看见他人，看见社会。

然而，社会认知又是一个心理黑箱子，人们到底怎么进行认知加工的，口头报告与心里真实所想一致吗？这些问题成为社会心理学家关注的焦点。为了更好地避免外显自我报告法的社会称许性等偏差，内隐社会认知的方法范式的兴起为人们更好地理解"社会中人"提供了巧妙可靠的工具，有些内隐社会认知方法范式很有趣，像是在做一个个小游戏，而在这些按键反应的背后又折射出我们一个个自动化的无意识的想法。因此，我们团队将不同内隐社会认知方法范式进行梳理介绍显得尤为必要。

我们在给本科生上"社会认知"和"社会心理学实验"两门课程的过程中，面临一种困惑，对于内隐社会方法范式缺乏相应的教材或书籍进行系统的介绍，而内隐社会认知研究方法与范式又是我们社会心理学研究和实验的特色，因此，我们团队动念将这些不同的方法范式进行梳理、筛选和介绍给需要的心理学同仁们，希望为大家提供一定的工具参考。

本书《内隐社会认知研究方法与范式》受国家自然科学基金面上项目（32271128）和国家社会科学基金重大项目（18ZDA331）资助，是我们团队集体智慧的结晶，感谢我们佐斌工作室的大力支持，感谢王阳、柯文琳、叶含雪、马书瀚、杨翠、戴钰、杨珂、丁玉、何妤佳、林云涛、乔亚兰、王晶、王琦、鞠一琰和赵峰等参与编写，感谢叶含雪、柯文琳、孔祥伟、牛兆香、温义媛、西尔扎提、李叶玟、张红、郭鑫媛、童悦、赵雨菲、刘思源、李思燕在文字修改和校对上付出的辛勤劳动。感谢"佐派"兄弟姐妹们一如既往的支持与帮助。感谢我们华中师范大学心理学院和社会心理研究中心的老师和同事刘华山、李晔、王伟、周宗奎、胡祥恩、马新华、马红宇、贺金波、洪建中、周治金、王伟军、谷传华、赵庆柏、程晓荣、刘思耘、范炤、孙晓军、陶嵘、李静、任志洪、黄飞、张微、于全磊、李董平、彭明、牛更枫、刘威、李旭、李玉杰、涂艳等的帮助和支持。特别感谢华中师范大学出版社编辑缪玲老师的认真、用心与尽责，拙著才得以顺利出版。

因为热爱，一切值得！继续怀抱梦想，在更高的地方看世界，大家携手前行。

用心过好每一天，珍惜此时此刻！

温芳芳于南湖畔
2023 年 6 月 12 日

参 考 文 献

[1] 白学军, 魏玲, 沈德立. 背景线索对室内场景中目标搜索的注意引导 [J]. 心理学探新, 2011, 31 (2): 122-127.

[2] 白学军, 贾丽萍, 王敬欣. 特质焦虑个体在高难度 Stroop 任务下的情绪启动效应 [J]. 心理科学, 2016, 39 (1): 8-12.

[3] 蔡华俭. 外显自尊、内隐自尊与抑郁的关系 [J]. 中国心理卫生杂志, 2003 (5): 331-336.

[4] 陈江涛, 唐丹丹, 刘聪丛, 等. 注意瞬脱效应的个体差异 [J]. 心理科学进展, 2014, 22 (10): 1564-1572.

[5] 陈新葵, 张积家. 影响汉语动词、名词识别因素的回归分析 [J]. 心理科学, 2010, 33 (1): 60-63.

[6] 仇妙芹, 应湘. 城乡刻板印象激活的实验研究 [J]. 广州大学学报 (社会科学版), 2008 (6): 32-35.

[7] 方菁, 朱叶, 赵伟, 等. 停止信号任务及其相关反应抑制理论模型综述 [J]. 中国临床心理学杂志, 2013, 21 (5): 743-746.

[8] 冯霞, 冯成志. 认知灵活性对概率类别学习的影响 [J]. 心理学报, 2022, 54 (11): 1340-1353.

[9] 付春江, 袁登华, 罗嗣明, 等. 双重加工模型发展概况及研究展望 [J]. 心理学探新, 2016, 36 (1): 59-63.

[10] 古典, 于方静, 蒋奖. 社会排斥类型对拟人化消费的影响 [J]. 中国临床心理学杂志, 2022 (6): 1104-1108.

[11] 韩小丽, 田孟奇, 田嘉乐, 等. 最后通牒博弈的研究范式述评及其对结果的影响 [J]. 中国临床心理学杂志, 2020, 28 (5): 891-896.

[12] 管健, 程婕婷. 系列再生法: 探讨刻板印象的新思路 [J]. 心理科学进展, 2010, 18 (9): 1511-1518.

[13] 何文广, 孟杰, 许娜. 语音控制加工经验有助于促进语音执行控制功能 [J]. 心理科学, 2022, 45 (1): 9-15.

[14] 胡娜, 陈安涛, 王宴庆, 等. 急性应激损伤错误监控与错误后调整 [J]. 心理学报, 2020, 52 (2): 162-172.

[15] 贾磊, 祝书荣, 张常洁, 等. 外显与内隐刻板印象的分布式表征及其激活过程: 基于认知神经科学视角的探索 [J]. 心理科学进展, 2016, 24 (10): 1519-1533.

[16] 晋争. 内隐联系测验的修正: 简式内隐联系测验 [J]. 心理科学进展, 2010, 18 (10): 1554-1558.

[17] 黎岳庭, 刘力. 社会认知: 了解自己和他人 [M]. 北京: 北京师范大学出版社, 2010.

[18] 李畅, 陈加, 何春红, 等. Flanker 任务中纯净的冲突适应效应 [J]. 西南大学学报 (自然科学版), 2010, 32 (4): 152-156.

[19] 李鹏, 沈模卫, 郎学明, 等. 客体的视觉工作记忆研究进展 [J]. 应用心理学, 2007 (1): 3-10.

[20] 李红, 杨小光, 郑文瑜, 等. 抑郁倾向对个体情绪调节目标的影响: 来自事件相关电位的证据 [J]. 心理学报, 2019, 51 (6): 637-647.

[21] 连淑芳, 杨治良. 抑制对内隐刻板印象的影响研究 [J]. 心理科学, 2007 (4): 844-846.

[22] 刘文, 毛晶晶, 俞睿玮, 等. 青少年恋爱关系内隐倾向发展特点及其与依恋的关系 [J]. 心理科学, 2014, 37 (3): 593-600.

[23] 刘晅, 佐斌. 性别刻板印象维护的心理机制 [J]. 心理科学进展, 2006 (3): 456-461.

[24] 刘英杰, 魏萍, 丁锦红, 等. 内隐重复效应影响外显工作记忆的年龄差异 [J]. 心理学报, 2014, 46 (3): 321-330.

[25] 马利军, 张积家. 阈下启动信息加工的心理机制 [J]. 心理科学, 2011, 34 (5): 1040-1045.

[26] 齐冰, 白学军, 沈德立. 材料类型和任务可预测性在任务转换中的作用 [J]. 心理科学, 2007 (1): 41-44.

[27] 钱淼, 周立霞, 鲁甜甜, 等. 幼儿友好型内隐联想测验的建构及有效性 [J]. 心理学报, 2015, 47 (7): 903-913.

[28] 邵志芳, 高旭辰. 社会认知 [M]. 上海: 上海人民出版社, 2009.

[29] 任娜, 佐斌, 侯飞翔, 等. 情境效应或自动化加工: 大学生对老年人的内隐态度 [J]. 心理学报, 2012, 44 (6): 777-788.

[30] 苏珊·菲斯克, 谢利·泰勒. 社会认知: 从大脑到文化 [M]. 周晓林, 胡捷, 杜伟, 等译. 北京: 人民邮电出版社, 2020.

[31] 苏彦捷, 马天舒. 孤独症儿童的公平决策: 心理理论和自我/他人情绪识别的作用 [J]. 心理科学, 2014, 37 (4): 985-990; 992; 991.

[32] 谭玲, 夏天生, 刘勇. 不同博弈情境下社会排斥对社会决策的影响作用 [J]. 心理科学, 2015, 38 (4): 946-953.

[33] 陶沙, 李蓓蕾. 内隐认知: 认识人类认知与学习的新窗口 [J]. 北京师范大学学报 (人文社会科学版), 2002 (4): 12-19.

[34] 王超伦, 张明明, 李红, 等. 社会性信息对 Flanker 效应的影响 [J]. 心理科学, 2019, 42 (1): 15-21.

[35] 王沛, 鲁春晓. 阈下启动的心理机制初探 [J]. 心理科学, 2005 (6): 66-68; 79.

[36] 王沛, 王凯. 内隐关系评估程序: 内隐态度测量的新方法 [J]. 心理科学, 2009, 32 (3): 669-671; 652.

[37] 王沛. 社会认知心理学 [M]. 北京: 中国社会科学出版社, 2006.

[38] 王其峰, 许燕. 图片-故事练习的测量学特征 [J]. 心理科学, 2010, 33 (3): 673-675.

[39] 王艇, 郑全全, 韦庆旺. 中国情境下的关系自我和群体自我区分研究 [J]. 心理学探新, 2017, 37 (5): 465-470.

[40] 王星星, 钟瑶, 张媛. 自我损耗对攻击行为的影响: 复愈性环境的作用 [J]. 心理与行为研究, 2021, 019 (1): 137-144.

[41] 王益文, 张振, 张蔚, 等. 群体身份调节最后通牒博弈的公平关注 [J]. 心理学报, 2014, 46 (12): 10.

[42] 王元, 李柯, 盖笑松, 等. 基于即时反馈的反应抑制训练对青少年和成人执行功能的训练效应和迁移效应 [J]. 心理学报, 2020, 52 (10): 1212-1223.

[43] 温芳芳, 柯文琳, 佐斌, 等. 内隐关系评估程序 (IRAP): 测量原理及应用 [J]. 心理科学进展, 2021, 29 (11): 1936-1947.

[44] 温芳芳, 佐斌. 评价单一态度对象的内隐社会认知测验方法 [J]. 心理科学进展, 2007 (5): 828-833.

[45] 吴燕, 周晓林. 公平加工的情境依赖性: 来自 ERP 的证据 [J]. 心理学报, 2012, 44 (6): 797-806.

[46] 夏凌翔, 耿文超. 个人自立与自我图式、他人图式 [J]. 心理学报, 2012, 44 (4): 478-488.

[47] 夏全胜, 彭刚, 石锋. 汉语名词、动词和动名兼类词语义加工的偏侧化现象: 来自 ERP 的研究 [J]. 心理科学, 2014, 37 (6): 1333-1340.

[48] 徐四华, 方卓, 饶恒毅. 真实和虚拟金钱奖赏影响风险决策行为 [J]. 心理学报, 2013, 45 (8): 874-886.

[49] 杨福义, 梁宁建. 内隐自尊与外显自尊的关系: 多重内隐测量的视角 [J]. 心理科学, 2007 (4): 785-790.

[50] 杨金花, 王沛. 大学生内隐艾滋病污名的刻板解释偏差研究 [J]. 心理学探新, 2011, 31 (4): 354-358.

[51] 杨紫嫣, 刘云芝, 余震坤, 等. 内隐联系测验的应用: 国内外研究现状 [J]. 心理科学进展, 2015, 23 (11): 1966-1980.

[52] 袁博, 吴旭秋, 祁佳媛, 等. 个体对不同社会阶层的内隐公平偏见及态度 [J]. 心理科学, 2022, 45 (1): 149-155.

[53] 袁晓劲, 郭斯萍. 中国人人际情感的差序格局关系: 来自 EAST 的证据 [J]. 心理科学, 2017, 40 (3): 651-656.

[54] 臧学莲, 张笑笑, 贾丽娜, 等. 选择性注意机制在情景线索效应中的作用 [J]. 心理科学进展, 2017, 25 (9): 1503-1511.

[55] 张明, 王凌云. 注意瞬脱的瓶颈理论 [J]. 心理科学进展, 2009, 17 (1): 7-16.

[56] 张青, 王争艳. 母亲敏感性与婴儿气质、注意对学步儿执行功能影响的交互作用: 一项两年的追踪研究 [J]. 心理学报, 2022, 54 (2): 141-153.

[57] 张珊明, 钟毅平, 肖丽辉, 等. 权力启动对权力刻板印象的影响 [J]. 中国临床心理学杂志, 2015, 23 (5): 848-852.

[58] 张微, 刘翔平, 金颖. ADHD 儿童的选择性抑制 [J]. 心理发展与教育, 2008 (2): 29-33.

[59] 赵永萍, 张进辅. 群体关系对不同效价的刻板印象信息传递的影响: 系列再生法的证据 [J]. 心理科学, 2013, 36 (3): 688-695.

[60] 赵永萍, 赵玉芳, 张进辅. 关系亲密度影响刻板印象信息的口头传递（英文）[J]. 心理科学, 2017, 40（4）：983-991.

[61] 郑全全. 社会认知心理学 [M]. 杭州：浙江教育出版社, 2008.

[62] 郑志伟, 黄贤军, 张钦. 情绪韵律调节情绪词识别的 ERP 研究 [J]. 心理学报, 2013, 45（4）：427-437.

[63] 钟毅平. 社会认知心理学 [M]. 北京：教育科学出版社, 2012.

[64] 周晓林, 玛依拉·亚克甫, 李恋敬, 等. 语言经验可以改变双语者的主导语言 [J]. 心理科学, 2008, 31（2）：266-272

[65] 朱莉琪, 皇甫刚, M Keller, 等. 从博弈游戏看儿童经济决策行为的发展 [J]. 心理学报, 2008, 40（4）：402-408.

[66] AFSHARI B, SHIRI N, GHOREISHI F S, et al. Examination and comparison of cognitive and executive functions in clinically stable schizophrenia disorder, bipolar disorder, and major depressive disorder[J]. Depression research and treatment, 2020, 2020(1):1-9.

[67] AKYUZ CIM E, AYDIN A, ATLI A, et al. Effect of obsessive compulsive disorder on word stem completion test (WSCT) and cognitive processes[J]. Kafkas journal of medical sciences, 2020, 10: 240-245.

[68] ALLPORT G W. The nature of prejudice [J]. Journal of negro history, 1954, 52(3):489-498.

[69] ALSOP B, JONES B M. Reinforcer control by comparison-stimulus color and location in adelayed matching-to-sample task[J]. Journal of the experimental analysis of behavior, 2008, 89(3):311-331.

[70] ANDERSON M C, GREEN C. Suppressing unwanted memories by executive control[J]. Nature, 2001, 410(6826):366-369.

[71] ARNTZEN E, STEINGRIMSDOTTIR H S, GJERDE K. The use of delayed matching-to-sample procedures in studies of short-term memory in people with dementia[J]. Alzheimer's & dementia, 2013, 9(4):753.

[72] ASANOWICZ D, MARZECOVA A, JASKOWSKI P, et al. Hemispheric asymmetry in the efficiency of attentional networks [J]. Brain and cognition, 2012, 79(2):117-128.

[73] ASHCRAFT M H, MOORE A M. Cognitive processes of numerical estimation in children [J]. Journal of experimental child psychology, 2012, 111:246-267.

[74] AXT J R, FENG T Y, BAR-ANAN Y. The good and the bad: are some attribute words better than others in the Implicit Association Test? [J]. Behavior research methods, 2021, 53(6):2512-2527.

[75] AXT J, BUTTRICK N, FENG R Y. A comparative investigation of the predictive validity of four indirect measures of bias and prejudice [J]. Personality and social psychology bulletin, 2022:01461672221150229.

[76] BANAJI M R, GREENWALD A G. Implicit gender stereotyping in judgments of fame [J]. Journal of personality and social psychology, 1995, 68(2):181-198.

[77] BANNERMAN R L, MILDERS M, SAHRAIE A. Attentional cueing: fearful body postures capture attention with saccades [J]. Journal of vision, 2010, 10(5):23.

[78] BARNES-HOLMES D, BARNES-HOLMES Y, POWER P, et al. Do you really know what you believe? Developing the Implicit Relational Assessment Procedure (IRAP) as a direct measure of implicit beliefs [J]. The Irish psychologist, 2006, 32(7):169-177.

[79] BARNES-HOLMES D, BARNES-HOLMES Y, STEWART I, et al. A sketch of the Implicit Relational Assessment Procedure (IRAP) and the Relational Elaboration and Coherence (REC) model [J]. The psychological record, 2010, 60:527-542.

[80] BARON A S, BANAJI M R. The development of implicit attitudes: Evidence of race evaluations from ages 6 and 10 and adulthood [J]. Psychological science, 2006, 17(1):53-58.

[81] BARTLETT F C, BURT C. Remembering: a study in experimental and social psychology [J]. British journal of educational psychology, 1933, 3(2):187-192.

[82] BAUMEISTER R F, VOHS K D. Self-Regulation, ego depletion, and motivation [J]. Social and personality psychology compass, 2007, 1(1):115-128.

[83] BEN-NER A, PUTTERMAN L, KONG F, et al. Reciprocity in a two-part dictator game[J]. Working papers,2004,53(3):333-352.

[84] BERTOCCI M A, BEBKO G M, MULLIN B C, et al. Abnormal anterior cingulate cortical activity during emotional N-Back task performance distinguishes bipolar from unipolar depressedfemales [J]. Psychological medicine,2012,42(7):1417-1428.

[85] BIAN J, LI L, SUN J, et al. The influence of Self-Relevance and cultural values on moral orientation[J]. Frontiers in psychology, 2019,10:292.

[86] BIELLA M, SACCHI S. Not fair but acceptable ⋯ forus! Group membership influences the tradeoff between equality and utility in a third party ultimatum game [J]. Journal of experimental social psychology,2018,77:117-131.

[87] BLAIR I V. The malleability of automatic stereotypes and prejudice [J]. Personality and social psychology review,2002,6(3):242-261.

[88] BOFFO M, SMITS R, SALMON J P, et al. Luck, come here! Automatic approach tendencies toward gambling cues in moderate-to high-risk gamblers[J]. Addiction,2018,113(2):289-298.

[89] BOSMANS G, DE RAEDT R, BRAET C. The invisible bonds: does the secure base script of attachment influence children's attention toward their mother [J]. Journal of clinical child and adolescent psychology,2007,36(4):557-567.

[90] BRADY T F, STORMER V S, ALVAREZ G A. Working memory is not fixed-capacity: More active storage capacity for real-world objects than for simple stimuli [J]. Proceedings of the National Academy of Sciences of the United States of America, 2016: 7459-7464.

[91] BROCKMOLE J R, CASTELHANO M S, HENDERSON J M. Contextual cueing in naturalistic scenes: global and localcontexts [J]. Journal of experimental psychology-learning memory and cognition,2006,32(4):699-706.

[92] BUCHAN N, CROSON R, JOHNSON E, et al. Gain and loss

ultimatums[J]. Advances in applied microeconomics,2005,13:1-23.

[93] BUCKLEY R F, LAMING G, CHEN L P E, et al. Assessing error awareness as a mediator of the relationship between subjective concerns and cognitive performance in older adults[J]. PLoS one, 2016,11(11):e0166315.

[94] CAI H, WU L. The self-esteem implicit association test is valid: evidence from brain activity [J]. PsyCh journal, 2021, 10(3): 465-477.

[95] CANO M E, KNIGHT R T. Behavioral and EEGevidence for auditory memory suppression[J]. Frontiers in human neuroscience, 2016,10:133.

[96] CAO Y, ZHOU S, WANG Y. Neural dynamics of cognitive flexibility: spatiotemporal analysis of event-related potentials [J]. Journal of Southern Medical University,2017,37(6):755-760.

[97] CASTELLAR E P N, ANTONS J N, MARINAZZO D, et al. Mapping attention during gameplay: assessment of behavioral and ERP markers in an auditory oddball task [J]. Psychophysiology, 2019,56(7):e13347.

[98] CHASIOTIS A. Measuring implicit motives[M]. Newburyport,MA: Hogrefe Publishing,2015.

[99] CHAVEZ A K, BICCHIERI C. Third-party sanctioning and compensation behavior: findings from the ultimatum game [J]. Journal of economic psychology,2012,39(4):268-277.

[100] CHEN J M, PAUKER K, GAITHER S E, et al. Black+White= not White: a minority bias in categorizations of Black-White multiracials[J]. Journal of experimental social psychology,2018,78: 43-54.

[101] CHEN J, LI C, HE C H, et al. The conflict adaptation is affected by attentional strategies: evidence from the arrow flanker task [J]. Science in China series C-life sciences,2009,52(10):990-994.

[102] CHUN M M, JIANG Y. Implicit, long-term spatial contextual memory[J]. Journal of experimental psychology: learning, memory,

and cognition, 2003, 29(2): 224-234.

[103] CHUN M M, WOLFE J M. Visual attention[M]//GOLDSTEIN E B. Blackwell handbook of perception. New Jersey: Blackwell Publishing, 2001, 272-310.

[104] CITHERLET D, BOUCHER O, TREMBLAY J, et al. Spatiotemporal dynamics of auditory information processing in the insular cortex: an intracranial EEG study using an oddball paradigm [J]. Brain structure and function, 2020, 225(5): 1537-1559.

[105] COELHO C M, CLOETE S, WALLIS G. The face-in-the-crowd effect: when angry faces are just cross(es)[J]. Journal of vision, 2010, 10(1): 7.

[106] COLLINS S E, CAREY K B, OTTO J M. A new decisional balance measure of motivation to change among at-risk college drinkers[J]. Psychology addictive behaviors, 2009, 23(3): 464-471.

[107] COLLINS S E, CAREY K B. Lack of effect for decisional balance as a brief motivational intervention for at-risk college drinkers[J]. Addictive behaviors, 2005, 30(7): 1425-1430.

[108] CORONEL G, EDO S, QUIRIN M, et al. A brief version of the Implicit Positive and Negative Affect Test (IPANAT-18)[J]. Psychologica belgica, 2020, 60(1): 315-327.

[109] COWAN, NELSON. The magical number 4 in short-term memory: a reconsideration of mental storage capacity[J]. Behavioral and Brain sciences, 2001, 24(1): 87-114.

[110] CUMMINS J, HUSSEY I, SPRUYT A. The role of attitude features in the reliability of IAT scores[J]. Journal of experimental social psychology, 2022, 101: 104330.

[111] CVENCEK D, GREENWALD A G, MELTZOFF A N. Measuring implicit attitudes of 4-year-olds: the preschool implicit association test[J]. Journal of experimental child psychology, 2011, 109(2): 187-200.

[112] DANIEL T A, KATZ J S, ROBINSON J L. Delayed match-to-sample in working memory: a BrainMap meta-analysis[J].

Biological psychology, 2016:10-20.

[113] DAVIDSON C A, WILLNER C J, VAN NOORDT S J R, et al. One-month stability of cyberball post-exclusion ostracism distress in adolescents [J]. Journal of psychopathology and behavioral assessment, 2019, 41(3):400-408.

[114] DE HOUWER J, DE BRUYCKER E. The identification-EAST as a valid measure of implicit attitudes toward alcohol-related stimuli [J]. Journal of behavior therapy and experimental psychiatry, 2007, 38(2):133-143.

[115] DE HOUWER J. The extrinsic affective Simon task [J]. Experimental psychology, 2003, 50(2):77.

[116] DEARY I J, LIEWALD D, NISSAN J. A free, easy-to-use, computer-based simple and four-choice reaction time programme: the Deary-Liewald reaction time task [J]. Behavior research methods, 2011, 43:258-268.

[117] DENSON T F, CAPPER M M, OATEN M, et al. Self-control training decreases aggression in response to provocation in aggressive individuals [J]. Journal of research in personality, 2011, 45(2):252-256.

[118] DENSON T F, PEDERSEN W C, RONQUILLO J, et al. The angry brain: neural correlates of anger, angry rumination, and aggressive personality [J]. Journal of cognitive neuroscience, 2009, 21(4): 734-744.

[119] DEPUE B E, BANICH M T, CURRAN T. Suppression of emotional and nonemotional content in memory effects of repetition on cognitive control [J]. Psychological science, 2006, 17(5):441-447.

[120] DEPUE B E, KETZ N, MOLLISON M V, et al. ERPs and neural oscillations during volitional suppression of memory retrieval [J]. Journal of cognitive neuroscience, 2013, 25(10):1624-1633.

[121] DIEKFUSS J A, DE LARWELLE J, MCFADDEN S H. Diagnosis makes a difference: perceptions of older persons with dementia symptoms [J]. Experimental aging research, 2018, 44(2):148-161.

[122] DILLEN VAN L, LELIEVELD G J, HOFMANN W, et al. "Sharing in need": how allocator and recipient's hunger shape food distributions in a dictator game[J]. Journal of experimental social psychology,2021,95:104152.

[123] DUNCAN H D, SEGALOWITZ N, PHILLIPS N A. Differences in L1 linguistic attention control between monolinguals and bilinguals [J]. Bilingualism:language and cognition,2016,19(1):106-121.

[124] DUNN T L, LUTES D, RISKO E F. Metacognitive evaluation in the avoidance of demand[J]. Journal of experimental psychology human perception and performance,2016,42(9):1372-1387.

[125] ELVERMAN K H, PAITEL E R, FIGUEROA C M, et al. Event-related potentials,inhibition,and risk for alzheimer's disease among cognitively intact elders[J]. Journal of alzheimer's disease,2021,80 (4):1-16.

[126] EVANS J S B T, STANOVICH K E. Dual-process theories of higher cognition: advancing the debate [J]. Perspectives on psychological science,2013,8(3):223-241.

[127] FAN J,GU X,GUISE K G,et al. Testing the behavioral interaction and integration of attentional networks[J]. Brain and cognition, 2009,70(2):209-220.

[128] FANG L, HOORELBEKE K, BRUYNEEL L, et al. Can training change attentional breadth? Failure to find transfer effects [J]. Psychological research,2018,82(3):520-534.

[129] FARRELL L, MCHUGH L. Examining gender-STEM bias among STEM and non-STEM students using the Implicit Relational Assessment Procedure(IRAP)[J]. Journal of contextual behavioral science,2017,6(1):80-90.

[130] FARRELL L, MCHUGH L. Exploring the relationship between implicit and explicit gender-STEM bias and behavior among STEM students using the Implicit Relational Assessment Procedure[J]. Journal of contextual behavioral science,2020,15:142-152.

[131] FECTEAU S, AGOSTA S, HONE-BLANCHET A , et al.

Modulation of smoking and decision-making behaviors with transcranial direct current stimulation in tobacco smokers: a preliminary study[J]. Drug alcohol depend,2014,140:78-84.

[132] FELS J, OBEREM J, KOCH I. Selective binaural attention and attention switching [M]//BLAUERT J, BRAASCH J. The technology of binaural understanding. Cham:Springer,2020:61-89.

[133] FINN M, BARNES-HOLMES D, MCENTEGGART C. Exploring the single-trial-type-dominance-effect in the IRAP: developing a differential arbitrarily applicable relational responding effects (DAARRE)model[J]. The psychological record,2018,68:11-25.

[134] FISKE S T, NEUBERG S L. A Continuum of impression formation, from category-based to individuating processes: Influences of information and motivation on attention and interpretation [J]. Advances in experimental social psychology, 1990,23(1):1-74.

[135] FLEMMING S S C, REDMOND N, WILLIAMSON D H Z, et al. Understanding the pros and cons of organ donation decision-making: decisional balance and expressing donation intentions among African Americans[J]. Journal of health psychology, 2020, 25(10-11):1612-1623.

[136] FOX E, LESTER V, RUSSO R, et al. Facial expressions of emotion:are angry faces detected more efficiently? [J]. Cognition and emotion,2000,14:61-92.

[137] FREY R, PEDRONI A, MATA R, et al. Risk preference shares the psychometric structure of major psychological traits [J]. Science advances,2017,3(10):e1701381.

[138] FUKUDA K, VOGEL E K. Individual differences in recovery time from attentional capture [J]. Psychological science, 2011, 22 (3): 361-368.

[139] FUKUI T, MURAYAMA A, MIURA A. Recognizing your hand and that of your romantic partner [J]. International journal of environmental research and public health,2020,17(21):8256.

[140] GEARY D C, HOARD M K, NUGENT L, et al. Individual differences in algebraic cognition: relation to the approximate number and semantic memory systems[J]. Journal of experimental child psychology, 2015, 140: 211-227.

[141] GEIST T, PLEZIA S, CEPEDA-BENITO A, et al. Online administration of the implicit relational assessment procedure: the Web-IRAP[J]. The psychological record, 2023: 1-8.

[142] GEURTS H M, VERTÉ S, OOSTERLAAN J, et al. How specific are executive functioning deficits in attention deficit hyperactivity disorder and autism? [J]. Journal of child psychology and psychiatry, 2004, 45(4): 836-854.

[143] GIANCOLA P R, PARROTT D J. Further evidence for the validity of the Taylor Aggression Paradigm[J]. Aggressive behavior, 2010, 34(2): 214-229.

[144] GIESSNER S R, SCHUBERT T W. High in the hierarchy: how vertical location and judgments of leaders' power are interrelated [J]. Organizational behavior and human decision processes, 2007, 104(1): 30-44.

[145] GOBIN C, WU L, SCHWENDT M. Using rat operant delayed match-to-sample task to identify neural substrates recruited with increased working memory load[J]. Learning and memory, 2020, 27 (11): 467-476.

[146] GOLD J M, KOOL W, BOTVINICK M M, et al. Cognitive effort avoidance and detection in people with schizophrenia[J]. Cognitive affective and behavioral neuroscience, 2015, 15(1): 145-154.

[147] GRECH P D, NAX H H. Rational altruism? On preference estimation and dictator game experiments[J]. Games and economic behavior, 2020, 119: 309-338.

[148] GREENE N R, NAVEH-BENJAMIN M, COWAN N. Adult age differences in working memory capacity: spared central storage but deficits in ability to maximize peripheral storage[J]. Psychology and aging, 2020, 35(6): 866-880.

[149] GREENWALD A G, FARNHAM S D. Using the implicit association test to measure self-esteem and self-concept[J]. Journal of personality and social psychology,2000,79(6):1022.

[150] GREENWALD A G, MCGHEE D E, SCHWARTZ J L K. Measuring individual differences in implicit cognition: the implicit association test[J]. Journal of personality and social psychology, 1998,74(6):1464.

[151] GREGG A P, SEDIKIDES C. Narcissistic fragility: rethinking its links to explicit and implicit self-esteem[J]. Self and identity,2010, 9(2):142-161.

[152] GROL M, DE RAEDT R. Effects of positive mood on attentional breadth for emotional stimuli[J]. Frontiers in psychology, 2014, 5:1277.

[153] GRUBER N, KREUZPOINTNER L. Measuring the reliability of picture story exercises like the tat [J]. PLoS one, 2013, 8 (11):e79450.

[154] GUO Y, LI W, LU X, et al. Emotional states affect the retention of biological motion in working memory[J]. Emotion, 2020, 20(8): 1446-1461.

[155] HAMILTON D L, CHEN J M, KO D M, et al. Sowing the seeds of stereotypes: spontaneous inferences about groups [J]. Journal of personality and social psychology,2015,109(4):569-588.

[156] HANSLMAYR S, LEIPOLD P, BAEUML K H. Anticipation boosts forgetting of voluntarily suppressed memories[J]. Memory, 2010,18(3):252-257.

[157] HASEGAWA A, MATSUMOTO N, YAMASHITA Y, et al. Do shorter inter-stimulus intervals in the Go/No-go task enable better assessment of response inhibition? [J]. Scandinavian journal of psychology,2021,62(2):118-124.

[158] HOOFS V, CARSTEN T, BOEHLERC N, et al. Interactions between incentive valence and action information in a cued approach-avoidance task[J]. Psychological research, 2019, 83(1):

13-25.

[159] HUGHES S, HUSSEY I, CORRIGAN B, et al. Faking revisited: exerting strategic control over performance on the implicit relational assessment procedure [J]. European journal of social psychology,2016,46(5):632-648.

[160] HUMES L E, LEE J H, COUGHLIN M P. Auditory measures of selective and divided attention in young and older adults using single-talker competition [J]. Journal of the acoustical society of America,2006,120(5):2926-2937.

[161] HUSSEY I, BARNES-HOLMES D. The implicit relational assessment procedure as a measure of implicit depression and the role of psychological flexibility [J]. Cognitive and behavioral practice,2012,19(4):573-582.

[162] INOUE K, SHIMA T, TAKAHASHI M, et al. Reliability and validity of the implicit relational assessment procedure(IRAP)as a measure of change agenda[J]. The psychological record,2020,70: 499-513.

[163] ISEN A M,LABROO A A,DURLACH P. An influence of product and brand name on positive affect: implicit and explicit measures [J]. Motivation & emotion,2004,28(1):43-63.

[164] JIANG Y V, SISK C A, TOH Y N. Implicit guidance of attention in contextual cueing: neuropsychological and developmental evidence [J]. Neuroscience and biobehavioral reviews,2019,105:115-125.

[165] JOORMANN J, HERTEL P T, LEMOULT J, et al. Training forgetting of negative material in depression [J]. Journal of abnormal psychology,2009,118(1):34-43.

[166] JORDAN J J, MCAULIFFE K, WARNEKEN F. Development of in-group favoritism in children's third-party punishment of selfishness[J]. Proceedings of the national academy of sciences of the United States of America,2014,111(35):12710.

[167] JORDAN M J, ROGERS R, NEUMANN C S, et al. Evaluating the positive and negative benefits of crime: development and validation

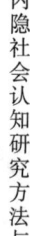

of the Decisional Balance Scale for Adolescent Offenders(DBS-AO) [J]. Journal of criminal justice,2013,41(2):108-114.

[168] KARDOS P,UNOKA Z,PLEH C,et al. Your mobile phone indeed means your social network: Priming mobile phone activates relationship related concepts [J]. Computers in human behavior, 2018,88(NOV.):84-88.

[169] KARPINSKI A, STEINMAN R B. The single category implicit association test as a measure of implicit social cognition[J]. Journal of personality and social psychology,2006,91(1):16.

[170] KATTNER F,ELLERMEIER W. Distraction at the cocktail party: attenuation of the irrelevant speech effect after a training of auditory selective attention[J]. Journal of experimental psychology: human perception and performance,2020,46(1):10-20.

[171] KAYNAK H. Are general intelligence and implicit memory related? The effect of age [J]. Hacettepe universitesi edebiyat fakültesi dergisi,2019,36:198-208.

[172] KIM B, SHIN J, KIM Y, et al. Destruction of ERP responses to deviance in an auditory oddball paradigm in amyloid infusion mice with memory deficits[J]. PloS one,2020,15(3):e0230277.

[173] KOOL W,MCGUIRE J T,ROSEN Z B,et al. Decision making and the avoidance of cognitive demand. [J]. Journal of experimental psychology:general,2010,139(4):665-682.

[174] KOSTER E H W, CROMBEZ G, VERSCHUERE B, et al. Attention to threat in anxiety-prone individuals: mechanisms underlying attentional bias [J]. Cognitive therapy and research, 2006,30(5):635-643.

[175] LADOUCEUR C D, SILK J S, DAHL R E, et al. Fearful faces influence attentional control processes in anxious youth and adults [J]. Emotion,2009,9(6):855-864.

[176] LANE R D. Neural substrates of implicit and explicit emotional processes: a unifying framework for psychosomatic medicine [J]. Psychosomatic medicine,2008,70(2):214-231.

[177] LANG, JONAS W B. A dynamic Thurstonian item response theory of motive expression in the picture story exercise: solving the internal consistency paradox of the PSE[J]. Psychological review, 2014,121(3):481-500.

[178] LEECH A, BARNES-HOLMES D. Training and testing for a transformation of fear and avoidance functions via combinatorial entailment using the Implicit Relational Assessment Procedure (IRAP): further exploratory analyses[J]. Behavioural processes, 2020,172:104027.

[179] LEECH A, BOUYRDEN J, BRUIJSTEN N, et al. Training and testing for a transformation of fear and avoidance functions using the Implicit Relational Assessment Procedure: the first study[J]. Behavioural processes, 2018,157:24-35.

[180] LIN Y, OYSERMAN D. Upright and honorable: people use space to understand honor, affecting choice and perception[J]. Personality and social psychology bulletin, 2020,47(4):014616722090838.

[181] LOPEZ-CANEDA E, CREGO A, CAMPOS A D, et al. The think/no-think alcohol task: a new paradigm for assessing memory suppression in alcohol-related contexts[J]. Alcoholism-Clinical and experimental research, 2019,43(1):36-47.

[182] LUCIANA M, BJORK J M, NAGEL B J, et al. Adolescent neurocognitive development and impacts of substance use: overview of the adolescent brain cognitive development (ABCD) baseline neurocognition battery[J]. Developmental cognitive neuroscience, 2018,32:67-79.

[183] MA Q, HU Y, JIANG S, et al. The undermining effect of facial attractiveness on brain responses to fairness in the ultimatum game: an ERP study[J]. Frontiers in neuroscience, 2015,9:77.

[184] MAGLIACANO A, FIORENZA S, ESTRANEO A, et al. Eye blink rate increases as a function of cognitive load during an auditory oddball paradigm[J]. Neuroscience letters, 2020,736:135293.

[185] MALONEY E, FOODY M, MURPHY C. Do response options in

the Implicit Relational Assessment Procedure (IRAP) matter? A comparison of contextual relations versus relational coherent indicators[J]. The psychological record, 2020, 70:205-214.

[186] MAUSZYCKI S C, BAILEY D J, WAMBAUGH J L. Acquired apraxia of speech: the relationship between awareness of errors in word productions and treatment outcomes[J]. American journal of speech-language pathology, 2017, 26(2S):664-673.

[187] MAYER J S, FUKUDA K, VOGEL E K, et al. Impaired contingent attentional capture predicts reduced working memory capacity in schizophrenia[J]. PloS one, 2012, 7(11):e48586.

[188] MAYR U, KLIEGL R. Task-Set switching and long-term memory retrieval[J]. Journal of experimental psychology learning memory and cognition, 2000, 26(5):1124-1140.

[189] MEADE G, DECLERCK M, HOLCOMB P J, et al. Parallel semantic processing in the flankers task: evidence from the N400 [J]. Brain and language, 2021, 219:104965.

[190] MESHI D, ULUSOY E, ZDEM-MERTENS C, et al. Problematic social media use is associated with increased risk-aversion after negative outcomes in the balloon analogue risk task[J]. Psychology of addictive behaviors, 2020, 34(4), 549-555.

[191] MING D L, BIRNEY D P. Experiential and strategic emotional intelligence are implicated when inhibiting affective and non-affective distractors: findings from three emotional flanker N-Back tasks[J]. Journal of intelligence, 2021, 9(1):12.

[192] MONSELL S, SUMNER P, WATERS H. Task-set reconfiguration with predictable and unpredictable task switches[J]. Memory & cognition, 2003, 31(3):327-342.

[193] NAKIC M, SMITH B W, BUSIS S, et al. The impact of affect and frequency on lexical decision: the role of the amygdala and inferior frontal cortex[J]. Neuroimage, 2006, 31(4):1752-1761.

[194] NGIAM W, KHAW K, HOLCOMBE A O, et al. Visual working memory for letters varies with familiarity but not complexity[J].

Journal of experimental psychology: learning, memory, and cognition, 2018, 45(10):1761-1775.

[195] NIJS I M T, FRANKEN I H A, MURIS P. Food-related stroop interference in obese and normal-weight individuals: behavioral and electrophysiological indices[J]. Eating behaviors, 2010, 11(4): 258-265.

[196] NOCK M K, PARK J M, FINN C T, et al. Measuring the suicidal mind: Implicit cognition predicts suicidal behavior[J]. Psychological science, 2010, 21(4):511-517.

[197] NORBY S, LANGE M, LARSEN A. Forgetting to forget: on the duration of voluntary suppression of neutral and emotional memories[J]. Acta psychologica, 2010, 133(1):73-80.

[198] NOSEK B A, HAWKINS C B, FRAZIER R S. Implicit social cognition: from measures to mechanisms[J]. Trends in cognitive sciences, 2011, 15(4):152-159.

[199] OBASI EM, CAVANAGH L, PITTMAN D M, et al. Effects of evaluative context in implicit cognitions associated with alcohol and violent behaviors[J]. Addictive behaviors reports, 2016, 3:48-55.

[200] OGISHIMA H, MAEDA S, TANAKA Y, et al. Effects of depressive symptoms, feelings, and interoception on reward-based decision-making: Investigation using reinforcement learning model [J]. Brain sciences, 2020, 10(8):508.

[201] O'GORMAN E T, COBB H R, GALTIERI L R, et al. Stimulus characteristics in picture story exercise cards and their effects on the social cognition and object relations scale-global rating method [J]. Journal of personality assessment, 2020, 102(2):250-258.

[202] PANG J S, RING H. Automated coding of implicit motives: a machine-learning approach[J]. Motivation and emotion, 2020, 44: 549-566.

[203] PAOLINI D, GIACOMANTONIO M, VAN BEEST I, et al. Social exclusion lowers working memory capacity in gay-men but not in heterosexual-men[J]. Applied cognitive psychology, 2020, 34(3):

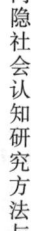

761-767.

[204] PARK J, BRANNON E M. Improving arithmetic performance with number sense training: an investigation of underlying mechanism [J]. Cognition, 2014, 133(1): 188-200.

[205] PARK J, BRANNON E M. Training the approximate number system improves math proficiency[J]. Psychological science, 2013, 24(10): 2013-2019.

[206] PAYNE B K, KROSNICK J A, PASEK J, et al. Implicit and explicit prejudice in the 2008 American presidential election[J]. Journal of experimental social psychology, 2010, 46(2): 367-374.

[207] PAYNE J R, BAELL O, GEDDES H, et al. Experienced meditators exhibit no differences to demographically matched controls in theta phase synchronization, P200, or P300 during an auditory oddball task[J]. Mindfulness, 2020, 11(3): 643-659.

[208] PIETRASZEWSKI D. Priming race: does the mind Inhibit categorization by race at encoding or recall? [J]. Social psychological and personality science, 2016, 7(1): 85-91.

[209] PINKHAM A E, GRIFFIN M, BARON R, et al. The face in the crowd effect: anger superiority when using real faces and multiple identities[J]. Emotion, 2010, 10(1): 141-146.

[210] PRECIADO D, MUNNEKE J, THEEUWES J. Was that a threat? Attentional biases by signals of threat[J]. Emotion, 2017, 17(3): 478-486.

[211] QUIRIN M, M KAZÉN, KUHL J. When nonsense sounds happy or helpless: The Implicit Positive and Negative Affect Test (IPANAT). [J]. Journal of personality and social psychology, 2009, 97(3): 500-516.

[212] RACHLIN H. Notes on discountin[J]. Journal of the experimental analysis of behavior, 2006, 85: 425-435.

[213] RAO L L, ZHOU Y, DANG Z, et al. Genetic contribution to variation in risk taking: a functional mri twin study of the balloon analogue risk task [J]. Psychological science, 2018,

29:095679761877996.

[214] REED P. Brief Report: The effect of delayed matching to sample on stimulus over-selectivity[J]. Journal of autism and developmental disorders, 2012, 42(7):1515-1519.

[215] RITTLE-JOHNSON B, STAR J R, DURKIN K. The importance of prior knowledge when comparing examples: influences on conceptual and procedural knowledge of equation solving [J]. Journal of educational psychology, 2009, 101(4):836-852.

[216] ROELOFS K, PUTMAN P, SCHOUTEN S, et al. Gazedirection differentially affects avoidance tendencies to happy and angry faces in socially anxious individuals[J]. Behaviour research and therapy, 2010, 48(4):290-294.

[217] ROSCH K S, MOSTOFSKY S H. Increased delay discounting on a novel real-time task among girls, but not boys, with ADHD[J]. Journal of the international neuropsychological society jins, 2016, 22(1):12.

[218] RUTT J L, LÖCKENHOFF C E. From past to future: Temporal self-continuity across the life span[J]. Psychology and aging, 2016, 31(6):631-639.

[219] SARGENT R H, NEWMAN L S. Aninvestigation of civilian implicit attitudes toward police officers [J]. Journal of police and criminal psychology, 2020, 35(3):360-376.

[220] SAWAUMI T, INAGAKI T, AIKAWA A. Does conventional Implicit Association Test of shyness measure "self-shyness" or "others-shyness"? [J]. Japanese psychological research, 2019, 61(2):142-150.

[221] SCANLON J E M, SIEBEN A J, HOLYK K R, et al. Your brain on bikes: P3, MMN/N2b, and baseline noise while pedaling a stationary bike[J]. Psychophysiology, 2017, 54(6):927-937.

[222] SCHIMMACK U. The implicit association test: a method in search of a construct [J]. Perspectives on psychological science, 2021, 16(2):396-414.

[223] SCHÖNBRODT F D, HAGEMEYER B, BRANDSTÄTTER V, et al. Measuring implicit motives with the Picture Story Exercise (PSE): databases of expert-coded German stories, pictures, and updated picture norms[J]. Journal of personality assessment, 2021, 103(3):392-405.

[224] SCHULTHEISS O C, YANKOVA D, DIRLIKOV B, et al. Are implicit and explicit motivemeasures statistically independent? A fair and balanced test using the picture story exercise and a cue- and response-matched questionnaire measure. [J]. Journal of personality assesment, 2009, 91(1):72-81.

[225] SHAFRAN R, LEE M, COOPER Z, et al. Attentional bias in eating disorders[J]. International journal of eating disorders, 2007, 40(4): 369-380.

[226] SHIMIZU Y, LEE H, ULEMAN J S. Culture as automatic processes for making meaning: Spontaneous trait inferences [J]. Journal of experimental social psychology, 2017, 69:79-85.

[227] SHIMODA S, OKUBO N, KOBAYASHI M, et al. An attempt to construct a Japanese version of the Implicit Positive and Negative Affect Test(IPANAT)[J]. Shinrigaku kenkyu: the Japanese journal of psychology, 2014, 85(3):294-303.

[228] SIMOES H de O, ZANCHETTA S, FURTADO E F. Differential cortical pattern in auditory task oddball paradigm in children exposed to alcohol during pregnancy[J]. Neuroscience, 2021, 458: 54-63.

[229] SISK C A, REMINGTON R W, JIANG Y V. Mechanisms of contextual cueing: a tutorial review[J]. Attention perception and psychophysics, 2019, 81(8):2571-2589.

[230] SMITH V L, WALKER J M. Monetary rewards and decision cost in experimental economics [J]. Economic inquiry, 2010, 31(2): 245-261.

[231] SOLER M J, RUIZ J C, DASI C, et al. Implicit memory functioning in schizophrenia: explaining inconsistent findings of word stem

completion tasks[J]. Psychiatry research, 2015, 226(1):347-351.

[232] STEIN M K, KAUFMAN J H, SHERMAN M, et al. Algebra: a challenge at the crossroads of policy and practice[J]. Review of educational research, 2011, 81(4):453-492.

[233] TAISHI K, HIROSHI N, MITSUHIRO U. Cognitive, affective, and motivational changes during ostracism: an ERP, EMG, and EEG study using a computerized cyberball task[J]. Neuroscience journal, 2013:304674.

[234] TAYLOR S P. Aggressive behavior and physiological arousal as a function of provocation and the tendency to inhibit aggression[J]. Journal of personality, 2010, 35(2):297-310.

[235] THOMAS, F, DENSON, et al. Glucose consumption decreases impulsive aggression in response to provocation in aggressive individuals[J]. Journal of experimental social psychology, 2010, 46: 1023-1028.

[236] VAN DE WALLE M, BIJTTEBIER P, DE RAEDT R, et al. Repetitive thinking about the mother during distress moderates the link between children's attentional breadth around the mother and depressive symptoms in middle childhood[J]. Behaviour research and therapy, 2017, 90:137-146.

[237] VARNUM M E W, SHI Z, CHEN A, et al. When "Your" reward is the same as "My" reward: self-construal priming shifts neural responses to own vs. friends' rewards[J]. Neuroimage, 2014, 87: 164-169.

[238] VILLEMONTEIX T, MARX I, SEPTIER M, et al. Attentional control of emotional interference in children with ADHD and typically developing children: an emotional N-back study[J]. Psychiatry research, 2017, 254:1-7.

[239] VRIENDS N, BOLT O C, MERAL Y, et al. Does self-focused attention in social anxiety depend on self-construal? Evidence from a probe detection paradigm[J]. Journal of experimental psychopathology, 2016, 7(1):18-30.

[240] WARBURTON W A, BUSHMAN B J. The competitive reaction time task: the development and scientific utility of a flexible laboratory aggression paradigm[J]. Aggressive behavior, 2019, 45(4):389-396.

[241] WEIGARD A, SOULES M, FERRIS B, et al. Cognitive modeling informs interpretation of Go/No-go task-related neural activations and their links to externalizing psychopathology [J]. Biological psychiatry:cognitive neuroscience and neuroimaging, 2020, 5(5): 530-541.

[242] WHITAKER J L, BUSHMAN B J. "Remain calm. Be kind":Effects of relaxing video games on aggressive and prosocial behavior[J]. Social psychological andpersonality science, 2011, 3(1):88-92.

[243] WILLIAMS K D, GOVAN C L, CROKER V, et al. Investigations into differences between social-and cyberostracism [J]. Group dynamics:theory, research, and practice, 2002, 6(1):65-77.

[244] WILLIAMSON T J, THOMAS K M S, EISENBERGER N I, et al. Effects of social exclusion on cardiovascular and affective reactivity to a socially evaluative stressor [J]. International journal of behavioral medicine, 2018, 25:410-420.

[245] WORRINGER B, LANGNER R, KOCH I, et al. Common and distinct neural correlates of dual-tasking and task-switching: a meta-analytic review and a neuro-cognitive processing model of human multitasking[J]. Brain structure and function, 2019, 224: 1845-1869.

[246] XU S, XIAO Z, RAO H. Hypothetical versus real monetary reward decrease the behavioral and affective effects in the balloon analogue risk task [J]. Experimental psychology, 2019, 66(3):221-230.

[247] YU X, SONUGA-BARKE E, LIU X. Preference for smaller sooner over larger later rewards in ADHD: contribution of delay duration and paradigm type[J]. Journal of attention disorders, 2018, 22(10): 984-993.

[248] YUE T, FU A, XU Y, et al. The rank of a value in the importance

hierarchy of values affects its relationship to self-concept: a SC-IAT study[J]. Current psychology, 2021:1-7.

[249] ZARZECZNA N, VON HECKER U, PROULX T, et al. Powerful men on top: stereotypes interact with metaphors in social categorizations [J]. Journal of experimental psychology: human perception and performance, 2020, 46(1):36-65.

[250] ZENKO Z, EKKEKAKIS P. Internal consistency and validity of measures of automatic exercise associations[J]. Psychology of sport and exercise, 2019, 43:4-15.